はじめてママ&パパの

しつけと育脳

監修:成田奈緒子
小児科医・発達脳科学者

主婦の友社

はじめに

子育てにいちばん大切で、そして見逃しがちなこと

お子さんにどんな子になってほしいですか？

優しくて思いやりのある子？
お勉強もスポーツも得意な子？
好奇心旺盛で発想力が豊かな子？
いろいろありますよね。そのために何をしますか？

親が友だちとのかかわり方を教える？
幼児教室やスポーツ教室に通わせる？
博物館に連れていったり、本をたくさん読ませたり？

あわてないでください。

小児科医・発達脳科学者
成田奈緒子
文教大学教育学部特別支援教育専修教授。文部科学省「リズム遊びで早起き元気脳」実行委員長。子育てを応援する専門家による「子育て科学アクシス」を主宰。
1987年神戸大学医学部卒業。米国セントルイス大学医学部留学を経て、獨協医科大学越谷病院小児科助手、筑波大学基礎医学系講師を経て、現在に至る。小児科医として豊富な臨床経験を持つ。1児の母。

乳幼児期の子育ての目的は、「小さな大人」を育てることではありません。

幼児期は脳をのびやかに、すこやかに育てることが何より大事。
つまり、たっぷり眠って、しっかり食べて、笑ってじゃれあって……
たったそれだけで脳はすくすく育っていくのです。

そんなあたりまえのようで見逃しがちな、
乳幼児期のしつけの基本を一冊にまとめました。
でも、いちばん大切なのは、本を読むことではありません。
お子さんを見ることです。肌をふれあわせることです。
その合間にページをめくってみてください。

カレンダー【0〜1才6カ月】

生まれたての赤ちゃんは、どんなふうに大きくなってのでしょうか？このページでは1才6カ月までの流れを追いかけていきます。

0カ月　2カ月　4カ月　6カ月

どんな様子？

視力はまだぼんやり。寝たり起きたりの一日です

人生で最大級の発達のとき。泣くこととおっぱいを吸うことくらいしかできなかったのに、4カ月の間に体重は約2倍になり、脳細胞が急増し、体を少しずつ自分の意思で動かせるようになります。しだいに表情も出てきて、あやすと笑顔を見せるようになります。

夜寝て、朝起きる。昼夜のリズムがだんだんできてくる

首がすわり、腰がすわり、寝返りやおすわりもできるようになってきます。手のひら全体で物をしっかり握り、振ったり、口に持っていったり。動けるようになることで興味も広がり、知能も発達していきます。人見知りもだんだんと出てくるころ。

運動

育脳POINT

発達を遊びで応援！あせらず笑顔で

赤ちゃんは頭から足に向かって順に運動能力を発達させます。首すわりや寝返りなど、その時期の「できた」「できそう」を遊びにとり入れることで発達を応援！

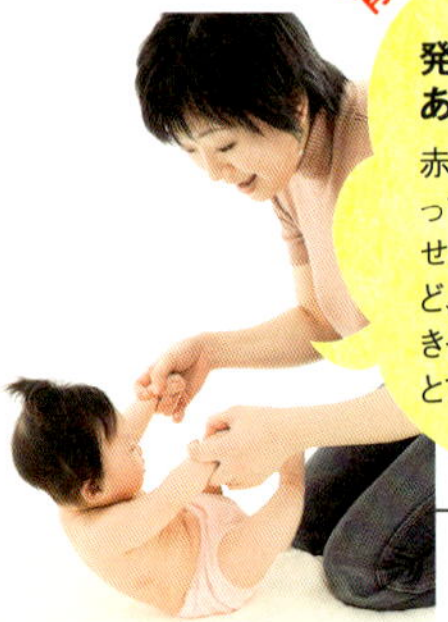

- 首がすわる

- 寝返りをする

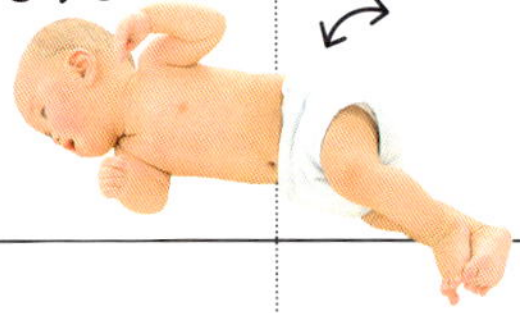

- 支えられて座る

手先の動き

- ガラガラを握る

- 手や物を口に入れる

- 物に手を伸ばす
- 積み木を両手に持つ

育脳POINT

さわってみたい!が動くことの原動力

手が動くようになり、物に手を伸ばそうとすることが、はいはいやつかまり立ちの意欲の源《みなもと》。「さわるとおもしろいことが起きるんだ」という体験をふやしましょう。

言葉&コミュニケーション

- 声を出して笑う

- 左右に追視
- 音のほうに振り向く
- 喃語を話す
- 「いないいないばぁ」を喜ぶ
- おもちゃをとる

育脳POINT

ママやパパの言葉や表情を学んでいます

コミュニケーションの芽生えの時期です。泣くだけでなく笑ったり、喃語《なんご》で「あー」と何か伝えようとしたり。ていねいに答えてあげて、たくさん話しかけましょう。

※この表はデンバーの発達表をベースに、編集部の読者アンケートの結果などを加味して独自に作成したものです。子どもの発達には個人差があります。あくまでも成長を楽しむための目安とお考えください。

育脳POINTつき

心と体の発達

1才半

自我の芽生え
「ダメ」と言われると
激しく抵抗する

1才

自分の発見
鏡に映った自分と
他人が区別できるように

10カ月

8カ月

最初の一歩を踏みだし、歩くことをマスター

おっかなびっくりの最初の一歩から、よちよち歩きへ。この時期の子どもは歩くことを日々学んでいきます。そんな大きな発達とともに、指先のこまやかな動きも進んでいき、スプーンを使ったり、積み木を積んだりもできるように。言葉への好奇心もどんどんふくらむころです。

たっち・あんよに向けて運動機能がレベルアップ

はいはい、つかまり立ち、伝い歩きといった移動手段を手に入れ始めます。おすわりも安定するので、両手に物を握ったり、左右の手で引っぱったりもします。大人のまねっこが好きになり、「バイバイ」「まんま」など、意味のある言葉が出てくる子もいます。

はいはいで移動する

階段を上る

育脳POINT
1才代は歩くことを重点的に応援しよう
たっち、最初の一歩、よちよち歩きと発達する時期。歩くことを遊びの中にとり入れつつ、その精度を高めて。よろめいたり、転んだりすることもすべて脳の刺激。

ひとりで立つ

つかまり立ちをする

ひとりで歩き始める

伝い歩きをする

走る

ひとりで座る

スプーンを使う

なぐりがきをする

人さし指と親指で物をつまむ

育脳POINT
遊びの中で手指を鍛え生活の中で応用を
「手づかみ食べ」「コップ飲み」などの生活動作は、手指の発達が大前提。つかんだり、引っぱったり、持ちかえたりといった遊びの中で、よく動く手や指を育てよう。

2個の積み木を積む

拍手をまねする

「パパ」「ママ」以外に2語を言う

バイバイをする

人形ごっこが始まる

大人とボールのやりとりをする

育脳POINT
語りかけや体験の中で言葉の貯金をふやそう
話す言葉は少なくても、心の中に言葉をため込んでいます。「教える」「話させる」より、「言葉」と「実物」がマッチングできるよう、体験をふやしていきましょう。

意味のある語を1つ言う

簡単な手伝いをする

育脳POINT
やりとり遊びの中で期待にこたえる喜びを
「くださいな」「どうぞ」などのやりとりが、少しずつできるようになります。最初は単なるまねでも、しだいに相手に何を望まれているかわかってきます。

[1才6カ月～]

歩くようになると、手指の器用さも向上し、言葉が次々に出てくるようになります。「イヤイヤ」が出たり、口答えしたりするのも、脳が発達している証拠です。また、1才6カ月以降は性格や生活環境により個人差も広がっていく時期です。あせらず、その子のペースを見守りましょう。

1才半

2才

自我の形成
「コレはボクの!」などと自分の領域を大きくしようとする

自我の充実
他者を受け入れられるようになってくる

どんな様子?

1才半～

言葉をどんどんため込んで、大爆発!

歩き方がしっかりし、走ることもできるようになります。手先の動きも器用になり、スプーンやフォークで幼児食をパクパク。言葉の面では、ため込んでいた言葉が一気に出現する時期を迎えます。語《ご》彙《い》もふえ、「わんわん、きた」などの2語文も出始めます。

2才～

「自分が!」「自分で!」強い主張は自我の芽生え

ジャンプしたり、片足立ちをしたり、むずかしい動きもできるようになりました。言葉もふえ、知っている単語を並べて会話もできます。「自分でできる」という思いや、「これがしたい」というこだわりが強くなり、かんしゃくを起こして困らせることもあります。

運動

- 階段を上る
- ジャンプする
- ボールをける
- 走る
- 片足立ちする（1秒）

育脳POINT

外に出て体を動かし「できる!」の喜びを

運動能力が飛躍的に向上する時期です。「自分でやる!」という意欲も高い時期なので、公園や自然の中に連れ出して、さまざまな動きに挑戦させましょう。

手先の動き

- スプーンを使う
- 2個の積み木を積む
- シールを貼る

育脳POINT

手、指、手首の連動を促す遊びを

手首をひねったり、小さな穴に入れたりなど、器用さが高まります。おもちゃ遊びだけでなく、手遊び、砂場遊びなど、遊びのバリエーションを豊かに。

言葉&コミュニケーション

- 「パパ」「ママ」以外に3語を言う
- くつをはく
- 人形ごっこが始まる
- 友だちの名前を言う
- 「ワンワンは?」などと聞くとその絵を指す（2つ）
- 「ブーブーきた」など2語文を言う
- 手を洗ってふく
- 洋服を自分で脱ぐ

自分で!

育脳POINT

身支度の仕方や手洗いを教えよう

手や指先が器用になる時期なので、着がえや食事、手洗いやうがいの方法も教えていきましょう。後ろに回って手を添えて、できるだけ自分でやっている気分に。

語《ご》彙《い》数の変化：300語 → 500語

※この表はデンバーの発達表をベースに、編集部の読者アンケートなどの結果などを加味して独自に作成したものです。子どもの発達には個人差があります。あくまでも成長を楽しむための目安とお考えください。

育脳POINT
つき

心と体の発達カレンダー

3才　4才　5才

人の気持ちが少しずつわかり始める

ボタンをとめたり、はさみを使ったり、クレヨンで○をかいたり、手先の器用さが増してきます。体も自由に動くようになります。知的な面も飛躍的に発達し、人の気持ちも少しは察することができ、「どうして○○なの？」という質問も次々に飛び出します。

自制心の形成

「もっと遊びたいけど……貸してあげる」など自制心が生まれる

ルールや約束を理解して、友だち関係も豊かに

ひとりで身支度をしたり、ルールのある遊びをしたり、お友だちとケンカしても仲直りできるようになります。運動能力も高まり、スキップしながら踊ったり、ジャングルジムによじ登ったりもできるように。幼稚園での集団活動も楽しめる時期になります。

ケンケンする

三輪車のペダルをこぐ

スキップする

2秒　3秒　5秒　6秒

おはしを使う

○をかく

四角をかく

人物の3部分(輪郭、目、口など)を入れた絵をかく

人物の6部分(輪郭、目、口など)を入れた絵をかく

育脳POINT

絵本を読むだけでなく会話の中で発展させて

読み聞かせは脳育てに最適な遊びですが、聞かせるだけでなくお話の内容についておしゃべりすることで脳はさらに活性化します。物語の世界を2倍楽しんで。

前後上下がわかる

ひとりで絵本をながめる

5まで数える

色の名前が4つ言える

自分で歯をみがく

自分で服を着る

育脳POINT

「やりなさい」ではなく見守りが必要です

自分のことが自分でできるようになるものの、まだ完璧ではありません。やる気にもムラがあるので、見守りながら「がんばっているね」と励まして応援しましょう。

1000語　1500語　2000語

過ごし方ポイント

赤ちゃんの脳を育てるには、毎日どんな生活をすればいいのでしょうか。簡単に説明すると、下のような生活です。「こんなふつうの生活が脳を育てるの?」。はい、そのとおり。なぜそうなのかは、本編をお読みください。

6:30

決まった時間に光を浴びて「おはよう」

人間は、朝の光で目を覚まし、日が暮れると眠る「昼行性動物」です。夜のじゅうぶんな睡眠がないと、脳は決して健全に育っていきません。早寝早起きは、脳育ての最初の重大なステップなのです。

早起き!

7:30

朝ごはんはしっかりと

朝食は一日のエネルギー源であり、脳の栄養源でもあります。とはいえ、睡眠不足だったり、遅い時間に間食したりすると食欲がないもの。もしも食欲がないようなら無理じいせず、食欲が出るような生活習慣に変える努力を。

10:30

興味のあるものにじっくりつきあおう

散歩に出たとたん、しゃがみ込んで地面をつつく。歩き始めたとたん、ぼんやり空を見る。大人が「何が楽しいの?」と不思議に思うような時間こそが、子どもの脳育てタイム。時間の許す限りつきあって。

育脳POINT

脳の神経回路をつなぐのは、五感からの刺激。光、音、色、風、におい、手ざわり……いろいろな刺激を求めて外に出ましょう。

11:00

たっぷり日ざしを浴びて遊ぼう

脳と太陽の光は切っても切れない重要な関係です。体内時計のスイッチが入り、自律神経の働きを整え、セロトニンというホルモンの分泌を盛んにし……数え上げたらきりがありません。日中は外でたくさん遊ぼう。

13:00

親子のじゃれつき遊びをたっぷり

体を動かすことも脳育ての重要な項目。決められた動きをするのではなく、思うままに体を動かしたり、笑いながらじゃれついたりするときに、脳の活性度は最大級。ひまがあったら、子どもといちゃいちゃしよう。

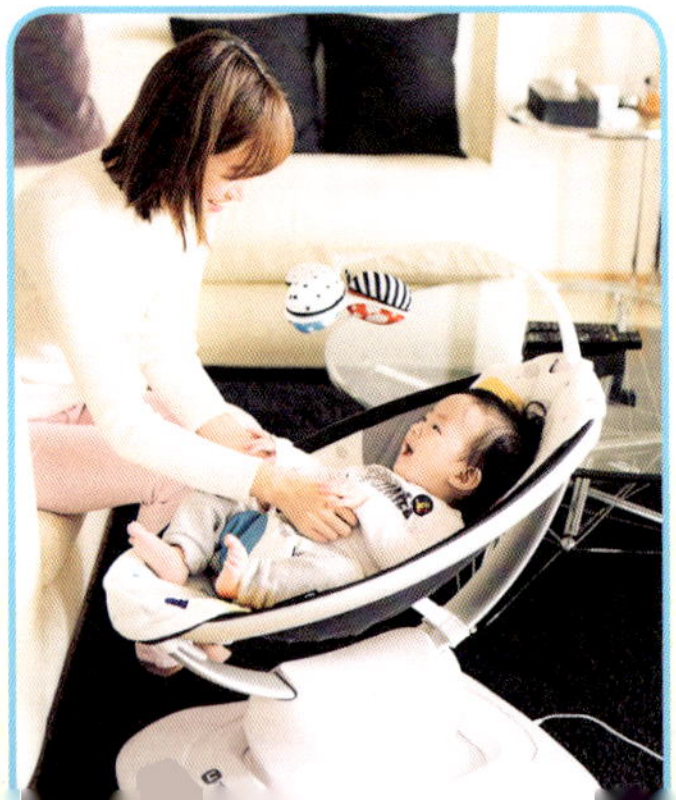

日常の中に
大切な
ことが!

0〜3才 脳を育てる一日の

15:00

お昼寝は短めに切り上げる

昼寝をしてくれると、そのときママはラクですが、長く寝てしまうと夜の睡眠を妨げてしまいます。1才半ぐらいからは昼寝は1時間程度にとどめ、少しじゃれあって遊んで目を覚ましましょう。

17:00

夕飯前に家事やお風呂を

夕方になったら、就寝時間に向けて着々と準備を進めましょう。夕飯のあとにお風呂に入ると、どうしても就寝時間が遅れてしまいます。夕食の下ごしらえを終えたら、さっさとお風呂に入ってしまうのがオススメです。

18:00

食事の楽しさを教えよう

離乳食が3回食になるころから、親子いっしょに夕食を。キッチンは「ママだけのお城」にせず、子どもにもいろいろなお手伝いを。調理も、配膳も、食べることも、すべてが育脳の大事な要素です。

育脳POINT

食事は五感のすべてを使って楽しむもの。テレビがついていると視覚と聴覚が奪われて、食事に集中できません。

19:45

育脳POINT

テレビやスマホの画面は脳に強い刺激を与え、睡眠を妨害します。就寝1時間前には絶対に見せないこと。

入眠儀式でスムーズに寝室へ

子どもに正しい睡眠習慣をつけるには、寝るまでの流れをルーティーンワークにしていくことが必要です。儀式のように「毎日同じ流れ」にすることで子どもを安心させ、おだやかな眠りにいざなうのです。

早寝!

20:00

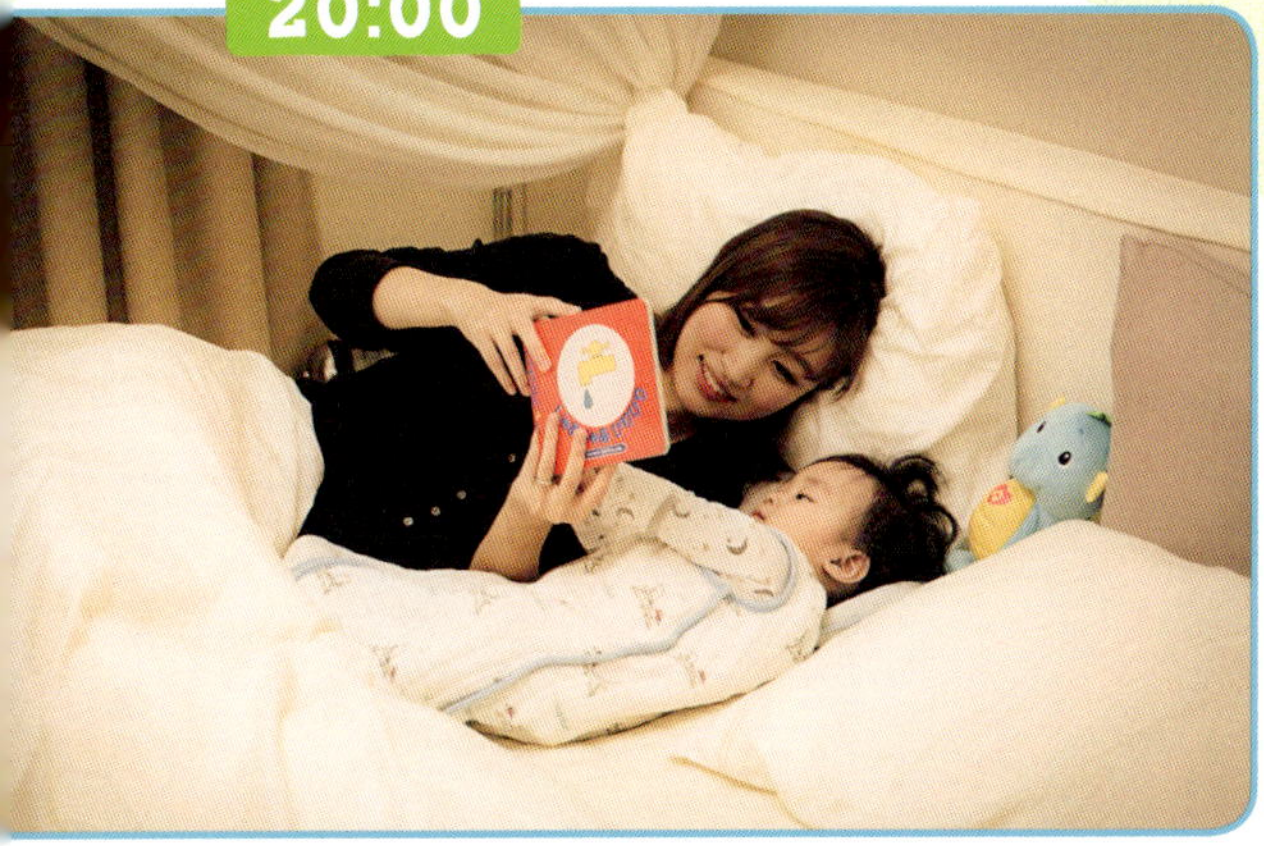

お部屋を暗くして「おやすみなさい」

起きているときは明るく、寝るときには真っ暗……というのが就寝時の絶対ルール。明るい部屋で眠ると、脳育てに欠かせないセロトニンというホルモンの分泌が減ってしまいます。夜8時には部屋を暗くし、たっぷり眠らせて。

成田先生より
ここがポイント!

脳の
基礎知識
1

脳の仕組みを知っておこう

育脳の目的は「バランス脳」

からだの脳
動物としての
基本の働き
生命維持や本能にかかわる脳。動物がみんな持っている脳で、最初に育つ部分です。
おりこうさん脳
知性や運動能力に
かかわる
言葉や知能の発達を促し、手先を器用に動かすなどの脳。1才ごろからゆっくり発達。
あいうえお
ABC
こころの脳
人間にしかない
高度な機能
人を思いやったり、想像力を働かせるといった人間らしい脳。10才ごろから完成に向かう。

脳育ては「心育て」。幸せな人生の土台になる

脳って、何だと思いますか?

私は「心」だと思います。脳を育てることは、心を育てることと同じなのです。

では、「心が育つ」とはどういうことでしょうか。それは、思いやりや思慮深さ、向上心や努力、自立心といった「人間として高度な心の機能」を持つ大人になるということだと思っています。これこそが、子育てのゴールともいえるのです。

逆にいえば、脳がすこやかに育っていなければ、人としての育ちもむずかしいということです。脳育ては、幸福な人生の土台をつくる重要な仕事なのです。

でもそれは、赤ちゃんのうちから知識をふやしたり、記憶力を高めたりするということではありません。それはあくまで、脳の働きの一部です。

脳には主に3つの働きがあります。話したり、手先を動かしたり、考えたりする知的な働きをする「おりこうさん脳」のほかに、体温や姿勢、呼吸や発汗、睡眠や食欲といった体の機能をつかさどる「からだの脳」、そしてコミュニケーションや社会性をつかさどる「こころの脳」があります。この3つのうち、どれが欠けていても「人間としての高度な心の機能」を持つことはむずかしいのです。

脳は場所で役割が違う

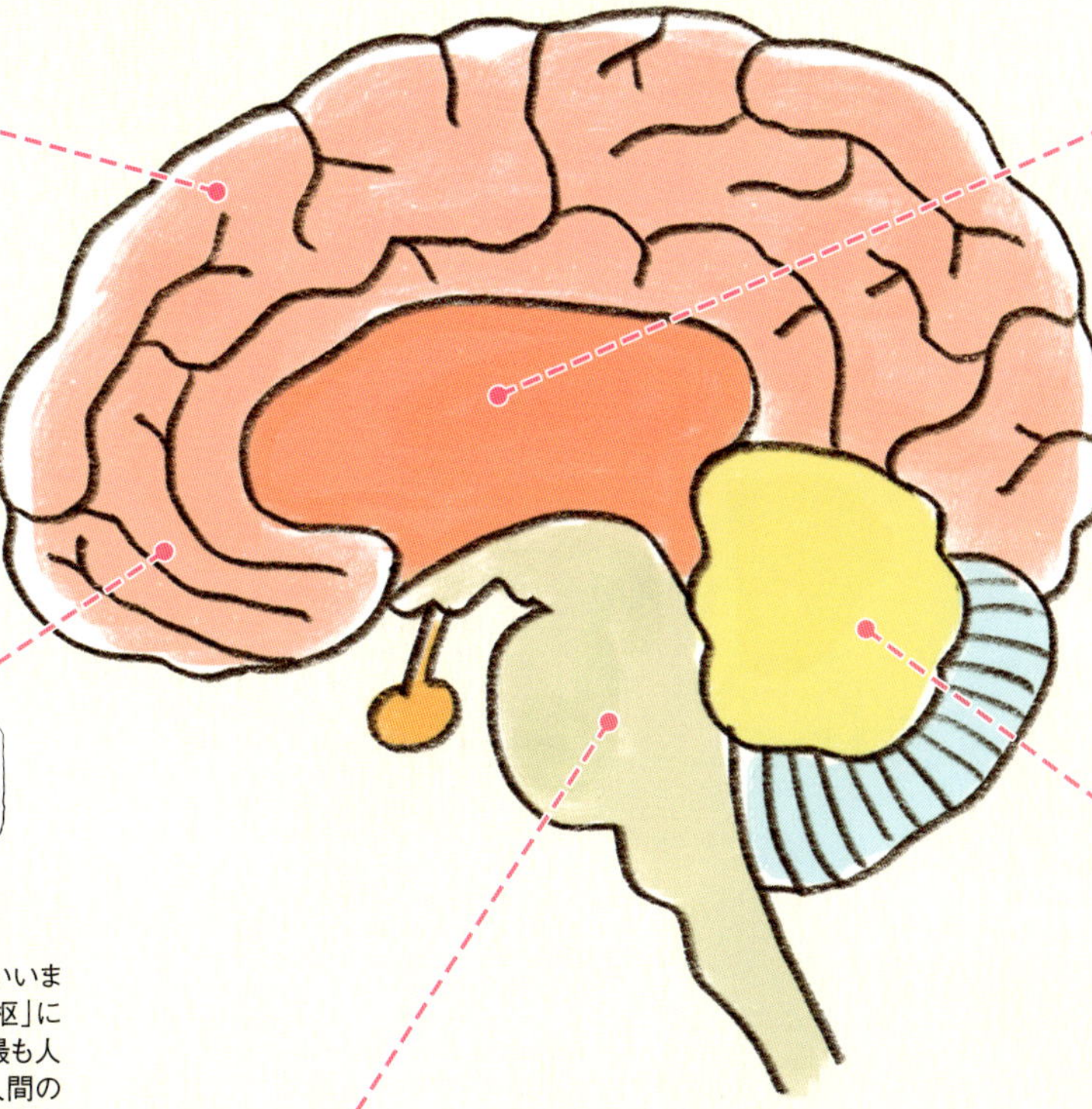

大脳皮質

考える脳

100億以上もの神経細胞が、いくつかの層になって配列されています。場所によって機能が違い、運動野、感覚野、視覚野、聴覚野、それ以外の連合野に分かれています。人間の思考の中枢を担っているのが大脳皮質なのです。

おりこうさん脳

前頭葉

創造性の脳

大脳皮質の前半分を前頭葉といいます。ここは大脳の中の「最高中枢」にあたり、思考や創造性といった、最も人間らしい脳の働きを担うところ。人間の行動をつかさどる指揮者のような存在です。

こころの脳

脳幹

命の脳

動物の生命維持を担当しているのが脳幹。自律神経の調節や、ホルモンの分泌、視覚や聴覚に対する反射、呼吸などにかかわっています。年中無休で働き、命を守っているのです。

からだの脳

大脳辺縁系

気持ちの脳

大脳の内側に位置している部分で、わかりやすくいうと「本能」の役割を担当しています。怒りや恐怖といった動物的な情動もここから発信されます。

からだの脳

小脳

運動の脳

脳の後ろ側にぶら下がるようについている小脳。まっすぐに立つ、指先を使って作業するなどの運動機能の調整のほかに、大脳が覚えたことをコピーして記憶するなど、重要な役割があることがわかり始めています。

おりこうさん脳

生きるための「古い脳」と人間らしさの「新しい脳」

脳育てについて話す前に、脳の基本的な構造と役割について、少しだけご説明しましょう。

人間の脳を真ん中から縦に切ってみたのが上の図です。内側の核になるような部分と、外側のモコモコとした大きな部分に分かれることに気がつきますね。

核になる部分が「脳幹」と「大脳辺縁系」です。これらは太古から動物に備わっている「古い脳」で、大小の差はあれ、ほとんどの動物が持っています。この脳が、姿勢の維持、呼吸、睡眠、食欲といった、生きるための最低限の機能を担っている「からだの脳」です。

それらを包み込むように発達しているのが「大脳皮質」です。脳といえば思い浮かぶシワシワのかたまり。ここには数多くの神経細胞が集まり、高度な知的活動や、こまやかな手指の動きを担います。人間の大脳皮質は、ほかの動物と比べても特に大きく、人間らしさの源《みなもと》でもあります。

「大脳皮質」に加え、体の動きをつかさどる「小脳」は、動物が人間に進化する過程で発達させてきた「新しい脳」です。「おりこうさん脳」は、この2つにあたります。そして大脳皮質の前部分にある「前頭葉」が「こころの脳」です。

成田先生より
ここがポイント!
脳の
基礎知識
2

脳はどうすれば育つの?

脳は6才で大人とほぼ同じ大きさに

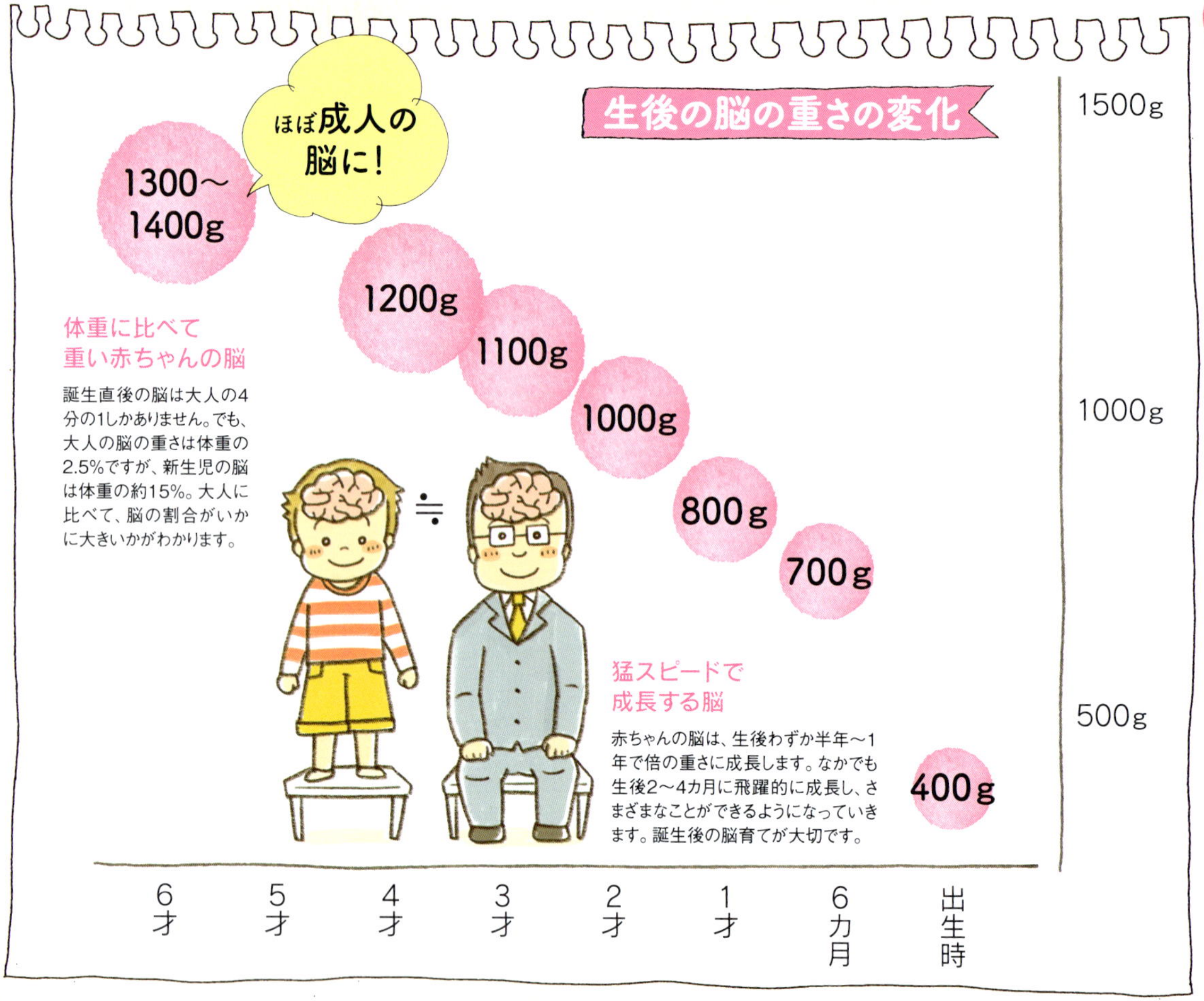

生後の脳の重さの変化
1500g
1000g
500g
ほぼ成人の脳に!
1300～1400g
1200g
1100g
1000g
800g
700g
400g
6才
5才
4才
3才
2才
1才
6カ月
出生時
体重に比べて重い赤ちゃんの脳
誕生直後の脳は大人の4分の1しかありません。でも、大人の脳の重さは体重の2.5%ですが、新生児の脳は体重の約15%。大人に比べて、脳の割合がいかに大きいかがわかります。
≒
猛スピードで成長する脳
赤ちゃんの脳は、生後わずか半年～1年で倍の重さに成長します。なかでも生後2～4カ月に飛躍的に成長し、さまざまなことができるようになっていきます。誕生後の脳育てが大切です。

大人と同じ数の神経細胞をつなげていくのが脳育て

赤ちゃんの脳がつくられ始めるのは、妊娠18日目。つまり、受精直後です。

最初の脳はわずか2ミリの小さな管にすぎませんが、ママのおなかの中で目まぐるしいスピードで成長し、誕生までには大人とほぼ同じ数の脳細胞がつくられるまでになります。脳の形も大人とまったく同じ。大きさは大人の４分の１程度ですが、赤ちゃんの脳は生まれた直後からとても高度なものなのです。

ところが、生まれたての赤ちゃんは、大人のように話すことも歩くこともできません。それはどうしてかというと、脳の中で情報伝達がほとんど行われていないからなのです。

脳の中で情報処理を担っているのは、神経細胞(ニューロン)です。１４０億～２００億のニューロンが、それぞれ複雑に結びつき、情報を伝え合うことで、巨大な情報ネットワーク「大脳」が完成するのです。でも、赤ちゃんの脳のニューロンは未接続状態。イメージとしては、膨大な数の駅だけ先につくって、線路を敷くのはそのあと……という感じでしょうか。

つまり、「脳を育てる」というのは、ニューロンどうしのつながりをつくっていくことと同じ意味なのです。

刺激でふえる脳の神経回路

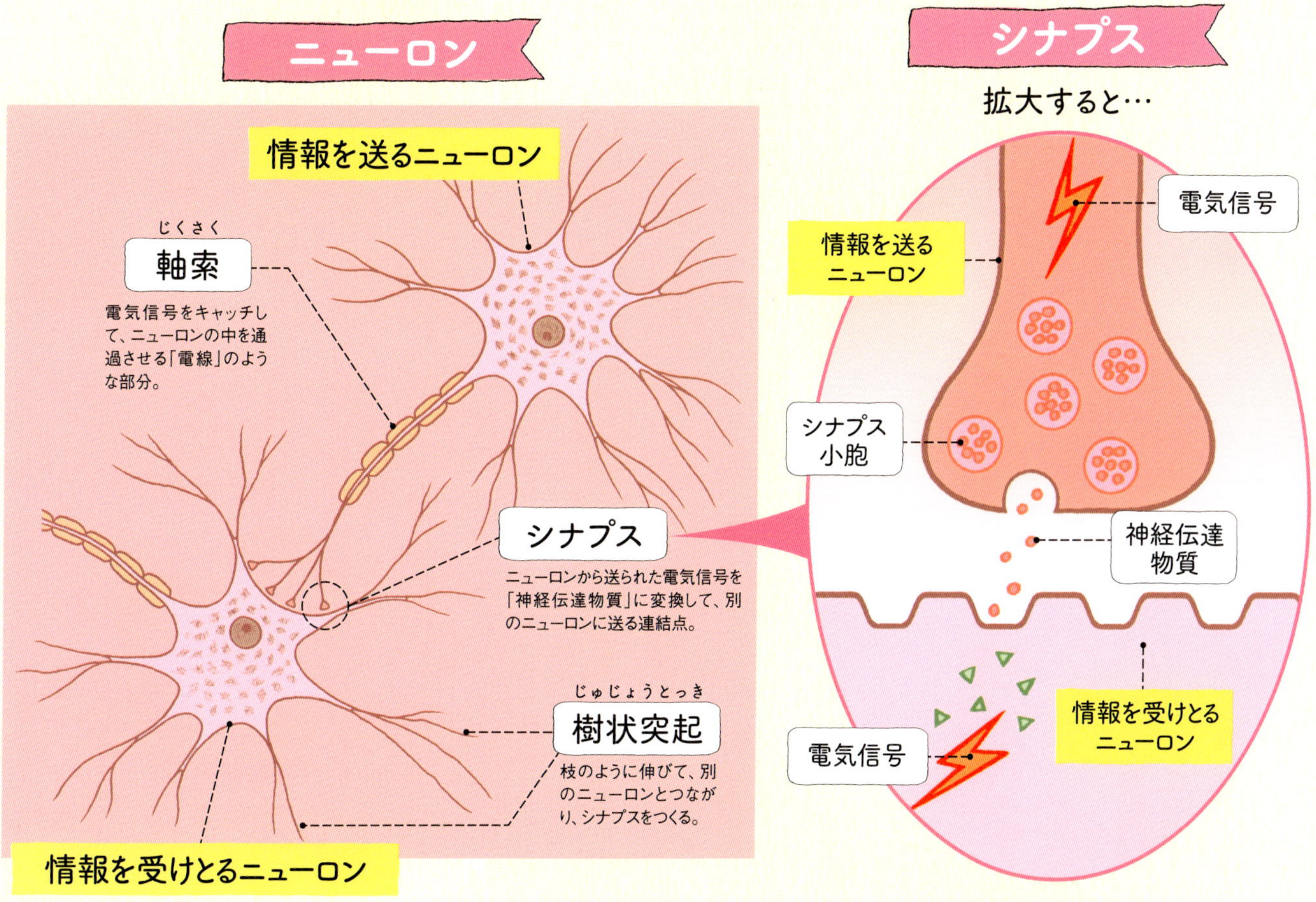

五感からの刺激でニューロンは結びつく

ニューロンはどうすればつながるのでしょうか。それは五感からの刺激です。

何かを見たり、聞いたり、感じたりすると、その刺激は電気信号となってニューロンに送られます。ニューロンは細い枝のような「樹状突起」を伸ばして、刺激の電気信号を別のニューロンに伝えます。このとき、2つのニューロンの間には「シナプス」という接続点が生まれます。シナプスで電気信号が「神経伝達物質」に変わり、お隣のニューロンに届けるのです。

誕生直後、赤ちゃんの脳にシナプスはほとんどありません。刺激を受けるたびにシナプスがふえ、神経回路が次々とつくられていくのです。首がすわり、はいはいし、立って歩くようになり、おしゃべりできるようになるのも、シナプスがふえ、神経回路がつくられた証拠なのです。

シナプスは生後6カ月までの間にものすごい勢いで増加し、1才の時点で最大になります。それを過ぎると、不要なシナプスは刈り込まれ、整理整頓され、脳は効率よく働き始めます。脳の情報伝達が、非常にスピーディーになるのです。

こうして脳は、6才くらいまでに大人と同じ大きさに成長していきます。それまでにすこやかな脳をつくるにはどうしたらいいか、本編でじっくりお話ししましょう。

はじめてママ&パパの

しつけと育脳

CONTENTS

はじめてママちゃんとパパくんです。
この本の中で、みなさんといっしょに
はじめてのしつけと脳育てを
勉強していきます!

PART 3

もう迷わないしつけの方法 61

PART 4

頭のいい子が育つ食事 101

PART

1

これだけは知っておきたい！

0才からの脳育てルール

子どもの脳の育ちはママ＆パパの
サポートしだいで大きく違いが出てきます。
しかし、それはむずかしいことではありません！
ポイントさえまちがえなければ、「ふつうの暮らし」の中で
じゅうぶん可能なことばかりです。

0才からの脳育て
ルール1

まちがえちゃダメ！
脳育てには正しい順番があります

乳幼児期の脳育てはとても大切。でも、早期教育や習い事に駆け込むのはちょっと待って。先に育てるのは脳の土台部分です。

「育脳」＝「何かを教え込む」ではありません！

最初に育てるべきなのは生命維持の「からだの脳」

10ページで、脳は部位によって役割が違うことをお話ししました。「からだの脳」「おりこうさん脳」そして「こころの脳」です。この3つをバランスよく育てることが大切なのですが、3つがいっぺんに育つわけではありません。

最初に育つのは「からだの脳」です。これは、首がすわり、寝返りをし、たっちし……、という体の発達や、夜寝て日中は活動する、空腹を感じて食べる、体温を調節するといった、無意識で働く体の機能をコントロールする部分です。生後すぐから5才ごろまでに完成しますから、まずはここをしっかり育てなくてはいけません。

「おりこうさん脳」は、1才過ぎごろから発達し始めます。「まんま」「ワンワン」などの言葉を話し始めたり、スプーンを使って食事できるようになるのは、「おりこうさん脳」のおかげです。1才から18才までに育ちますが、発達のピークは6才から14才ごろまで。この時期に義務教育が設定されているのは、脳科学的に見ても適切なことといえます。そしてさらに高度な「こころの脳」は、10才を過ぎてようやく完成に向かうのです。

脳は2階建てです

ABC
2階
おりこうさん脳
1階
からだの脳
階段
こころの脳

1階が不安定な家に重厚な2階は作れない

「脳育て」というと、私たちはつい「おりこうさん脳」のことだと思ってしまい、真っ先にここを育てようとがんばりがちです。でも、順番をまちがえてはいけません。家にたとえると、先に発達する「からだの脳」は1階部分、少し遅れて発達する「おりこうさん脳」は2階部分です。しっかりした家を建てようと思ったら、まずは1階を頑丈に作り、そのうえで2階を作り始めるはず。1階がグラグラなのに、重厚な2階部分をのせたら、家はたちまちくずれてしまいます。

そして、思いやりや社会性といった「こころの脳」は、その2つがある程度育ってからでないと発達できません。2階ができないと作れない「階段」のような存在なのです。

0才からの脳育て

ルール2

0〜6才まではここが肝心！
重要なのは「からだの脳」育て！

赤ちゃん期から幼児期にしっかり育てたい「からだの脳」。でも、どうすれば健全に育っていくのでしょうか。

たっぷり眠ることがいちばん重要な「育脳」です！

「からだの脳」の育て方

人間は昼行性動物。夜に眠って脳を育てる

乳幼児期は「からだの脳」を最優先に育てる時期です。そのために親がいちばん力を注ぐべきことは何だと思いますか？

それは、じゅうぶんに眠らせることです。

人間は「昼行性」の動物ですから、日が暮れて暗くなると眠くなり、朝になると目覚めます。これは「からだの脳」の指令によるものです。夜眠り、朝起きるという生活リズムを確立することで、ホルモン分泌や自律神経の働きが整うので、脳も体も健全でいられるのです。

じゅうぶんに脳が育った大人だって、「眠りなさい」という体の指令を無視して睡眠不足を続けていると、うつ病になったり、過労死につながったりすることは周知の事実です。ましてや未熟な脳を持つ子どもは、育ちそのものに悪影響を与えます。

生後1週間目の新生児に必要な睡眠は、16時間半、5才で11時間、9才でも10時間とされています。この睡眠時間を確保することを、子育ての最優先課題と考えてください。そして、早く寝ること、決まった時間に寝ることもとても大切です。そのためには、朝早く起きること、おなかをすかせて食事すること、たっぷり体を動かして遊ぶことが必要です。右ページのマンガのママには、ぜひそれをとり入れてほしいですね。

生活の基本はこの3つ

早起き

日の光を浴びて起床することで、日中の活動を促す「交感神経」が働き始め、元気ややる気のもとになるホルモンがたっぷり分泌されます。

朝ごはん

食事を決まった時間に食べることで「腹時計」が規則正しくリズムを刻み、起床時間や就寝時間も整います。特に朝食は、その要です。

早寝

成長ホルモンは、夜10時から午前2時の間に大量に分泌されます。この時間帯に深い眠りについていることで骨や臓器が育つのです。

できてるよね？

「からだの脳」育てcheck！

チェックがつかなかった項目は、生活を見直してみて！

幼児編（2才～）

- □ 朝は決まった時間に起きている
- □ 夜、じゅうぶんな睡眠をとっている
- □ 空腹を感じて食事をしている
- □ 背筋がぐにゃぐにゃしていない
- □ 走ったり動いたりして遊んでいる

赤ちゃん編（0～1才）

- □ ママやパパの気持ちが安定している
- □ 発達に合わせたふれあい遊びをしている
- □ 授乳や食事は空腹になったときにあげている
- □ 夜は真っ暗な中で寝かせている
- □ 室内で自由に動き回れるようにしている

0才からの脳育て

ルール3

「おりこうさん脳」を育てるには

お勉強より、親子のおしゃべり&ガハハ笑い

「おりこうさん脳」は1才ごろから18才ごろまで育つ脳。その年齢に合わせた育て方があり、順番を守ることがとても大切です。

「小さな大人」をつくるのではなく子どもらしい〝かしこさ〟を育てよう

「おりこうさん脳」の育て方

楽しさや遊びの中でおりこうさん脳は育つ

人間の脳の大部分を占める大脳皮質。これこそが「おりこうさん脳」の中枢です。「脳育て」というと、大脳が活発に働くことをイメージしますが、この部分の働きが活発になるのは小学校入学以降です。0〜6才の幼児期の段階では、「からだの脳」をしっかり育てることが最優先。そのうえで、楽しみながらゆっくりと「おりこうさん脳」に刺激を与えていきましょう。

　といっても、お勉強的にインプットしていく学習はまだ早すぎます。幼児期の「おりこうさん脳」育ては、親子の遊びや楽しみの中にあるのです。

　たとえば、おしゃべりすること。たとえば、体をくっつけてじゃれつくこと。砂場で泥だんごを作ること。ごっこ遊びをすること。ママと洗濯物をたたむこと。「これはパパのおちゃわん、これはママのおはし」と分類しながら配膳のお手伝いをすること。そして「ありがとう」とほめられること。そんなくり返しの中で、考えたり、表現したり、気づいたりしながら、「おりこうさん脳」は育っていくのです。

　右ページのマンガのハルくんのように、「楽しい」「おもしろい」と思いながら、おしゃべりしたり、お手伝いしたり、ブロック遊びをしているうちに、自然に脳が育っていく……それが幼児期の理想です。

★おりこうさん脳育ての順番

Step 1　0カ月〜　**言葉育て**

言葉は、人間だけが持つ高度な脳の働きです。赤ちゃん期から大人がたっぷり話しかけることで刺激を与え、言葉に関する神経回路をつないでおきましょう。

Step 2　2才ごろ〜　**手先育て**

手先を巧みに動かす能力は、脳の発達と連動しています。クレヨンで絵をかいたり、ハサミを使ったり、ビーズにひもを通すなどの遊びや、お料理や洗濯物たたみのお手伝いもおすすめ。

Step 3　5才ごろ〜　**知能育て**

数や文字を意識して教える必要はありませんが、「大きいお肉はパパのね」「クッキー3個ずつお皿にのせて」など、数や量の感覚を生活の中で育てていきましょう。

★ダメ！ダメ！　やりがちNG集

✕ 睡眠時間を削って習い事やお教室をかけ持ち	「からだの脳」の育ちをじゃましてしまいます。習い事をさせるとしても、親子ともに楽しんでできる範囲で。
✕ 知育おもちゃやワークを長時間座ってやらせる	楽しむ程度ならOK。でも、幼児期の「おりこうさん脳」育ては、デスクワークより体験型のほうが効果大。
✕ できないとママがイライラしてしかる	「おりこうさん脳」は恐怖や不安が強いと育ちにくくなります。あくまで楽しく、笑いながらできる範囲で。

0才からの脳育て

ルール4

乳幼児期の脳育ては 生活の中で五感の刺激をたっぷりと

生まれたての赤ちゃんは、脳の神経細胞が未接続の状態。この接続をふやすために必要なのは、五感からの刺激なのです。

赤ちゃんのごくふつうの毎日は、新鮮な驚きに満ちている!

赤ちゃんのころの五感の発達

五感の刺激をたっぷりと

抱っこは特に大切です！

赤ちゃんは抱っこが大好き。嗅覚や皮膚感覚が鋭敏な赤ちゃんにとって「ママのおっぱいのにおい」「あたたかい肌のふれあい」は快感。近視ぎみでも、抱っこだとママやパパの顔がよく見えます。おだやかに声をかけながらの授乳タイムは、五感すべてが大満足。

視覚

入学ごろまでに完成する

誕生直後の赤ちゃんは極度の近視。近くのものがボンヤリ見える程度ですが、生後1～2カ月で人の手やおもちゃを追視するようになり、5～6才ごろまでに視力が安定します。

- 新生児　視力0．1以下
- 2才　視力0．6ぐらい
- 6才　視力1．0ぐらい

聴覚

おなかの中でも聞いてる

胎児期から聴覚は発達し、生後6カ月ごろには音のほうを振り向くなど敏感に反応できるように。ただ、大人のようなスピードで言葉を理解し、反応できるようになるのは4～5才になってから。

- 新生児　母親の声を聞き分けられる
- 6カ月　大人とほぼ同じ聴力に

触覚

温度ややわらかさに敏感

赤ちゃんの肌はとても敏感。感度のいいセンサーのように温度や湿度に反応するので、泣いていても体温を感じると落ち着くのです。皮膚そのものも薄いので、やさしい肌ざわりのものを着せてあげて。

- 新生児　生まれたときから大人と同じように機能

味覚

甘みを最初に受け入れる

赤ちゃんの味覚はとても鋭敏。新生児でも甘みを受け入れ、酸味は「腐っている食品のサイン」と感じて拒絶します。苦みや辛みも同様です。生後3カ月くらいになると味わう機能が整ってきます。

- 新生児　甘み・酸味がわかる
- 3カ月　味わうための機能が整う
- 3才　味覚の土台ができる

嗅覚

おっぱいのにおいがわかる

誕生直後から、すぐれた嗅覚を持っている赤ちゃん。それは、ママの母乳のにおいをかいで吸いつくためです。においで危険を察知する本能もあるので、香りの強い野菜を嫌うなどの傾向もあります。

- 新生児　母親のにおいをかぎ分けられる

五感からのおだやかな刺激をくり返し与え続ける

12ページでお話ししたように、脳の神経細胞（ニューロン）をつなげるシナプスは、刺激によってふえていきます。脳を育てるには刺激が必要なのです。

刺激とは何かというと、視覚・聴覚・嗅覚・味覚・触覚という「五感」から脳に直接入ってくる情報のことです。五感は胎児期から育ち始め、誕生後には五感をフルに使って情報を得て、それを脳に送っています。脳はそのつどシナプスをふやし、発達していくのです。

刺激にもいろいろありますが、理想は右ページのマンガのように、なんでもない日常の中にある、おだやかで安心できる刺激です。「楽しいなぁ」「気持ちいいなぁ」という刺激を安心感の中で受けとるからこそ、脳はすこやかにのびのび発達できるのです。

もう一つ大切なことは、くり返し、規則正しく刺激を受けることです。「朝、お日さまの光で目を覚ます」とか「ごはんのにおいをかぐと食欲がわく」といった行動をくり返すことで、その部分の脳の神経回路は太くしっかりしたものになります。1才ぐらいになると、脳の中でふえすぎたシナプスが一度刈り込まれ、数が減る時期がきます。このとき、必要でない神経回路は削除されてしまうのですが、くり返し刺激を与えられてしっかり形作られているものは消えません。

現代の日本人の生活の中で、五感は鈍感になりがちです。室内に閉じこもらず、自然にふれる機会をふやしたいものです。

ごきげん脳をつくろう
お日さまがセロトニンを育ててくれる!

じゅうぶんな睡眠が脳を育てることは確かですが、遅寝遅起きではいけません。日中に活動することで脳が元気にいきいき育つのです。

セロトニンの分泌が減ると大人も子どももイライラ体質に

お日さまでセロトニン育て

5才までに決まってしまう セロトニンの働き

「セロトニン」という言葉を聞いたことがありますか？　これは、脳の中で働く神経物質の一つで「癒やしのホルモン」という異名があります。セロトニンが働くことで不安やイライラが消え、集中力が増し、安定した心理状態がつくられるのです。

セロトニンはもともと「からだの脳」にその基地があり、誕生後に刺激を受けることで「おりこうさん脳」へも広がっていきます。生まれてから5年のうちに、セロトニンはおおよそのつながりができるといわれています。

セロトニンが活発に働くと、いいことがたくさんあります。呼吸や自律神経、睡眠のサイクルなどが整うこと、手足の動きがスムーズになること、怒りや悲しみなどの衝動をコントロールできること、多少の不安も「大丈夫」と思えるようになることなど、メリットは数えきれません。

セロトニンの分泌は、朝の5～7時がピークです。太陽の光を浴びることでたっぷり分泌されるので、太陽が昇る時間には目を覚ましていたいものです。

じゅうぶんな睡眠時間を確保しようとして朝寝坊の習慣がついてしまうと、セロトニンの分泌が減ってしまいます。早寝早起きはとても大切なのです。

★セロトニン育ての3大ルール

朝は太陽、夜は真っ暗に

日中は明るい陽射しを浴びることで分泌されるセロトニンですが、夜は真っ暗な中で深く眠ったほうが分泌量が増えるのです。電気をつけた部屋で寝かせるのはやめたいですね。

ストレスはNG

ストレスや不安を感じると、それを解消するためにセロトニンが使われてしまいます。できるだけ安心・安定して過ごしながら、〝セロトニン貯金〟をふやしていきましょう。

たくさん遊んでしっかり食べる

セロトニンの活発な分泌には、筋肉の動き（運動）も欠かせません。体を動かして遊べばおなかもすきます。セロトニンを育てるタンパク質やビタミン類をしっかりとりましょう。

★時期別 気をつけることは？

イヤイヤ期
不安定な気持をおだやかに受け止めて

2才前後になると自己主張が激しくなりますが、セロトニン貯金を目減りさせないように、親子バトルは極力避けて。親が一歩引いて、「何がイヤなんだろう」と考えることも大事です。

たっち～とことこ
外遊びで体を動かし食欲を育てる

1才前後になったら、日中は外で遊ばせましょう。日光をたっぷり浴びて体を動かし、おなかをすかせてごはんを食べる生活は、セロトニン育てにぴったり。夜もコテンと寝ますよ。

ねんね～おすわり
睡眠のサイクルを早寝早起きに整えて

夜しっかり寝て、朝早く起きるという睡眠リズムは、生後4カ月くらいからつくられ始めます。夜は部屋を暗くして寝かしつけ、朝は遅くとも7時に起こすようにしましょう。

イライラしたら思い出して 心と体の「安心と安定」がいちばんです！

脳育てをじゃまするものは、不安やストレス。ママやパパの心の状態は、子どもの脳の育ちにも影響が大きいのです。

ママのイライラ&不安は しっかり子どもに伝染するのです

ストレスは脳の育ちに悪影響を与えます

最後にとても大切なルールをお伝えします。「子どもの脳を健康に育てなくちゃ」と気負いすぎないことです。

子育ては、思ったとおりにいかないことだらけです。そこに「○○しなくちゃ」がふえていくと、どうしても親はイライラしたり、あせったり、不安になったりします。そんな親の不安定さは、子どもの精神的なストレスのもと。脳育ての最大の妨げにもなるのです。

ストレスを感じると、コルチゾールというホルモン物質が分泌されます。これが日常的に高い濃度で分泌されると、脳の神経細胞（ニューロン）が減少し、記憶をつかさどる海馬が萎縮してしまいます。ひどい虐待を受けた子や、戦時下の子どもたちに脳の発達の遅れが見られることがあるともいわれています。

もちろん多少のストレスは日常的に存在するものです。それでも「最近、子どもが怒りっぽい」「イヤイヤが激しい」と感じたら、「あなたが大好きだよ」「家族が集まると幸せだね」と伝える時間をふやすことが必要です。

思うようにいかないときはとりあえず寝てしまおう

乳幼児期の「○○しなくちゃ」は、つきつめればたった一つ、「ママがおだやかな気持ちで子どもと接し、早く寝かせる」、それだけなのです。ママやパパが不安やあせりや疲れを感じたときは、迷わず子どもといっしょに夜8時に寝てしまいましょう。

「アレもコレもやらなくちゃいけないのに?」と思うかもしれません。だったら朝早く起きてやればいいのです。大人だって、深く眠り、朝の光を浴びれば、セロトニンがふえて「私は大丈夫」と思えるようになります。子どもにも笑顔で接することができるでしょう。

ママがコテンと寝てしまえば、子どももすぐに寝てしまいます。本能的に「ママが寝たということは、安心・安全なんだ」と察知するので、深くおだやかな眠りが訪れるのです。

誤解を恐れずにいえば、乳幼児期の子どもは動物のようなもの。たっぷり眠っておなかがふくれさえすれば、それだけで幸福なのです。

心と体の「安心と安定」がいちばん

○ 安心・安定ってこんなこと

- ママやパパの呼吸を感じながら眠る
- 空腹を感じたあと満腹になる
- ごはんを食べたらおいしかった
- ママとパパが笑顔でおしゃべりしている
- 親子でじゃれあって遊んでいる
- イヤなことをイヤと言える
- 部屋が気持ちよく片づいている

× 不安になるのはこんなとき

- 就寝時間や起床時間が一定でない
- じゅうぶんな睡眠がとれていない
- 無理やり「食べなさい」と強要される
- 遊びも生活も親が「こうしなさい」と決める
- 親がイライラしている
- 習い事などが多すぎてボンヤリする時間がない

ママとパパが笑っていれば、子どもの脳はすくすく育つ！

大人もいっしょにしっかり眠って、必要なときにはだれかに助けてもらいましょう。
自分だけで抱え込んでしまうと、
脳育てに必要な「安心・安定」が子どもに届けられません。
脳育てに大切なことは、
ママとパパが笑顔でいることなのです。

PART

2

月齢・年齢ごとにくわしくウオッチ

今どんな時期？何をすればいいの？

この章では0カ月〜6才までの成長を見通します。
時期ごとの発達が理解できれば、
今、どう過ごす？ 何をすべき？がわかってきます。
お子さんの成長に従ってページをめくりながら、
日々の親子の生活を充実させるヒントを見つけてください。

0～3カ月
ねんねのころ

DATA

体重	2.1～3.7kg → 4.5～7.8kg
身長	44.0～52.6cm → 55.3～63.2cm
脳の重量	400～500g
1日の睡眠	16時間

体
3カ月間の体重増加は人生の中で最大級

「日に日に大きくなる」という言葉がぴったりの時期です。生後すぐは一時的に水分量が減って体重が減少しますが、その後は1日あたり約30～40gふえ、生後3カ月までに体重はほぼ2倍近くに。それに伴って体つきもふっくらしてきて、赤ちゃんらしい雰囲気になっていきます。体重増加には個人差がありますので、しっかり飲んで、おしっこをしていれば心配いりません。

生まれてまもなくは、一日のほとんどを寝て過ごします。おなかがすくと泣き、おむつがぬれると泣き、それ以外は浅い眠りの中にいます。体温調節や呼吸といった身体機能も、3カ月のうちに整ってきます。

運動
手足をよく動かし原始反射が見られることも

この時期の赤ちゃんは、「原始反射」と呼ばれる反射行動が見られます。大きな音にビクッとして両手を広げる「モロー反射」、手のひらにふれたものを握り返す「把握反射」、床に足の裏をつけると歩くしぐさを見せる「歩行反射」、唇の周りにふれたものを吸おうとする「口唇探索反射」、口に入れたものを吸う「吸啜《きゅうてつ》反射」などがあります。このような反射が基本動作となって、しだいに意識的に体を動かせるようになってきます。原始反射は、脳が発達して自分で手足を動かそうとし始める生後2～3カ月ごろには消えていきます。

心
お世話をしてくれる人と愛着関係を結びます

おなかの中にいたときからママやパパの声を聞いてきた赤ちゃんは、その声の主が自分のお世話をしてくれていることを知っています。泣けば駆け寄ってきて、満腹にしてくれたり、さっぱりさせてくれたりする人を心から信頼し愛します。これを「愛着関係」といい、その関係がしっかりと築かれるのがこのころです。

新生児期は無表情だった赤ちゃんも、生後2～3カ月ごろから「あー」「うっくー」といった喃語《なんご》が出て、あやすと笑うようになります。それを見てママやパパが笑顔になると、赤ちゃんもまた笑う、笑顔のやりとりが始まるのです。

琥太朗《こたろう》くんの場合

大きく成長するとき！

0カ月

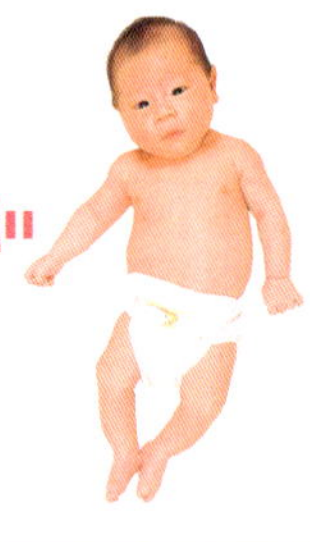

身長:49.4cm 体重:3.5kg

おっぱいをよく飲む元気な男の子。ときどき、とても大きな声で泣いてママはビックリ。

1カ月

身長:55.4cm 体重:4.9kg

3～4時間ぐらい続けて眠るようになってきました。毎日うつぶせ寝の練習中。

2カ月

身長:57.0cm 体重:5.6kg

表情に変化が出てきました！ ほっぺツンツンや声がけに反応してほほえみます。

3カ月

身長:66.0cm 体重:6.3kg

プレイマットがお気に入り。おもちゃを引っぱったりひとり遊びもできるように！

このころの脳を育てる語りかけ

- おなかすいたねー、おっぱい飲もうね。
- いっぱい飲んだ、おいしかったね。
- おしっこ出たから、おしりぬれたね。気持ち悪いね。おむつ替えようね。
- おむつ替えたらさっぱりしたね。あぁ、気持ちいいね。

この時期は「快・不快」を泣くことで表現します。「さっぱりして気持ちよくなった」「おなかいっぱいになって満足した」という感覚の変化を、言葉にして伝えてあげましょう。

視力はぼんやり、でもママの声はしっかり聞き分けています

感情 心地よい・気持ち悪いに敏感だよ

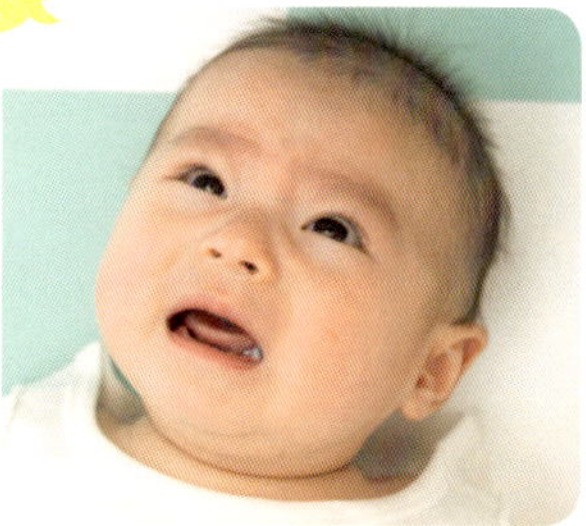

この時期は「気持ち悪い」と泣き、「気持ちいい」とほっとした顔をし、快と不快を豊かに表現しています。

耳 ママのおなかの中でも声は聞こえていたよ

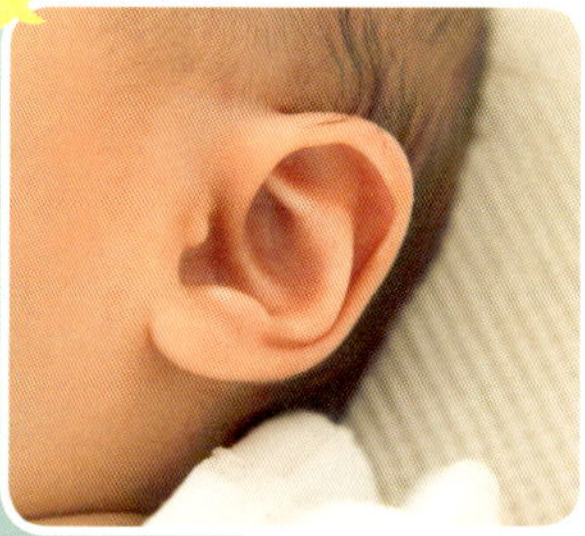

聴覚は胎児期から発達していて、おなかの中にいるときからよく聞こえています。周波数の高い音に反応しやすい。

目 視界はぼんやり。はっきりした色が好き

生後すぐはぼんやりしか見えていず、視線も一点を凝視します。見えるのは30cmくらいまでの距離のもの。

指 手にふれたものはギュッと握っちゃう

原始反射で、手のひらにふれたものをギュッと握ります。手は常にグーのまま。開いてもすぐ戻ります。

國井奏志《そうし》くん
撮影時：3カ月
体重：6.5kg

首すわり 3カ月くらいから安定してくるよ

頭に手を添えなくても、ぐらぐらせずに安定するのは3～4カ月ごろ。うつぶせ寝で頭を上げる練習をしてみて。

このころのオススメおもちゃ

寝たまま見えるもの

目の前で揺れるものや、音が出るものがあると、そっちを見ようとします。カラフルな色のものを選んで。

音が出るもの

耳が敏感なこの時期にぴったりなのがガラガラ。軽くて持ちやすいものだと、手の発達に合わせて自分で振れます。

0～3カ月 ねんねのころの “脳育て” ポイント

たくさん眠って五感で感じて「からだの脳」を育てます

この時期、赤ちゃんの「からだの脳」（10ページ参照）はぐんぐん発達しています。呼吸を整え、栄養を消化し、自律神経を働かせ、ホルモンを分泌し……と、この世界で生きていくために必要な体の仕組みをつくるため、脳のシナプスは急激にふえています。

誕生後しばらくは一日中まどろんでいる赤ちゃんですが、睡眠をつかさどる視床下部が活発に働くようになると、昼夜の区別がついてきます。「おりこうさん脳」である大脳皮質も少しずつ機能し始め、あやすと笑ったり、両手を見つめたり、口にもっていったりし始めます。

まだ視力はぼんやりですが、ママやパパの声やにおい、おっぱいの味などはよくわかり、お世話してくれることはわかっています。話しかけたり、体をたくさんさわって、スキンシップを楽しみましょう。

【泣いたら抱っこ、たくさんおしゃべり。ママへの信頼がしつけの土台に】

泣いたら抱っこ、おむつ。要求をかなえてあげて

赤ちゃんは泣くことで気持ちを伝えようとします。泣いたら「なんで泣いているのかな？」と考え、要求をかなえてあげましょう。不安が安心に変わることで、脳はおだやかに発達できるのです。

なめることで物を確認しています

ママたちの体験談

以前は「たまたま口に入ったから」という感じでしたが、3カ月になると自分から意識して手を口に運んでいます。（陽太ママ）

この時期は、手先より口の周りが敏感な時期。手が思うように動かせるようになってくると、まず自分の手をチュパチュパ。これも大切な脳の働きなので、やめさせる必要はありません。

赤ちゃんとおしゃべりしよう

ママたちの体験談

3カ月になったら、声を出して笑うようになりました。唇を振るわせて「ブー」という音も出せます。（順子ママ）

ママの言葉も脳への楽しい刺激です。少しトーンの高い声（マザリーズ）で、ゆっくりていねいに話しかけましょう。わかっていないようでも、声をしっかり聞いています。

たくさん体をさわってあげて

きげんのいいときには、手やおなかや足など、体のいろいろな場所をさわって遊びましょう。赤ちゃんはママにさわられると「楽しい」「気持ちいい」と感じるので、脳の心地よい刺激に。

このころのしつけと育脳 Q&A

Q 小さく生まれたので体重がふえるか気になります

A すぐには追いつかないけれど、心配しすぎないで

小さく生まれた赤ちゃんだからこそ、「早くほかの子と同じくらいの体重に追いついて」と思ってしまう気持ちはわかります。でも、すぐには標準の発達には追いつかないものです。小さく生まれた赤ちゃんの発育は、一般の赤ちゃんよりゆるやかなので、小児科の先生などに「低出生体重児用の発育曲線」をもらい、それを参考にしながら発達の様子を見守りましょう。1500g以上で生まれた子なら、12カ月くらいで追いつくといわれます。それ以下なら2才くらいまでかかります。その子のペースで成長しているかを見守っていきましょう。

Q たかいたかいや、ゆらゆらはどこまで大丈夫？

A 激しい遊びはまだ危険。赤ちゃんの表情を見て

体を使った遊びは、赤ちゃんの脳の刺激におすすめですが、月齢を意識する必要があります。「たかいたかい」など、赤ちゃんを高く持ち上げる遊びは、首が完全にすわってからに。初めてやるときには、そっと持ち上げましょう。急激に持ち上げると血圧の急変が起こり、赤ちゃんの脳にダメージを与えることも。

赤ちゃんをあやすときも、ゆらゆらする程度なら問題ありませんが、激しくゆすると頭蓋内出血を起こす可能性があります。「ゆさぶられっこ症候群」ともいわれ、死亡したケースもあるのです。乱暴な遊びは避けたいものです。

Q まだしゃべれない赤ちゃんに何を話せばいいのかとまどいます

A むずかしく考えないで。行動をそのまま実況中継でいいんです

赤ちゃんとふたりっきりでいると、ともすれば部屋の中がしーんとしてしまいます。「だったらテレビをつけよう」というのは、できれば避けたいもの。赤ちゃんの脳をおだやかに刺激するのは、大好きなママの声なのです。黙って育児せず、たくさん話しかけてください。

内容は何でもいいのですが、おすすめは「今やっていること」「これからやること」のアナウンス。「タロウくん、これからおむつを替えますよ。はい、あんよ伸ばしてね」というように。「赤ちゃんには伝わらないでしょ?」と思うのは大まちがい。言葉は耳から脳に届き、少しずつ理解していくのです。また、説明されることで赤ちゃんは「今からおむつ替えだ」と安心できるのです。

赤ちゃんの視力はどのくらい？

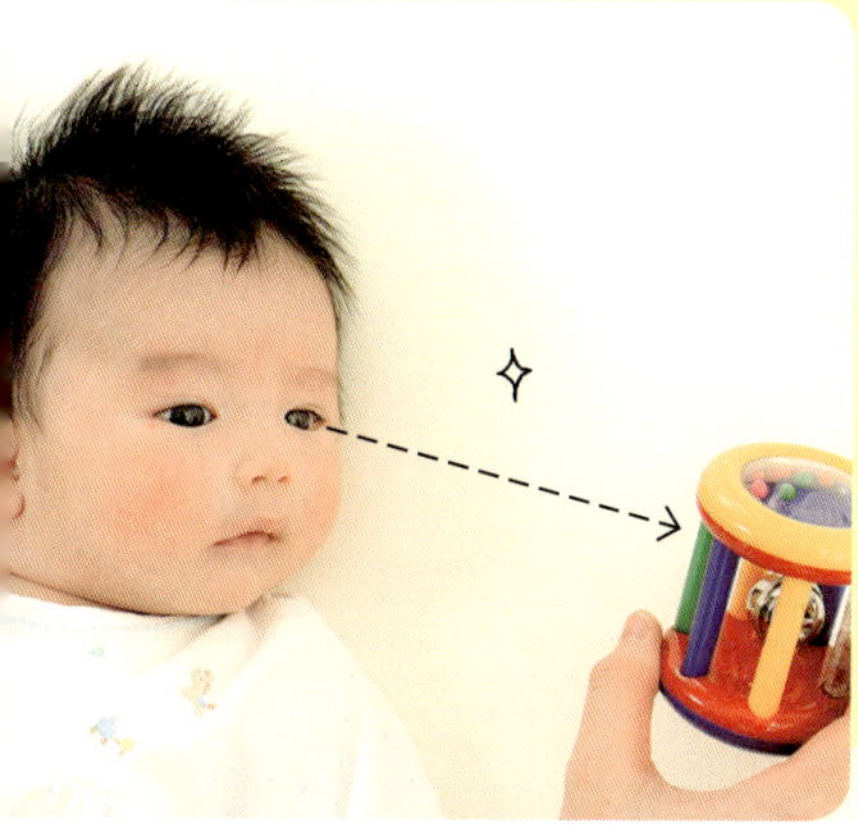

3カ月ごろ	…0.1
6カ月ごろ	…0.2
1〜2才	…0.4
3才	…0.8
6才	…1.0

眼球の大きさが大人並みになるのは3才ごろ、視力が大人並みになるのは4〜6才、両眼視できるのも6才ごろです。

Q 赤ちゃんの視力はほうっておいても発達するんですか？

A 外界の刺激で「見える」ようになります

生まれたばかりの赤ちゃんの視力は0.01 〜 0.02程度。この目が「見る」ために機能するには、目と脳の両方の発達が必要です。そのために欠かせないのが外界からの刺激。ママのおっぱいを探したり、散歩しながら木もれ日を見たり、鮮やかな色のおもちゃを眺めたりするうちに、視力は少しずつ発達していくのです。

もし、外からの光をさえぎった暗い室内で赤ちゃんを育てたとすると、もともと目の機能に異常がなくても、目や脳の発達が妨げられてじゅうぶん物が見えなくなってしまいます。それほど目から入る刺激は大切なのです。

4〜6カ月

首すわり→寝返りのころ

DATA

体重	5.0〜8.5kg → 6.0〜9.3kg
身長	57.0〜67.1cm → 60.8〜72.0cm
脳の重量	600〜700g
1日の睡眠	14時間

体

首すわりが完成し昼夜の区別もつくころ

体重の増加がひと段落し、体の機能が発達していく時期に入りました。生後6カ月くらいになると、脳の重量は誕生直後のほぼ2倍に。大きくなった脳の配線をどんどんつないでいく時期です。

このころには内臓の消化機能も整ってくるので、5〜6カ月で離乳食を始めます。午前中の、おなかがすいたタイミングを見て食べさせましょう。

夜と昼の区別がついて、昼間に起きている時間が長くなってきます。午前中は外に散歩に行く、昼寝は午前と午後1回ずつにしてあまり長く寝かせないなど、生活リズムをつくっていきましょう。

運動

寝返りから→おすわり。手で物をつかむ時期に

ほとんどの赤ちゃんの首がすわり、腰も、徐々に安定してきます。足をもち上げる動作をするようになったら、次のステップは寝返りです。腰を浮かせてぐいっとひねって、体を半回転させるのです。これが「移動」の始まり。だいたい6カ月くらいまでにできるようになることが多いですが、個人差が大きく、「寝返りしないではいはいを始めた」という子もいます。

手の動きも目覚ましく発達。ほしいものを手にとり、口に入れて確認します。支えてあげるとおすわりができるので、両手はますます自由になります。室内を片づけ、さわってほしくないものは手の届かないところへ。

心

コミュニケーションを求めて声を出します

首がすわったことで視界が開け、身近なものにも興味が出てきます。感情表現はどんどん高度になり、「さわってみたい」「でもうまくできない」とかんしゃくを起こして泣くこともあります。よく笑い、よく泣き、ママやパパを呼ぶために声を出したり、ほしいものに手を伸ばして「とって」というしぐさをしたりすることも。コミュニケーションしたい！という人間らしい欲求が感じられ、かわいさが増してくる時期です。ママやパパと遊ぶのも大好き。ひざに赤ちゃんをのせて手遊びをしたり、ゆっくりと「たかいたかい」したり、子どもが好きな遊びをくり返しやってあげましょう。

琥太朗くんの場合

体つきがさらにしっかり！

4カ月

身長:66.5cm
体重:6.5kg

夜中に1回起きるぐらいで朝までぐっすり。生活リズムが安定してきました。

5カ月

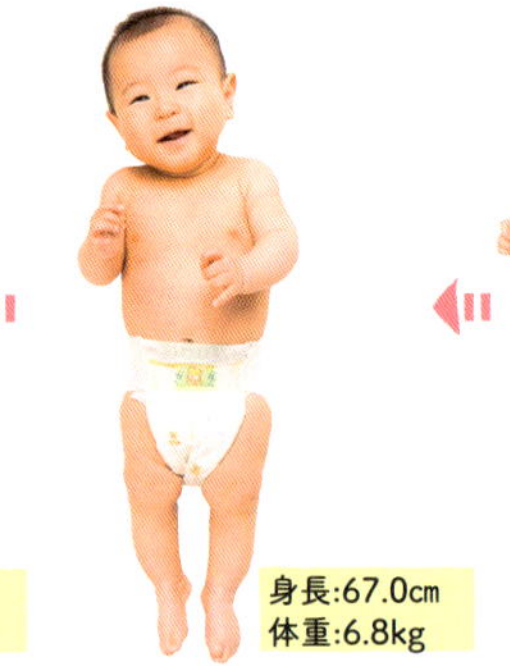

身長:67.0cm
体重:6.8kg

歯が先端が見える程度に生えてきました。歯固めをよくかんで、よだれの量もふえました。

6カ月

身長:67.5cm
体重:7.1kg

支えてあげればおすわりできるように。とうとう離乳食デビューしました♪

このころの脳を育てる語りかけ

- 「あー」って言ったね。〇〇ちゃん、楽しいんだね。
- お花、きれいだね。風が気持ちいいね。
- おてて、おいしい？
- 〇〇ちゃんの大好きなおかゆ食べようか？

喃語を言い始めたら、その言葉をママもくり返しておしゃべりを楽しみましょう。抽象語を会話の中にとり入れることも大事。離乳食時はテレビを消し、語りかけながら食べさせて。

楽しい！ うれしい！ もっと知りたい！ たくさん「かまってほしい」時期

小原怜実《れみ》ちゃん
撮影時：5カ月
体重：6.5kg

手 ほしいものをつかんで離さないよ！

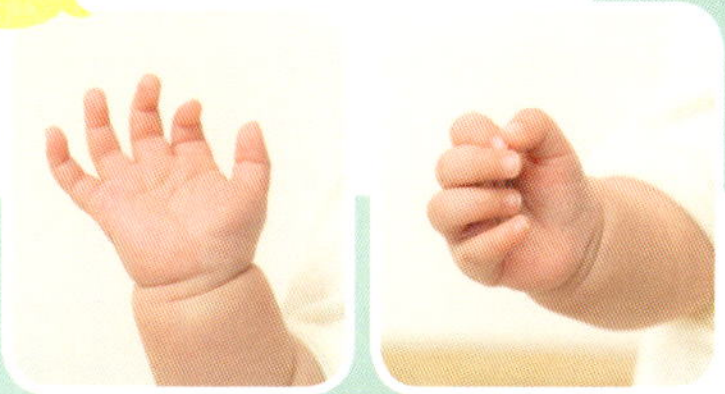

この時期はぎゅっとつかむのがじょうずになる時期。両手に持ったり、左右に持ちかえたりもできるように。

感情表現 イヤなものはイヤ！ 泣きたいときは泣く！

喜怒哀楽がはっきりしてきます。夕暮れ泣きが始まる子もいて、「抱っこしないと泣き続ける」ということも。

おすわり 支えがあればだんだん座れるように

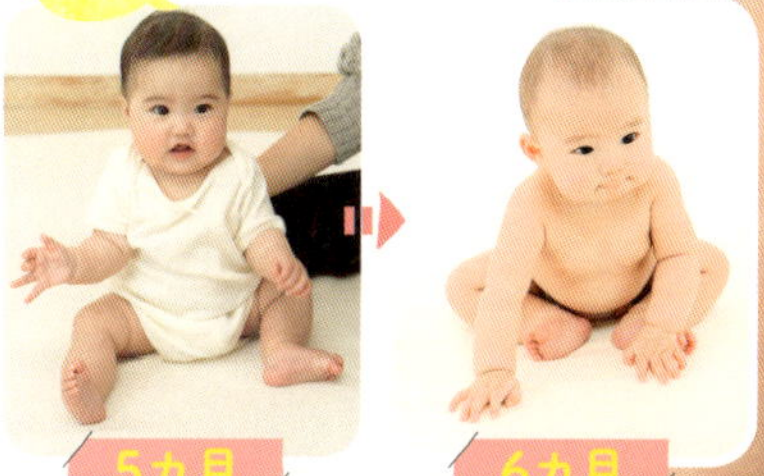

5カ月 → 6カ月

首がすわると腰も安定してくるので、支えがあれば座れるようになる子も。そのうち手をついて座れるように。安定してひとりで座れるのはもう少し先。

うつぶせ だんだん体がもち上がりはいはいに近づくよ

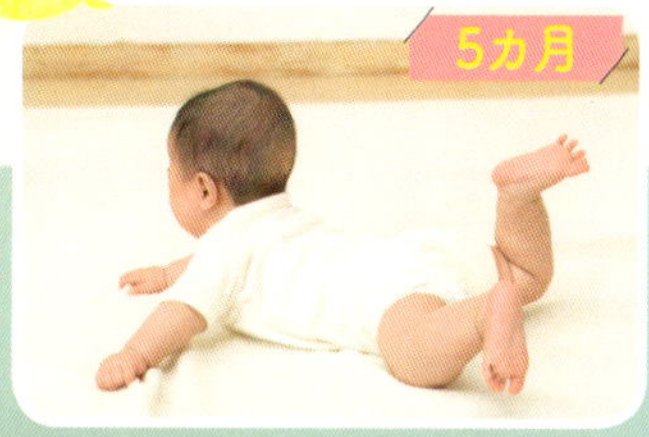

5カ月

首がすわって頭が持ち上がるようになったものの、腕で上半身をかろうじて支えている段階。

6カ月

このころの赤ちゃんがよくする、飛行機のようなポーズ（エアプレーン）。そろそろ「ずりばい」もできそう。

このころのオススメおもちゃ

握れるもの

「握って振る」が大好きなころ。握ったり振ったりして楽しめるおもちゃを。

音や動きを楽しむもの

「押したら動いた」「さわったら音がした」など、自分がしたことで変化が起きるおもちゃを喜びます。

4～6カ月
首すわり～寝返りのころの
“脳育て”ポイント

「物と人と自分は違う」。新しい発見の連続です

首がすわると、赤ちゃんの視野は広がります。それまで手足を見たりなめたりして「自分」を認識してきた赤ちゃんですが、「自分以外のもの」にも気づき始め、「どうも『人』と『物』は違うようだ」という発見もします。偶然ふれたものを握るだけではなく、みずから手を伸ばすようにもなります。これは脳の中で目と手を連動させる配線がつながった証拠。ふれると動いたり音が鳴ったりする「因果関係」にも気づく時期。そんな「学び」のあるおもちゃを選んだり、室内の環境設定を意識したりしましょう。

自分の思いを伝えようとすることもふえ、その過程で「怒り」という新しい感情も生まれます。「イヤだったね」など感情を言葉で伝え、「もう大丈夫だよ」と落ち着かせ、気持ちが切りかわる心地よさを感じさせてあげたいものです。

【笑ったり、喜んだり、おびえたり、怒ったり 豊かな感情は脳が育ってきた証しです】

昼夜の区別をしっかりつけよう

生後3カ月を過ぎるころから、夜5時間くらい続けて寝てくれるようになります。この時期から早寝早起き習慣をつけることが脳育てにとても重要。夜は静かな環境の中で早めに寝かしつけを。

離乳食は「食べる喜び」を教える段階

ママたちの体験談
あまり時間を限定せず、10時～14時の間くらいのおなかがすいていそうなタイミングで食べさせるとよく食べます。（たっくんママ）

離乳食がスタートしますが、この時期はまだ母乳やミルクからの栄養もあるので「食べるって楽しいな」と感じられればじゅうぶん。おなかがすいている時間帯に食べさせればよく食べるものです。

体を使った親子遊びを楽しもう

ママやパパとのコミュニケーションが楽しくてたまらない時期になりました。「たかいたかい」「いないいないばぁ」といった遊びも楽しめるようになります。じゃれつき遊びもスタート。

ママたちの体験談
こちょこちょしても以前はキョトーンとしていましたが、最近ようやくケラケラ笑うようになりました。（鮎紗ママ）

刺激いっぱい！ どんどん外に出よう

「いろんなものを見たい」「感じたい」という欲求が生まれる時期なので、外に出かけさまざまなものを見せてあげましょう。「空が青いね」「桜がきれい」などたくさん語りかけて。

このころのしつけと育脳 Q&A

Q 部屋で流す音楽。子どもの脳にはクラシックがいいですか？

A ママやパパが好きな曲でいいのです。四角四面に考えないこと

どんな音楽でもまったく問題ありません。ママがクラシック好きならクラシックをかければいいし、J－POPでもロックでもアニメソングでも何も問題ありません。ママの歌声も、赤ちゃんにはとても心地よいもの。この時期、赤ちゃんは音に敏感で、動いているものを目で追いかける傾向もあります。ママやパパが音楽を聞いて笑顔になり、ときには音楽に合わせて踊ったり歌ったりしていれば、赤ちゃんも「音楽は楽しいな」と感じます。「○○には△△がいい」という情報に振り回されないで、赤ちゃんの表情を見て判断しましょう。ただし、赤ちゃん期は聴力が未熟なので、鼓膜が震えるような大音量は避けてください。

Q そろそろ公園や児童館でママ友をつくり同世代の子とかかわらせるべきですか？

A この時期はさまざまな大人とふれあうことが大事です

「早くママ友をつくって、赤ちゃんに同世代のお友だちをつくってあげなくちゃかわいそう」と思う人は案外多いようです。でも、あせる必要はありません。ママ自身が「ママ友がほしい」と思うならどんどんつくればいいけれど、この時期の発達から考えても、子どもどうしの交流はさほど重要ではありません。必要なのはさまざまな世代の「大人」との交流です。たとえば八百屋のおじさんに「元気だな！」と声をかけられる、電車の中で隣に座ったおばあさんにあやしてもらう、そんな小さな交流の中で子どもの社会性の芽がはぐくまれていきます。

ママたちが集まる集団の中にポンと入るのは勇気がいるものです。無理はしないで大丈夫です。

Q 読み聞かせを始めたのですが絵本に目が向きません。興味がないの？

A ママが絵本を楽しんでいればいいのです

「0才から絵本を」という考えはとてもすてきですが、脳の発達段階として見ると、この時期はまだ絵本を喜ぶ年齢ではありません。では、なんのために読むのかというと、絵本を通して親子のコミュニケーションをとるためです。ママが優しい声で歌うように読んだり、みごとな演技力で演じ分けたりしていることそのものを、赤ちゃんは楽しむのです。これが「絵本っておもしろい」と気づくその最初のステップです。ママが「つまんないなぁ」と思うなら、無理はしなくて大丈夫。子どもとコミュニケーションをとる遊びはほかにもたくさんあります。そして1カ月、2カ月後にまた絵本を開くと、子どもの反応は変わっているかもしれません。

基本のベビーマサージ

足の裏や手のひら、指、耳などの小さなパーツには、親指の腹を当ててなでるようにさすると、気持ちが落ち着きます。

おなかや背中などの広い面は、手のひらを体にぺったりつけてさするように。リラックス効果があります。

Q ベビーマッサージがよいと聞きましたが教室で習ったほうがいいですか？

A 服の上からたっぷりなでるだけでもOK

ママの手で全身をなでなでされたり、もみもみされたりするのは、赤ちゃんにとってうれしく楽しい刺激です。オイルマッサージもいいけれど、手軽に楽しむなら洋服の上からでも問題ありません。ポイントは、「笑顔で楽しく」「赤ちゃんと目を合わせて」「力を入れず、優しく」の3つ。教室で習うのもいいですが、マッサージのやり方にルールはないので自己流でもOK。歌に合わせてやると、親子ともにリラックスして楽しい雰囲気がつくれるかもしれませんね。赤ちゃんの表情が気持ちよさそうかどうかを見ながら、マイペースで続けましょう。生後1カ月を過ぎていれば、いつから始めても大丈夫です。

7〜11カ月

はいはい→つかまり立ちのころ

DATA

体重	6.2〜9.7kg → 7.0〜10.8kg
身長	62.7〜73.1cm → 66.5〜78.9cm
脳の重量	700〜800g
1日の睡眠	14時間

体
少しスリムになり始め 生活リズムも整います

赤ちゃんっぽいムチムチした体つきが、幼児っぽく変化し始める過渡期です。体形に個人差は大きいものですが、おすわり、はいはい、つかまり立ちといった体の動きが活発になることで、全身が引き締まってくる子がふえてきます。

一日の生活リズムは、この時期、安定してきます。離乳食は2回食から3回食になりますから、食事の時間を軸に生活を整えましょう。日中たくさん体を使って遊んでおなかをすかせること、1日1回は親子いっしょに食事をすることで、「食べたい」気持ちがふくらみます。早寝早起き習慣をつけていきましょう。

運動
おすわり、はいはい、動くことが大好きに

この時期の赤ちゃんの運動能力の発達には、目を見張るものがあります。ひとりでおすわりするようになると、自由になった両手で積み木を打ち鳴らしたり、ひもを引っぱったり、手先がどんどん器用になります。はいはいが始まると、「こんなところにいる！」と驚くことも。室内の安全に配慮し、ケガや誤飲にはじゅうぶん気をつけて。

変化の著しい時期ですが、発達は個人差が大きいことも忘れないでください。寝返りせずにはいはいする子や、はいはいしないで歩き始める子もいますが、今後の運動能力には何の影響もありません。ほかの子と比較せず、今できることを応援しましょう。

心
人見知りが始まり 大人のまねっこも

記憶する能力が高くなることで、知っている人と知らない人の区別がつくようになります。見知らぬ人をこわがり、ママやパパを求めるということは、愛着関係ができている証拠。「この人は安心できる。信頼していい」と赤ちゃんが理解したのです。

大人のまねをすることも大好きになります。ママが「バイバイ」と手を振ると、赤ちゃんも「バイバイ」。逆に、ママがはいはいのまねをすることも喜びます。何かを落としたときに、「あー」と言ってママの顔を見ることも。泣く以外の方法で「拾って」とメッセージを伝え始めているので、「拾ってあげるよ」と応じてあげて。

このころの脳を育てる語りかけ

- ○○ちゃんのリモコンはママが使いたいので、くださいな。どうもありがとう。
- 何を見てるの？　あ、鳥さんかな？
- ママ、トイレに行くから待っててね。戻ってきたよ。お待たせしました。
- こわかったね。大丈夫だよ。

大人の言葉を理解し始めるころです。無言で何かをとり上げたり、泣いていても放置するのではなく、理由を言葉で話しましょう。赤ちゃんが何かを伝えているときには答えてあげて。

手先が器用になります！

右手から　渡して　左手に

両手を使って物を扱えるようになるので、「ティッシュを全部引き抜いちゃった！」などということも。指の動かし方も器用になるので、10カ月ごろから親指と人さし指で物をつまめるようになります。指先を使う遊びをたくさんさせましょう。

動ける、ふれる、自由になれる。たくさんの「できた！」を親子で喜んで

つかまり立ち
両手で体をもち上げたら遠くまで見渡せた！

はいはいでソファやテーブルなど少し高さのあるものに手を伸ばし、その勢いで立ち上がる子が多いもの。背中を支えて少し手助けしてあげても。

大橋翔くん
撮影時：10カ月
体重：8.0kg

言葉
話せないけどわかっているよ

言葉をたくさんため込む時期です。家庭では抽象語や擬音語なども駆使して、たくさんの言葉を伝えましょう。

あと追い
はいはいできるからどこまでも追いかける

「ママがいなくなる！」と追いかけてくるのも成長の証し。できるだけ赤ちゃんの思いにこたえてあげて。

歯

歯が生えてくるからママ、歯みがき手伝って

歯みがきは最初の1本が顔を出し始めたところからスタート。1本だと3秒で終わるので、少しずつ歯みがきに慣れることができます。

このころのオススメおもちゃ

音楽を楽しむ

お人形をつかんだり、動かすと音楽が流れるおもちゃ。人形をかわいがり、音楽も楽しめます。

積み木

何才でも遊べる積み木ですが、いよいよ本格デビュー。カチカチぶつけたり、ママが積んだものをくずしたり。

7～11カ月
はいはい～つかまり立ちのころ
“脳育て”ポイント

好奇心を育てつつ安全対策にも気を配って

「体が自由に動くってサイコー！」と気づく大発見の時期。ほしいものの近くに行ける、さわって確認できる、好奇心ではちきれそう。汚いものや大事なものまでさわって、なめて確認しようとするので、親は「ダメ！」と言いたくなります。でも、自由にはいはいして探索活動をすることは、赤ちゃんの脳にとってすばらしい刺激。できるだけ安全な環境で、自由にさせてあげたいものです。危険なもの、誤飲しそうなサイズ（直径39ミリ以下）のものは、床から1メートル以上高い場所に移動を。

　探索中の赤ちゃんは、勝手に動いているようですが、気になるものがあったとき「さわっていい？」という顔でママを振り返ります。これが「ルールを守る」という出発点でもあるので「いいよ」「ダメだよ」とはっきり示してあげてください。

【体を動かすと知能も育つ！ やりたいことができる環境をつくって】

たっぷりとはいはいできる環境を

はいはいはこの時期しかできない全身運動です。家具などを動かして部屋に「はいはいスペース」をつくったり、児童館のホールなどに連れていき、思う存分はいはいを楽しませましょう。

手づかみ食べが脳を育てる

ママたちの体験談

手づかみで食べさせるようにしたら、好き嫌いが減りました。指の動きもどんどん器用に。（ひなたママ）

手づかみ食べは「自分で食べたい」という意欲のあらわれ。力加減や温度に注意するなど、指先の感覚もとぎすまされます。できるだけやらせてあげて（くわしくは106ページ）。

かかわり遊びが大好きです

ママたちの体験談

11カ月になって、「ちょうだい」と言うとおもちゃをくれるようになりました。ハマるとエンドレスです。（紬希ママ）

大人の意図が読めるようになり、「ママがおもちゃをほしがっている」と察しておもちゃを渡してくれるようになります。まずはママやパパが見本を見せてまねさせて。

興味を示すものの言葉を教える

赤ちゃんが興味を持って見ているものがあれば、「お花がきれいだね」などと語りかけて。見たものが「花」だということがわかり、やがては「花」と「きれい」が結びつくようになります。

このころのしつけと育脳 Q&A

Q 同じくらいの年齢の子と遊ばせたいのですが注意することはありますか？

A 子どもだけにせず、すぐそばで見守って

どんなに小さくても、子どもは子どもが気になるものです。6〜7カ月ごろから、同世代の子がいるとじーっと見たり、はいはいで近づいてさわってみたりします。そうなると「おもちゃのとり合い」「突き飛ばし」なども起こりますので、親は絶対に子どもだけにはせず、そばで見守りましょう。おもちゃのとり合いはこの時期あたりまえ。複数のおもちゃを用意するなど、トラブル回避のための準備をしておきたいものです。

Q 人見知りが激しく、おばあちゃんの抱っこをいやがるので肩身が狭い

A 脳が健全に発達している証拠と喜んで！

人見知りは、脳のすばらしい発達です。いちばん親しい大人はだれか、そうでない人はだれか、ちゃんと区別して見きわめているのです。でもきっとママは、お姑さんとの関係がぎくしゃくするのがこわいんですよね。ここは勇気を出して「人見知りは脳の発達なんだって。すごいですよね！」と笑顔で言ってみてください。おばあちゃんも子育ての経験があるのですから、「そういう時期はあるもの」と思ってくれるはず。人見知りのレベルには個人差があって、「だれに抱っこされても平気」という子もいます。でもそれは「社交的」「内向的」とは無関係だと知っておいてください。

Q 離乳食はバランスよく食べさせたいのですが好き嫌いがあって困ります

A 「おなかをすかせて食べる」という生活リズムを

空腹を感じていないのかもしれませんね。「離乳食は午前10時と夕方6時」などと時間をきっちり決めることもいいのですが、その時間に空腹になっていなければ、食べなれない食材をわざわざ食べたいとは思わないものです。まだ離乳食は始まったばかり。「食べなかったら食べなくていい」と割り切って、おなかをすかせパクパク食べられるような生活リズムづくりに力を注ぎましょう。前回食べなかった食材でも、次回は食べるかもしれないので「嫌いな食べ物」と決めつけないで。ひと口でも食べたらすかさず「すごい！　にんじん食べたね」とほめてあげて、食事の時間を楽しいものにしていきましょう。

Q 五感を育てるためには砂場遊びがいいと聞きましたが、不潔では？

A 衛生管理はチェックしつつ砂遊びの魅力も大切に

ネコのフンが落ちているような砂場は避けたいですが、ネットでおおわれ、定期的に消毒されている砂場であればぜひ遊ばせてください。手や足の裏は、脳の発達において重要なパーツです。さまざまな感触のものにどんどんさわらせてあげてほしいのです。砂場の砂はその代表的なもので、乾いているとサラサラし、水を足すとドロドロに変化し、ギュッと握ると固まっていきます。そんな変化を楽しむには砂場がいちばん。なめたりしないようそばで見守り、遊び終わったらしっかり手洗いして、着がえるようにしましょう。なお、手指の刺激には粘土遊びなどもおすすめです。

1才 たっち→あんよのころ

DATA

体重	7.16〜11.4kg ➡ 8.8〜13.8kg		
身長	68.3〜79.8cm ➡ 78.0〜92.1cm		
脳の重量	800〜900g	1日の睡眠	13時間30分

体
身長の伸びが目立ち 背筋がしゃんとします

いよいよ赤ちゃん期の終わりです。この一年の間にほとんどの子が歩けるようになります。二足歩行が完成すると、背筋がしっかり伸び、見た目もすらりとしてお兄ちゃんお姉ちゃんらしくなります。「体重がふえない」「身長があまり伸びていない」と気になる場合でも、発育曲線に沿って少しでも増加していれば心配いりません。

1才になったら、卒乳を考える時期です。母乳は赤ちゃんにとって安らぎなので、むりやりやめさせる必要はありませんが、夜に何度も目覚めておっぱいを吸うと深い睡眠が訪れません。脳育てのためにも「おっぱいバイバイ」に挑戦してみませんか?

運動
たっちからあんよへ 小走り、ジャンプも

この時期、運動面での発達の主役は、歩くことです。たっちからあんよ、ヨチヨチ歩きから小走りへとどんどん進みます。個人差は大きく、「1才半になっても歩かない」ということも。運動能力の違いというよりは、「慎重派ほど最初の一歩が出ない」など、その子の個性かもしれません。ほかの子と比べず、その瞬間を楽しみに待ちましょう。

手指も目覚ましく発達します。親指と人さし指の2本の指で物をつまめるようになると、スプーンを操ったり、ファスナーを上げ下げしたり、靴をはいたり、といった生活動作にもつながります。遊びの中でも指先を使わせるよう意識したいものです。

心
言葉の理解が進み 自己主張もスタート

1才前半になると人見知りもひと段落し、「わんわん」「まんま」「おちゃ」などの意味のある単語が出てきます。でも、一気にふえるわけではなく、この時期にいろいろな言葉をため込んで、2才前くらいにどんどん話し始めるようになります。大人のまねっこはますますじょうずになり、しぐさのかわいらしさも際立ってくるころです。

1才後半になるとしだいに「イヤ!」「もっと!」の自己主張がふえてきます。まだ言葉で説明できるほどの語《ご》彙《い》力《りょく》はないので、「なぜ?」「ダメだよ」といったママの言葉にイライラしてかんしゃくを起こすことも。「イヤイヤ期」の始まりです。

1才半を過ぎると

走る! ジャンプ! ますます運動が得意に

坪井太槻くん
撮影時:
1才8カ月
体重:10kg

スタスタ歩けるようになり、小走りやジャンプも得意になってきます。足の運び方もしっかりしてくるので、いろいろな場所を歩かせましょう。

このころの脳を育てる語りかけ

- ○○ちゃんは、お水がほしいのね。のどが渇いたんだね。はいどうぞ。
- (「ブーブーきた」と赤ちゃんが言ったら)車が来たんだね。赤い車だね。
- 積み木、じょうずに積めたね。
- おてて洗おうね。きれいになったね。

言葉がじょうずに使えなくても、思っていることはたくさんあります。それをママが言葉にしてあげることで、かんしゃくがおさまることも。わかりにくい言葉はさりげなく言い直してあげて。

元気に動く体、やりたいこともいっぱい！
でも、うまくできないと怒っちゃうことも

飯島優奈ちゃん
撮影時：
1才3カ月
体重：8.3kg

イヤイヤ期 わかってもらえないと泣いちゃうんだ

してほしいこと、してほしくないことがハッキリしてきます。言葉が未熟なので、泣くことで伝えようとすることも。

目 遠くのものも見える。興味津々だね

脳の発達とともに視力が急激に発達します。少し遠くまで見えるようになり、パステルカラーなど原色以外の色も認識できるように。

足 けったり投げたりもじょうずです！

ボールを投げたり、けったり、ジャンプしたりという動きもとんどんさせたい。

言葉 言葉はまだ少ないけど伝わるとうれしいな

- ブーブー
- まんま
- ないない
- わんわん

など

意味のある単語が出てきます。「わんわん」と言ったら、「わんわんが来たね」と言葉を足して表現してあげて。

立ったり座ったりもじょうずにできるよ

下半身が安定してくると「しゃがむ→立ち上がる」がスムーズに。物を拾ったり、それをほうり投げたりする動きも身軽に。

このころのオススメおもちゃ

指先を使うおもちゃ

ボールをつまんで動かすおもちゃや、スロープの上からボールを転がすおもちゃで指先を鍛えて。

手押し車

あんよを始めたばかりの不安定さをサポート。バランス感覚も身につき、楽しい気持ちであんよできます。

1才
たっち→あんよのころ
"脳育て"ポイント

脳のシナプスが刈り込まれかしこい脳へと進化する

脳の発達から見ても、1才代は激変のときです。生後すぐからどんどんふえてきた脳のシナプスは、ここへきて最大ピークを迎えます。その数は、なんと大人の1・5倍。ふえすぎてしまったシナプスは刈り込まれ、整理されて、性能のいいシナプスだけが残るようになります。その後もしばらくの間シナプスは減り続け、大人と同じ程度にまで減少します。

この時期、子どもはどんどんかしこさを増していきます。その代表が「自我の芽生え」です。自分の能力とは関係なく「ぼくはできる」「やりたい」という思いが強くなるのです。意のままにならずかんしゃくを起こすこともありますが、可能な限り口出しせずに見守り、できたことはたくさんほめてあげたいものです。ここで身につけた自信ややる気が、自立への第一歩になるのです。

【「いやだ」「やりたい」をまず受け止め、ほめたりのせたりして乗り切って】

日ざしを浴びて外でしっかり遊ぶ

体力がついてきたため、寝る時間が遅くなる子もいます。日中は外で思いっきり遊ばせ、昼寝は短時間で切り上げ、夜は早めに寝かせたい。生活リズムは定期的に見直しを。

ママたちの体験談

パパの帰宅を待って22時に寝る生活を改善しなくてはと昼遊びをたっぷり。3日目には夜8時にコテンと寝ました。(みゆママ)

コップやスプーンも練習しよう

1才前後からコップが、1才半くらいからスプーンが使えるようになります。「自分で」の気持ちを育てるために、食卓に置いてときどき使わせて。生活上の動作は少しずつ教えていきましょう。

なぐりがきのお絵かきを楽しんで

「おりこうさん脳」が育ち始める1才児は、イメージの世界も広がっています。握りやすい形のクレヨンと、はみ出す心配のない大きな紙を用意してどんどんなぐりがきさせて。

そろそろトイレトレーニングを意識

1才半を過ぎたら、おしっこの感覚がどのくらいか気にかけてみて。2時間くらい間隔があくようならトイレに誘ってみましょう。

ママたちの体験談

1才8カ月のとき『うんち』という絵本に興味を持ったのでスタート。気長にとり組み2才半でオムツ卒業です。(磨美ママ)

Q 脳育てのために、幼児教室に通わせたいのですが

A 眠らせること、じゃれあうこと優先で親子のお楽しみ程度なら

この時期は「からだの脳」を育てることが最も大事なこと。そのためにはたっぷり眠って、おなかをすかせてから食事をして、安心して過ごすことがいちばん大事です。「おりこうさん脳」も、自発的に遊ぶときに最も活性化することがわかっています。先生の指示を受けて活動するときにも脳は活性化しますが、自発的な遊びほどではありません。「幼児教室で楽しい時間を過ごしたい」「子育ての気分転換をしたい」と考えて、教室を選ぶことをおすすめします。

このころのしつけと育脳 Q&A

Q 眠るときに指しゃぶりをします。やめさせるべきですか？

A 安心するための行動。ある程度はやらせて大丈夫

指をしゃぶったり、特定のものをさわり続けたりするクセは、「安心したい」という欲求を満たすためのもの。指しゃぶりはその代表です。しゃぶり方が強かったり、長時間にわたる場合には、歯並びに影響が出ることがあるので気になるかもしれませんが、この年齢ならまだ大丈夫。むりやりやめさせたりはせず、寝入りばなに手を握って絵本を読むなど、指しゃぶりなしでも眠れるようにいざなって。テレビを見ているときにも指しゃぶりすることが多いものなので、テレビを消して手先を使った遊びに切りかえるのもいい方法です。

Q 自分で歩けるのに、すぐに「抱っこ抱っこ」です

A 「条件つき」で甘えさせてあげましょう

「自分で！ということも多いけれど、ママやって！も多くてイラッとする」という話はよく聞きます。本当に疲れていることもあるでしょうけれど、ママに甘えたい、優しくしてほしい気持ちが強いのでしょう。できるだけその気持ちは受け止めてあげたいですが、もしどうしても抱っこできないような場面なら、「ママは腰が痛くて抱っこできないんだ。座って抱っこするから、元気が出たらまた歩こうね」と事情を説明しましょう。

また、こういうときこそ、言葉を教えるチャンス。「ママ抱っこ」ではなく、「そういうときには、『抱っこしてください』と言うのよ」と正しい日本語を教えましょう。

手指の発達の目安

どんなこと できる？

2才ごろ

紙を折る、シールをはがす

親指、人さし指、中指の3本の指で物がつまめるようになります。指先にも力が入るので、はさみを使ったり、ボタンをとめたりといった動作もじょうずにできるように。

1才6カ月ごろ

スコップで砂をバケツに入れる

スコップを順手でしっかり握り、砂をすくうことができるようになります。バケツという目標を目で確認しながらそこに砂を入れるためには、目と手が協応しながら動く必要が。

10カ月ごろ～

ボーロなど小さいものをつまむ

指先の動きがこまやかになり、小さなものを指と手のひらを使ってつまめるようになります。手づかみ食べがじょうずにできるようになるのもこの時期です。

Q 指先を使う遊びは脳を育てるとか。何をさせるのがいいですか？

A 内容よりも楽しむことが大事です

この時期、手先を使った遊びは脳の発達の面でもおすすめです。たとえば新聞紙。ぐちゃぐちゃに丸めてテープで巻いてボール遊びをする、びりびりに引き裂いて部屋中にまく、全部広げて半分に折る、子ども用のはさみでデタラメに切ってみる……などいろいろなことができます。大きなビーズにひもを通したり、単純な形のパズルをしたり、型落としのような遊びもおすすめです。歌を歌いながら、手遊びをするのもいいですね。いずれにしても、いっしょに遊ぶママが楽しめる遊びを選んでください。ママが楽しむことで遊びがどんどん広がっていきます。

2才

自己主張が激しくなるころ

DATA

体重	8.8～13.8kg ➡ 10.8～16.9kg		
身長	78.0～92.1cm ➡ 86.5～100cm		
脳の重量	約1000g	1日の睡眠	12～13時間

体

五頭身体型になり運動能力もアップ

自分でどんどん歩く2才児は、見た目のうえでも赤ちゃん卒業です。乳歯は20本全部生えそろいましたが、大人と同じ食事はできません。胃のサイズは大人の6分の1程度。一度にたくさん食べられないので、3食のほかにも間食を1～2回入れて、食事を補うようにしましょう。消化機能も未熟で、大人と同じ味つけではなく、薄味を心がけた幼児食を食べさせましょう。

2才の時期は、おむつはずしにも最適です。膀胱《ぼうこう》の機能は整い始め、「おしっこ出る」という言葉も理解でき、自分でトイレに行くこともできます。タイミングを見はからってトイレトレーニングを始めましょう。

運動

運動能力は高まってもコントロールできない

歩く・走るという動作をマスターし、公園に行けば、すべり台でも、ブランコでも、砂場でも自由に遊べます。手指も発達し、積み木を高く積んだり、スプーンで器用に食べたり、洋服の着がえもできるようになります。

しかし、運動能力の向上は、「目が離せない」ということとイコールでもあります。アクセルはきくけどブレーキの弱い車のようなので、パーッと走りだしたり、四六時中ちょろちょろ動いたり、ママはへとへとかも。でも、アクセルが強く踏まれるからこそ、ブレーキをしっかり踏む力が育つのです（136ページ参照）。危険なことはくり返し説明してやめさせながら、この時期を乗り越えて。

心

自立と甘えの両方の顔を持ちます

「第一次反抗期」、いわゆる「イヤイヤ期」真っ最中。かんしゃくや自己主張にウンザリすることも多いでしょう。「自分で」とさんざんダダをこね、「じゃあ自分でどうぞ」とまかせると、今度は「ママやって」と甘えてきます。自立と甘えを振り子のように行き来しながら、自分なりの方法を探している時期なのかもしれません。

知的な発達も進み、言葉の理解とともに物事の本質を理解する力も芽生えます。たとえば物は、「大きい・小さい」「軽い・重い」などの基準で分類できることを体験的に知るのもこの時期。ママは「大きいイチゴだね」など言葉を添えて理解の応援を。

2才は言葉が急成長！

このころの脳を育てる語りかけのコツ！

それまで心にため込んできた言葉があふれ出すのが2才児です。単語だけでなく動詞や形容詞もふえ、2語文から3語文へと言葉が広がっていく時期です。わからない言葉をあれこれ質問してくるのもこの時期の特徴です。

絵本で語彙をふやす

おいしいね
はい、どうぞ

絵本に出てくる言葉には、日常生活では出てこないものもあります。絵本でくり返された言葉を別の場面でママが使ったり、実物を見せたりすることでも、「これが○○なんだ！」と脳にインプットされていきます。

子どもの言葉をふくらませる

テーブルきれいにふけたね
ふきふき～

場面に応じて使う言葉は変わります。お手伝いをしてもらうと「テーブルをふく」「洗濯物をたたむ」「ゴミを集める」など、言葉の世界が広がりますから、おしゃべりしながら親子で家事を楽しみましょう。

体験と言葉を結びつける

「影」「光」「雲」「木もれ日」など、家の中では実感できないものを見せてあげて。

影だよ！

カサカサだね～

「かさかさ」「ふわふわ」といった言葉も、さわってみると実感できます。

「イヤだ！」「見てて！」「じぶんで！」
自分を認めてほしい時期

武井智哉くん
撮影時：
2才10カ月
体重：15kg

目と体 見て、距離をはかって ゆっくり動くよ

視力は0.5くらいになり、遠くと近くの見分けがつくようになります。階段を下りるときも目で距離をはかってから足を踏み出すなど、高度な動きを見せるようになります。

手指 こまかい作業も とくいとくい！

短く切ったストローやビーズにひもを通したり、スナップボタンをとめたり、パズルをはめたりもできるように。

動き 動くの大好き。ジャンプもできるよ

両足でジャンプする、片足で立つ、鉄棒にぶら下がるなどの動作もできるように。リズムに合わせて踊るのもじょうず！

感情 泣いたり笑ったり 感情が大忙しなんだ

2才児はとにかく表情豊か。うれしいときには大笑い、くやしいときには全身で怒る。ジェットコースターのような感情が生まれるのも、脳が発達してきた証拠です。

このころのオススメおもちゃ

人形、エプロンなどのごっこ遊び

人形をお友だちや赤ちゃんに見立てたり、自分がママやお姫様に変身したり、ごっこ遊びに夢中になる時期。

粘土、折り紙など作って遊ぶもの

これも一つの見立て遊び。粘土のかたまりが「ケーキ」になり、折り紙を丸めたものが「勇者の剣」になるのです。

2才 自己主張が激しくなるころ

“脳育て”ポイント

納得できるように スモールステップで

この時期、かんしゃくの原因の一つは自分では「できるつもり」のことが「できない」こと。やりたい気持ちに、実力が伴わないので腹が立つのです。ママは大変ですが、ここが自立へのファーストステップ。やりたい気持ちを応援すると覚悟しましょう。

まずは環境を整えます。たとえば、靴のかかとにはループをつけて引っぱりやすくし、左右がわかる目印をつけます。洗面所には踏み台を置き、タオルやハンドソープは子どもの手が届く位置に移動します。

手助けは、目立たないようにするのが必須。着がえのときには後ろに回り、そっとズボンを引き上げましょう。

そうやって小さな「できた」が積み重なると、自分への信頼感が育ちます。それが幼稚園などの集団生活に足を踏み出す勇気に変わっていくのです。

【「じぶんで！」の気持ちを受け止めて 本当の「できた！」につなげていこう】

何でもまねして覚えます

子どもは言葉で学ぶよりも、見て覚えることのほうが圧倒的に多いのです。してほしいことは、やっている姿を何度も見せるのがいちばんです。

ママたちの体験談

洗濯物をたたむのを隣で見せていたら、タオルやハンカチをじょうずにたたむようになりました。（マイママ）

着がえやお片づけを少しずつ教えて

きげんのいいときには、「いっしょにやろう」とやり方を教えましょう。シャツの前後の見分け方、ボタンをとめる練習など、ゆったり時間をかけて、楽しみながら教えたいものです。

イヤイヤには気長につきあおう

かんしゃくを起こしたら抱っこして落ち着かせながら、「〇〇したかったんだよね。くやしかったよね」と気持ちに寄り添ってあげたいものです。

外に出てたくさんの体験を

知的な発達が目覚ましいこの時期は、走る電車、大きなバス、空を飛ぶ鳥などに目が釘づけになることも。気がすむまでつきあってあげる時間が、知的興味を育てます。

ママたちの体験談

家族で博物館に行ったとき、2才の息子は入り口の電車の模型の前から2時間動かなかった。つきあったパパ、えらい。（勇介ママ）

このころのしつけと育脳 Q&A

2才

Q 公園でたっぷり遊ばせるのですが毎回「帰らない!」とぐずります

A まずは必殺オウム返しで心と体をゆるめて

子「帰りたくない!」、母「そうかぁ、帰りたくないんだね～」、子「公園にいたい～」、母「公園、大好きなんだよね～。楽しいもんね～」と、子どもの言葉にオウム返しで答えるのが基本です。これをしばらくくり返し、ひざの上に座らせて体をゆるめてあげると、すとんと落ち着いてくるのです。泣きながらでも「帰る」と言えたら、「えらいね」「さすがお兄ちゃんだね」とほめてあげましょう。

ママが否定しないで話を聞いてあげると、子どもはずいぶん扱いやすくなります。人はだれでも「この人はわかってくれるんだ」と思わないと、素直に言うことはきけないものなのです。

Q 私がテレビっ子なので、テレビがつけっぱなし。ラジオならいいの?

A テレビの音は五感の育ちを奪います

テレビの音と映像はとても刺激が強いので、子どもはあっという間に目も心も奪われます。ほかの音は聞こえなくなるし、遊びに集中することもできません。五感もテレビに奪われるので、夕飯のにおいも、料理の味も感じません。つけっぱなしはやめましょう。

ではラジオならいいかというと、そんなに単純なことではないと思います。完全にBGMになって気にならない子もいるかもしれませんが、耳が鋭敏な子には騒音と感じる可能性もあります。

幼い子どもがずっと家にいる時期は、そんなに長くありません。少しだけテレビをがまんしてみませんか?　静かな室内にいるのは、慣れると案外いいものです。

どんなこと できる?

語彙数がどんどんふえます

1才ごろ 初語が出る
「ぶーぶー(車)」「わんわん(犬)」「くっく(靴)」などの単語や、「はーい」「ばいばい」などのあいさつ言葉を使い始めるころ。本番前のウォーミングアップ中。

1才8カ月ごろ 約40語
それまで5日で1語覚えていた言葉が、1日1語ずつ覚えていき、話せる言葉が平均で約40語くらいまでふえていきます。

2才6カ月ごろ 約500語
このころには「ママ抱っこ」「ボールとって」などの2語文が出始め、知っている語彙も急増します。でも、すらすらおしゃべりできるのはまだ先です。

3才ごろ 約1000語
世の中のいろいろなことに興味がわいてきて、スポンジのように単語を吸収していきます。2語文から多語文へと進み、文章をつくって話すようにもなります。

Q 食事中に食べ物を投げます。どんなにしかってもやめません

A しかるのをやめ、正しい行動をほめる作戦に

幼い子どもは「ママが反応してくれる」ということを喜びます。怒っていようと、あきれていようと同じこと。「見てくれた」「反応してくれた」と思うから、しかられてもまたくり返すのです。このサイクルを断ち切るには、過剰な反応をしないことです。落ち着いた声で「これは投げちゃいけないんだよ」でおしまい。そして次に、投げない状況をつくりましょう。間食を控え、たっぷりおなかをすかせた日に、大好物メニューだけを用意して、投げたりせず食べたら、すかさず「今日は投げないね。えらい!」とニコニコしてほめてあげましょう。「投げないほうが注目される」と気づけば、次回も投げないほうを選択します。当然、次回も忘れずにほめましょう。

Q 右手と左手の両方でスプーンを使います。きき手はどっち?

A 今ゆっくりと確認中なのです

きき手とは、動作をするときに使いやすい手のことです。2～3才になると右脳と左脳の動きが同じ水準になるので、この時期、左右どちらの手でも器用に食べられるという子は珍しくありません。その時期を経て右ききか左ききかが決まっていくことも多いものです。もし左手を好んで使うようであっても、気にする必要はありません。それも個性。「左ききは将来不便だから」とむりやり右手を使わせようとすると、子どもに無用なストレスを与えることになってしまいます。

3才

仲間遊びが始まるころ

DATA

体重	10.8〜16.9kg ➡ 12.1〜19.3kg
身長	86.5〜100cm ➡ 92.0〜107.4cm
脳の重量	約1100g
1日の睡眠	12時間

体

体重は出生時の4倍。でもまだ完成じゃない

幼稚園の3才児クラスへの入園が近づくお年ごろです。見た目にはすっかり「子ども」になり、赤ちゃんっぽさは残っていません。乳歯も生えそろい、自分でトイレに行く習慣がついた子も多いでしょう。

親は「もう安心ね」と思いたくなりますが、体の内側はまだ完成とはいえません。体を形づくる骨はまだとても弱く、心臓も胃も大人のサイズではありません。まだまだ無茶をさせず、体調の変化にも気を配ってください。大好きなテレビ番組があるかもしれませんが、脳育てのためにも就寝時間は8時を厳守。夕食やお風呂の時間を工夫してやりくりしましょう。

運動

バランス感覚が整い大きな動きも得意に

走ったり跳んだりはもちろんのこと、片足でけんけんしたり、でんぐり返しをしたり、階段を2〜3段飛び降りたり、バランス感覚が求められる動きもできるようになります。つま先歩きやかかと歩きも少しならOK。

手指の運動能力も発達します。片方の手にはさみを持ち、もう片方の手に紙を持って、両方の手を連動させながら紙を切ることができるようになります。積み木もただ積むだけでなく、建物や乗り物の形になるように工夫できるようになってくる時期です。

できる・できないの個人差が大きくなりますが、経験の違いであることも多いので、楽しみながらチャレンジしていきましょう。

心

思いやり、プライド、うそ。複雑な感情が育ちます

3才になるとしだいに「イヤイヤ期」を抜け始め、少しならがまんすることができるようになります。「相手の気持ちを考えなさい」と言われて想像するのはむずかしくても、「タロウくんは痛かったよね」と言われると「そうか」と気がつきます。思いやりの芽生えといえるでしょう。

「自分はできる」という誇りが育つ一方で、裏面にある「恥ずかしい」という気持ちも成長します。プライドを守るようなうそが出てくるのもこのころからです。

「明日」「今度」などの時間の概念や、赤や青など色の名前も理解します。約束を守ることの意味などもわかってきます。

数への理解が深まります

「数への理解」とは、1から10まで数えられることではありません。AとBではどっちが多いか、4つのクッキーを2人で分けるにはどうするのか、そんな感覚を身につけることが数学的センスにつながるのです。

4才　10までの数がわかる

重い―軽い、多い―少ないといった対比ができ、「真ん中」もわかる。10まで数えられる子もふえる。

3才　同じ分量に分けられる

積み木を2つの箱に同じくらいになるように分けられる。3つまでの数がわかり、声に出して言える。

2才　2つまでの数を理解

2〜3の数を認識できる。「たくさん」「多い」「少ない」「長い」「短い」が、パッと見て判断できる。

このころの脳を育てる語りかけ

- ママと順番で使おうね。
- タロウくん（お友だち）は、こうしたかったんじゃないのかな？
- あなたは、どうしてだと思う？
- ありがとう、ママ助かったよ。
- 明日はおばあちゃんの家に行こう。

人の気持ちを配慮するような言葉を意識的に使い、少しずつ他者の視点を盛り込みましょう。人の役に立つ喜びも実感できるので、感謝の言葉を忘れずに。明日や昨日のことも話題にして。

友だちのしていることが気になるように。
遊びの世界も豊かになるころ

言葉 気持ちを伝えただけなのに口答えって言わないで。

3才代で獲得する言葉は約1000語。言葉で説明できるので「かんしゃく」は減りますが、その分「口答え」がふえるのです。

友だち 遊びたいけどケンカもあるよ

同じくらいの年齢の子に興味を持つようになり、いっしょに遊ぶ楽しさも知ります。ケンカもいい勉強。

動き 身のこなしを見て！こんなこともラクラク

この時期から、運動のできる・できないに個人差が。いろいろな動きを体験したかどうかで差が出てきます。

毎日、外に出て体を思いっきり動かしましょう。

お絵かき 丸を組み合わせて顔もかけるよ

かき始めと終わりの線がつながった大小の○をかくようになり、人間の顔もかき始めます。

古謝花恋《かれん》ちゃん
撮影時：
3才8カ月
体重：13.5kg

このころのオススメおもちゃ

三輪車

バランス感覚が整い、筋力もついてきたからこそこげるようになるのが三輪車。コツをつかめば楽しい！

折り紙遊び

紙の角をそろえて折れるのは、左右の手が協応して動くようになったからこそ。

3才 仲間遊びが始まるころ

"脳育て"ポイント

主張したりがまんしたりして感情をコントロールします

自分の思いを主張するばかりだったイヤイヤ期を抜けると、少しずつ「がまん」できるようになります。これを自己コントロール力といい、「おりこうさん脳」の中でも最も高度な「こころの脳」が活動を始めた証拠です。

でも、この年齢の自己コントロール力は芽生えたばかり。イヤなことを100%受け入れることはむずかしいので、親も工夫が必要です。たとえば「もっと公園で遊びたい」とだだをこねたとき、「おうちに帰ったら、おやつのアイスがあるよ」などと言うと、「公園はがまんして、アイスを食べよう」と気持ちを切りかえられるのです。要求を完全にあきらめるのは大人でもむずかしいですから、先延ばしにしたり、別のもので満足できればそれでじゅうぶんなのです。

【ルールや約束事を覚えながら遊びの世界を人と共有していきます】

ごっこ遊びにたくさんつきあってあげて

おままごとや、戦いごっこなど、子どものイメージ力がふくらむころ。ママも童心に返って楽しく遊ぼう。

ママたちの体験談

娘2人のごっこ遊びに家事をしながら「魔女」として参加。キッチンに来た子をサルやケーキに変身させています。(ゆきママ)

「順番だよ」がわかるようになります

「いれて」「じゅんばん」「かわりばんこ」と言った、子どもの遊びをスムーズにする言葉を教えていきましょう。「10まで数えたら交代ね」で、数を覚える子も多いものです。

毎日たっぷりと体を使った遊びを

雨の日は室内で

運動能力を発達させ、脳に刺激を与えるには、自由に体を動かす遊びがいちばん。外でも室内でもたくさん体を使って遊ばせましょう。

おはしの練習をそろそろ始めましょう

3本の指でまずは1本「えんぴつ持ち」ができるようになったら、おはしの練習開始。スプーンもいっしょに使いながら、気長に進めていきましょう。

ママたちの体験談

上の子に厳しくおはしを教えて疲れたので、下の子はほったらかし。でも3才になったら「お姉ちゃんのまね」でマスター。(さきママ)

このころのしつけと育脳 Q&A

Q 3才と1才の姉妹は、いつもケンカばかり。仲よくできないのかな？

A 親が仲裁しようとしないこと。発達段階として見守って

ケンカ両成敗というように、3才と1才のケンカであっても両方の立場は同等です。親が「上の子にはがまんしてほしい」と思ってしまうと、きょうだいの関係がこじれてしまう可能性があります。

ケガがないように見守りながらも、手出し口出しはしないでください。下の子が「ママー」と泣いてきたら「よしよし」となだめ、上の子が「ママー」と怒ってきたら「そうなんだ〜」と聞いてあげて、それ以上の関与はしないことです。そしてふたりで仲よく遊んでいる瞬間を見つけたら、「すごいねー。仲よしだね。優しいお姉ちゃんだし、かわいい妹だね」とほめてください。そのほうがケンカを避けるうえで効果的でしょう。

Q 3才で保育園に入りましたが別れ際にいつも大泣きです

A 子どもの不安を安心に変えるのはママの笑顔

「ママと離れたくない!」というのは、親子の愛着関係がしっかり育って、脳が格段に進歩した証拠です。「ここまでの子育ては大成功」とまずは喜びましょう。

そして家に帰ったときに「どうして泣いちゃうのかな?」と聞いてみましょう。「ママのそばがいいの」「そうなんだー。でもママはお仕事だから、おうちにいたらひとりぼっちだよ」など、ちゃんと説明してあげてください。そして園で別れるときには、ママはできるだけ優しく、大らかな笑顔で「必ず迎えに来るからね」「待っててね」「大好きだよ」と伝えましょう。これを続けることで「ママは私（ぼく）を見捨てない。大丈夫なんだ」と、不安な気持ちを克服できるようになるのです。

Q 「どうして?」「なんで?」の質問ばかり。答えるのがむずかしいことも

A 「あなたはどう思う?」と聞き返して脳育てを

子どもの好奇心がむくむく成長するのは3〜4才のころです。「なんで空は青いの?」「なんでママは女なの?」と親を質問攻めにすることも多いもの。こんなときこそ親は張り切ってください。まずは「○○ちゃんはどう思うの?」と逆質問しましょう。どんな答えが出るのか、楽しみですよね。もし「えっとねー、青い絵の具で塗ったのかなー」と答えたら、「そうなんだ。じゃあ、すっごい大きな絵筆が必要だね」など、親も話題を広げていきましょう。

子どもは正解を求めているわけではありません。わくわくするような言葉のやりとりの中で、想像力の翼を広ろげていければいいのです。この時期だけの会話の楽しさをじゅうぶん堪能しましょう。

子どもが楽しい幼稚園を選ぼう!

どんな幼稚園を選ぶか迷うところですが、まずは通える範囲の幼稚園を見学しましょう。施設などを見るだけでなく、①登園の様子、②遊びの様子、③お昼ごはんの準備と食べている様子の3つは見たいもの。自由遊びの時間は特に、夢中で遊んでいるかに注目を。最低でも3つの園を見ると、「うちの子に合いそう」がわかってきます。園バス、給食、預かり保育の有無など、ママの事情に沿ってくれる条件も確認しておきましょう。

check!

- □ 自由遊びのバリエーションが豊か。
- □ 見立て遊びの小道具がいろいろある。
- □ 大きな木や畑（プランター）がある。
- □ 子どもの表情がいきいきして先生も笑顔。
- □ 食事の準備や帰りの会では集中している。

Q 子どもがうそをつきました。厳しくしかったほうがいい?

A うそがつけるのは、脳が発達してきた証拠です

2才の子はうそがつけません。空想やカン違いはありますが、「本当は○○だけど、あえて別のことを言う」という複雑な思考はできません。3〜4才になり「牛乳をこぼしたのはぼくで、ママもそう思っているけれど、『ぼくじゃない』と言おう」と考えることができるようになったのです。

「うそをつくのは絶対にダメ」という人もいますが、人間はだれしもうそをつきます。問題はうその内容です。他人を陥れるようなうそはしかるべきだと思うのですが、「ママにしかられる」と思ってうそをついている場合には、子どもへのかかわりを見直すべきでしょう。子どもが自由に、のびのびと発言でき、失敗したときに素直に謝れる関係をつくることのほうが大切です。

少し先のことまで
見通しておきましょう

4才以降は どう成長していくの?

集団活動が始まる4才から、小学校入学の6才までの3年間も、子どもの脳は劇的に発達していきます。どう変化するの?　親のかかわりのコツは?

「いい子」にしなくて大丈夫。子どもの個性を大きく育てて

いよいよ幼稚園に入る年齢になりますが、「子育てはひと段落」とはいきません。

遅い・早いという発達の違いはあっても、似たような道筋で成長してきた赤ちゃん時代とは違い、ここから先はテキストのない子育てが始まります。向き合うべきは、子どもの個性です。

「5才になれば自己コントロール力がつく」といわれても、衝動性の強い子もいれば、マイペースな子もいます。「4才なら片足立ちができる」といわれても、運動遊びが苦手な子には簡単ではありません。左の年齢別の目安は、あくまで目安。「なんでできないの?」とは思わないでください。

園での集団生活の中で、「できる子」「いい子」は目立つものです。わが子と比べて落ち込むこともあるかもしれません。でも、この段階での「いい子」には、たいした意味はありません。たまたまこの段階で、大人にとって都合がいいというだけのこと。

大事なことは、どんな子でもその個性を認め、伸ばすことです。「自分が好き」と思える子にすることです。そうすれば、個性は必ず魅力に変わります。そして幼児期の子育てそのものも、とてもハッピーになります。幼児期の子どもは、好奇心旺盛でやる気満々で、ママとパパが世界でいちばん好きなのです。いっしょにいるだけで、楽しくなる存在です。大笑いしながら家族の時間を過ごすこと以上の「育脳」はありません。

4才

年少さんのがんばりを そっと見守って!

乾 慎作くん
撮影時:
4才6カ月
体重:15.5kg

DATA

体重
12.56〜20.24kg

身長
93.8〜109.5㎝

脳の重量
約1200g

1日の睡眠
11時間

ますます機敏に。片足立ちだってお手のもの

4才になると、片足で数秒立っていることができるようになります。バランス感覚はばっちり。

まだまだ甘えたい年ごろです

ママに甘えたい気持ちいっぱい。園から帰ったらひざにのせて、子どものおしゃべりを聞いてあげましょう。

自立心や自己コントロール力が ぐんと伸びてきます

体つきがしっかりして、1時間以上歩くことも平気になります。はさみを使って紙を切ることがさらにじょうずになり、人の顔に手足がついた絵をかくようになります。幼稚園の3才児クラスに入園する子は、ママのいない環境での集団生活を初体験。不安な気持ちを持ちながらも、ルールや決まりを守り、園での生活に自分を合わせていこうとがんばります。家ではあたたかく迎え、ゆったり過ごさせましょう。

※各年齢ごとの身長と体重は、それぞれ4才0～6カ月未満、5才0～6カ月未満、6才0～6カ月未満児の平均幅です。

5才

心が高度に発達して 友だち関係も豊かに

山田遥輝くん
撮影時：
5才5カ月
体重：16kg

DATA

- 体重：14.01〜23.15kg
- 身長：99.1〜116.5cm
- 脳の重量：約1300g
- 1日の睡眠：11時間

「好き」なことに夢中になれる

「できるようになりたい」という思いが強くなり、できるまで挑戦する姿が見られます。

家族の一員としての役割を持たせて

お手伝いではなく、家の仕事を分担するというスタンスに。やり方をていねいに教え、やってくれたら感謝の言葉を。

振りつけだって覚えちゃう♪

記憶力も発達。歌に合せて踊りを覚えたりもできるように。

スピーディですばしっこい動き 生活動作も器用にこなします

運動能力は格段に進歩。木登りやターザンごっこ、ブランコをこぎながらのジャンプなどで、自分の力を試そうとする子もいて、ママはハラハラするかも。指先はさらに器用になり、ボタンもファスナーも扱えます。ルールのある遊びができ、相手の気持ちをくんで動けるようになります。

6才

メキメキ育つ知識欲 いよいよ小学生だね

三島菜奈ちゃん
撮影時：
6才5カ月
体重：16.5kg

DATA

- 体重：15.71〜25.25kg
- 身長：104.2〜123.6cm
- 脳の重量：約1300〜1400g
- 1日の睡眠：11時間

手先がますます器用になる

工作や手芸などがじょうずになります。創意工夫したり、完璧を目ざしたりと、やり方はそれぞれです。

人に合わせたり協力したりできる

社会性が育つので、トラブルが起きたときに自分たちで解決できることも。「みんなでがんばる」気持ちも育ちます。

文字や数字への興味がわき ルールや約束を守れるように

年長さんになると、食事やトイレ、着がえなどを自分だけでできる力が育っています。身体能力が高まるうえにルールや決まりを守れるようになるので、スポーツや楽器演奏に挑戦するのもいいでしょう。文字や数字にも興味を持ち、知識欲も盛んになります。昆虫や電車など、夢中になって調べたり暗記したりするテーマができる子も。

COLUMN

次の子…どうする？ きょうだい子育て

大原則は〝上の子優先〟。赤ちゃん返りは受け入れるのみ！

2人目誕生は上の子をどう支えるかがカギ

「もう一人赤ちゃんがいたら？」と思うと、なんだかワクワクしますね。その一方で、上の子（今目の前にいる子）の反応も気がかりです。

これまで両親の愛情をひとり占めしていた上の子にとって、下の子の登場は脅威です。両親の注目も、ママのおひざも、すべてが奪われる（ように感じる）のです。だだをこねたり、赤ちゃんのような態度をとったりします。なかには親の期待を敏感に察知し、「赤ちゃんかわいい」とがんばる子もいますが、本音は「前みたいにぼく（私）を見て」と言いたいのです。

下の子が生まれたとしても、可能な限り「上の子優先」という気持ちで子育てしましょう。上の子がママを求めてきたら、赤ちゃんには少しの間待っててもらって、上の子をぎゅっと抱きしめてあげましょう。

上の子を「家族の大人チーム」に加えてしまうという方法もあります。赤ちゃんが泣いたら「いっしょにおむつ替えよう」と手をつないで赤ちゃんのところに行き、小さなお手伝いをさせましょう。ママといっしょ、がうれしいのです。

でも実際には、赤ちゃんの世話に手も時間もとられてしまいます。せめて目と言葉だけは上の子に注ぎ続けましょう。しだいに妹弟のいる生活に慣れていくものです。

職場復帰のタイミングと年齢差を考える

何才差で産むのがいいのかも気になるところですが、育児雑誌『Baby-mo』でとったアンケート結果を見ると、何才差であってもメリットとデメリットがあるのは事実。それでもほとんどの人が「結果オーライ」と思っているようです。

「2人目をいつ産むか」は、職場復帰を考えるワーキングママにとって重大問題。正解はありませんが、自治体によっては「年齢差が近いほうが同じ保育園に入りやすい」とか、「保育料が安くなる」などが期待できることも。子どもの年齢差は、職場復帰の時期とも関係します。「職場復帰して落ち着いてから2人目を」という人もいれば、「育休中に年子で2人目を」という人も。いずれにしても、子どもがふえれば病気がうつりやすくなったり、送り迎えの手間がかかったりします。育児のバックアップ態勢を整えておけるといいですね。

Q 妊娠中、上の子を抱っこするときに気をつけることはありますか？

A 下腹部に力を入れないよう、座って抱っこを

次の子を妊娠すると、上の子への接し方が無意識に変わってしまうことがあるようです。甘えん坊になるのは、上の子の危機感のあらわれかも。座って抱っこすれば下腹部に力がかからないので、ママから積極的に。

Q 2人目がなかなか授からない場合、どれくらいで病院に行くべき？

A 生理開始から2年といわれますが、早めに受診を

一般的には2年たっても妊娠しなければ「2人目不妊」といわれますが、卵子や精子の老化が不妊の原因になることもあり、時間がたてばたつほど妊娠しにくくなることも。1年程度で産婦人科を受診してみましょう。

やっぱり気になる

学年差で何が違うの？

きょうだいの年齢差、学年差がいくつなのかは気になるところ。実際に産んだママの感想を中心に、そのよさ&大変さをまとめてみました。

3学年差

話せばわかる年齢。自覚も芽生えます

「上の子が出産に立ち会って『生まれてよかったね』と言ってくれた」「進んでお世話してくれる」など兄・姉らしさが見える3才差。でも、3才は親の気持ちを察して、うそもつける年齢。甘えたい気持ちを隠しているかもしれません。赤ちゃん誕生が入園と重なることもあり、不安定になることも。「あなたが大好き」の思いは、あふれるほど伝えて。

○ 上の子がしっかりする。いっしょに遊ぶこともできる。

△ 出産と上の子の入園が、2人の子の入学・卒業が重なる。

いっしょに
遊ぼうよ！

下の子が1才を過ぎるとラク

産後1年たつと上の子は4才。食事やお風呂もひとりででき、最近は妹といっしょに仲よく遊ぶこともふえてきてラクになりました。妹も兄が大好きで、まねをして歯みがきをするので助かっています。

（梶井里美さん／4才6カ月・1才4カ月）

1学年差

赤ちゃんが2人！問題はママの体力

上の子もほぼ赤ちゃん。下の子の誕生もあまり理解できていないので、「赤ちゃん返りがなかった」ということも。その分、食事やお風呂に手がかかり、ママの体力・気力の勝負。同じおもちゃで遊べる、洋服などをしまうことなく使えるなど、経済的にはラクという意見も多数。「子育てが一気にラクになる」「何才でもいっしょに遊ぶ」などのメリットも。

○ 育児のノウハウもグッズも、そのまま下の子に使い回せる。

△ 2人抱っこ、ダブルおむつ、ダブル夜泣き、体力消耗でヘトヘト。

いつもいっしょ！

目が離せません……

上の子が下の子を踏みそうになったりすることがあるのでとにかく目が離せません。どちらかをおんぶして家事をするともう一人のキゲンが悪くなるので、なかなか進みません。

（森田あやさん／ 1才9カ月・3カ月）

4学年以上差

上の子の意識が高くママは大助かりに

4才以上の年齢差があると、誕生直後はずいぶんラク。兄・姉の意識も高くなり、赤ちゃんに遊びのじゃまをされても「しょうがないなぁ」という反応を見せる子も。いったん職場復帰してから2人目を考えると、この年齢差になることも多いようです。「お下がりが使えない」「年齢が上がるときょうだいで遊ばなくなる」「ママのPTA時代が長い」などの声も。

○ 上の子の性格によっては「もう一人のママ・パパ」のように。

△ 上の子の園行事に赤ちゃんづれで出席するなど忙しい。

お姉ちゃん
大好き♡

頼りになる「ちびママ」です

上の子は小学生なので、基本的に手がかかるのは赤ちゃんだけ。育児に余裕があるので「どちらの子もそれぞれかわいい」と思えます。お姉ちゃんは赤ちゃんの世話もしてくれ「ちびママ」にいつも感謝です。

（藤井基恵さん／6才・5カ月）

2学年差

イヤイヤ期の兄姉はこじらせないのがコツ

上の子は2才前後で自我が芽生え始めてくるころ。何でも自分でやりたがるので、じょうずにほめてやらせると手が離れてラクに。半面、思いどおりにならずにかんしゃくを起こしたり、赤ちゃん返りをして甘えてきたり、上の子の気持ちのフォローが課題です。将来、受験や入学・卒業が重ならず、同じ学校に同時に通わせられるので、人気の学年差。

○ 上の子の「自分で！」をうまく生かせばママもラクに。

△ まだ甘えたいお年ごろ。下の子に激しいやきもちを焼くことも。

仲よし
きょうだい♪

いっしょに遊べて楽しそう

上の子が「食べさせて～」と甘えてくることもあるけれど、下の子をあやしたり、お散歩中に「お花が咲いているよ」と話しかけたりして、お兄ちゃんらしさもアピール。見ていてほほえましく、幸せな気持ちになります。

（住田菜穂子さん／2才7カ月・7カ月）

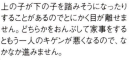

ひとりっ子育て、気をつけることは？

親の愛情をたっぷりと受けとる安心感がある

「ひとりっ子はかわいそう」「わがままになる」などという人がいまだにいますが、何の根拠もありません。きょうだいがいることにもメリットデメリットがあるように、ひとりっ子にもいい面と注意すべき点がある、というだけのことです。

ひとりっ子のよさとは、親の愛情を安心して受けとれることです。きょうだいは親の愛情を奪い合うライバルなので、自己主張も力わざも必要です。でも、ひとりっ子にはその必要がありません。要求がすっと通るのが当然なので、自分の気持ちを素直に出せたり、抵抗なく人にゆずれるというよさを持つ子も少なくないのです。きょうだいにじゃまされず、自分の好きなことにじっくりとり組めるので、好きなものへの探求心が強くなることも。

「きょうだいがいないと、がまんを学べない」という人もいますが、幼稚園や学校、スポーツの世界などで、子どもはさまざまな人間関係を体験しますから、きょうだいの有無とがまん力とは無関係でしょう。

ただ、子どもが1人しかいないと、大人のコントロールがききやすいことは確かです。大人の生活に子どもを巻き込んで連れ回したり、過剰に期待し、早い段階でたくさんの習い事をさせてしまうなど、やりすぎは禁物です。

ひとりっ子のよさを大切に

なかなか子どもが授からず、ようやく授かった子。できればきょうだいもほしかったけれど、1人授かっただけでも満足です。人間関係の体験をふやしたいので、児童館のサークルや、保育園の園庭開放に参加して、同世代の子とかかわらせています。（M・Y／2才）

ひとりっ子ファミリーは「子ども3人」より多い

2015年の厚生労働省の調査によると、夫婦の持つ子どもの数で最も多いのは、ここ半世紀変わらず「2人」です（54.1%）。次に多いのは「1人」（18.6%）で、初めて「3人」（17.8%）」を抜きました。02年には30%を超えていた3人きょうだいですが、10年余りで減少しているのです。ひとりっ子よりも、「真ん中っ子」のほうが珍しい時代になりそうです。

きょうだいがいる子はひとりっ子の時間を

きょうだいにはきょうだいの、ひとりっ子にはひとりっ子のよさがあります。両方を子育てにとり入れてみて。きょうだいのいる子は、週1日数時間でも、ママをひとり占めできる時間をつくりましょう。ひとりっ子の子は、気のおけないママ友の子や親戚の子と深くかかわる時間を定期的につくり、疑似きょうだいを体験させてみましょう。

性別の産み分けは100％確実ではない

2人目の子の性別は気になるものです。男の子になるY精子と女の子になるX精子はそれぞれ性質が違うので、セックスするタイミングや方法を調節することで希望の性別が授かる確率が上がることが、証明されています。ただし、正確な排卵日の測定なども必要なので、産婦人科などで相談しながら実践しましょう。

きょうだい子育て 経済面で不安です！

【ファイナンシャルプランナー 山田静江さん】

Q 入学・入園が重なる3学年差は、経済面で大変って本当？

A お金がかかるのはどの学年差でも変わりません

3学年差は多くのお金が必要になる時期が重なりますので、入念な計画のもとに教育資金を準備しておくべきです。ただし、お金がかかるのはどの学年差でも同じ。1学年差や2学年差の場合には「2年連続でお金がかかる」という状況になります。4学年以上離れると、それぞれの子に手をかけられる分、累計額が大きくなってしまいがち。いずれも注意が必要です。

Q 将来の教育費のために、どのくらいの貯金が必要ですか？

A 1人あたり、最低でも200万～300万円の貯金を

教育費の負担を最も感じるのは、中学、高校、大学に進学するときです。制服やかばんなどを購入するほか、受験料や入学金なども必要になります。入学時の費用は、私立の中学・高校なら50万～100万円、大学や専門学校なら100万～200万円かかります。高校入学時までに、1人あたり最低でも200万～300万円の準備をしておきたいものです。

PART

3

基本の考え方から、写真でよくわかる実用まで

もう迷わない しつけの方法

「しつけ」というと厳しいイメージを持つ人も
多いかもしれませんが、「しつけ」は将来子どもが、
人生を「生きやすい」と思えるために親が教えておくこと。
歯みがき、着がえ、トイレなどの生活上のしつけは
3才くらいまでにひととおり教えておきましょう。

って何だろう

そもそも「しつけ」って何でしょう。
この章の最初に、知っているようで知らない
しつけの意味と、脳の関係をお話ししましょう。

しつけの基本はこの3つの柱

1 生活習慣の自立

私たちは朝起きて夜眠るまでの間に、さまざまなことをしています。顔を洗い、食事をし、歯をみがき、着がえ、室内を整え、食事の準備をし、洗濯をし……。数え上げるときりがありません。これを一つ一つ学んでいくのが幼児期です。なかでも、「起床・就寝」「食事」「着がえ」「排泄」といった身辺自立にかかわるしつけは、3才くらいまでにひととおり教えていくことが大切です。

＝

「自分のことは自分でする」

2 人とじょうずにかかわれる

人はだれしも、ひとりでは生きていけません。支え合い、理解し合い、豊かな時間を過ごせたとき、私たちは「幸せ」を感じるからです。人間関係の最初のステップは、親子のかかわりです。赤ちゃん時代からこの関係を大切に育てながら、少しずつ子どもにかかわる人間関係を広げ、サポートをしましょう。相手の気持ちをわかろうとしつつ、ときには主張し、ときには引き下がり、折り合いをつけながら関係を築くことの大切さを伝えていくことも「しつけ」の一つです。

＝

「お友だちとは仲よくね！」

子どもがいつか自分で判断できるために

私たちの社会には、有形無形のさまざまなルールがあります。多くの人たちが快適に、平和に、安心して暮らしていくための、法律や規則やマナーや配慮です。それらを親から子に伝えていくことを「しつけ」と呼びます。具体的に何を伝えるかは、家庭、集団、文化、時代によって違ってくることでしょう。でも上にあげた3つは、不変のものだと思います。そしてこの3つが定着すれば、子どもは社会に出たときに「生きやすい」と感じられるはずです。

とはいえ、親からの一方的な命令や押しつけではいけません。「しつけ糸」はいつか抜くために、ゆるく縫うもの。しつけも同じで、子どもが自分で判断し、行動できるようになるための準備にすぎないのです。

子どもがいつか自分で判断できるために

そこで大事になるのが「おりこうさん脳」、そして「こころの脳」です。人間ならではの知性や思いやりが発達していなければ、適切な判断をし、正しい行動ができるようにはなりません。年齢的にいえば10才以降です。

逆にいえば、それ以下の年齢で「小さな大人」のようにふるまえと言っても、絶対に無理なのです。

乳幼児期のしつけでいちばん力を

しつけは子どもが将来「生きやすい」と感じるためにするもの

しつけ 3

社会のルールを守れる

社会にはさまざまなルールがあります。「人を殺してはいけない」などの法律に定められたものから、「あいさつをしよう」「順番を守ろう」といった公共のマナーまで。大人にはあたりまえに思えても、幼い子どもにはなかなか理解できないものもあります。年齢に合わせて一つずつ教えていき、最終的にはどんな場面でも適切な判断ができるようになるのは思春期以降です。

「人に迷惑をかけちゃダメ」

注ぐべきことは、早寝早起きのリズムある生活習慣をしつけることです。そして、たくさん遊んでおなかをすかせて、「おいしいね」と食事をすること。そうやって「からだの脳」を育てて脳の基礎である〝1階部分〟をしっかり作っておけば、年齢が上がるにつれて自分で判断する力も安定して発達します。順番さえまちがわなければ、しつけは案外ラクなのです。

をしつける

最初にしつけたいのは、生活習慣の確立です。早寝早起きのリズムが身につき、ごきげんに日中過ごせるようになることが最初の一歩。

小さな「できた!」をいっしょに喜んであげながら

まず24時間の生活リズムを整えるしつけを

生まれたての赤ちゃんは、何ひとつ自分ではできません。空腹で泣き、おむつがぬれたら泣き、深夜も早朝も無関係です。そんな大変な時期が、実は「しつけ」の開始時期でもあるのです。具体的には、夜寝て朝起きるという生活リズムを体に覚えさせることです。昼夜の区別がつかない生後0～2カ月ごろでも、「夜は部屋を真っ暗にする」「朝は太陽の光を浴びる」ことを徹底して、意識的にリズムをつくります。生後3カ月ごろになり、昼夜の区別がついてきたら、夜は7～8時に寝かしつけ、朝は6時や7時など決まった時間に起こし、毎日同じパターンでくり返しましょう。

もうひとつ大事なのが「食のしつけ」です。授乳するときには、テレビを消し、ゆったりした楽しい空気の中で授乳するのです。おっぱいやミルクとはいえ、赤ちゃんにとっては食事。空腹を感じて「おいしい、満足」と思える心を育てることが、その後の食欲に結びついていくのです。

少しずつ手を離し「自分でできた!」へ

「着がえや手洗いなども自分でできるようになってほしい」というのも、親の正直な気持ちでしょう。

ひととおりできるようになるのは、だいたい3才くらい。個人差はありますが、そのころに幼稚園に入るのは、身の回りのことがある程度できるようになる時期ということですね。

でも、3才になったら突然できるようになるわけではありません。大事なことは、親が見本を見せながら少しずつやらせ、少しずつ親が手を離すことです。着がえやお片づけなどでも、最初は9割大人がやってあげて、1割子どもがやれば「自分でできたね!」とほめてあげましょう。それを3割にし、5割にし、7割にし、気がつくと子どもが全部自分でやれる、それが身辺自立への道のりです。

気をつけたいのは、楽しい雰囲気の中で教えていくことです。子どもはみんな「自分でできるようになりたい!」と思っているもの。失敗も多いし、やる気にもムラがあるし、途中で投げ出すこともあります。そこは覚悟のうえで、気長に見守っていきましょう。

3才までに生活習慣

時期別 教えておきたいこと

赤ちゃん期 0～1才半 環境を整え、早寝早起き朝ごはん

してあげたいのは

・全面的なケアとかかわり
・生活リズムを整える
・室内を安全に保つ
・子どもの要求にこたえる

この時期、身の回りのお世話はほぼ100%親の仕事です。親の全面的なケアを受けながら、赤ちゃんは「おむつを替えたら気分がいい」「満腹になったら幸せ」を体全体で理解します。それが「トイレに行きたい」「自分で食べたい」という、自立への原動力になるのです。

自己主張期 1才半～2才 無理やりではなく、興味を持たせて

教えたいのは

・危険なことはダメ
・手洗い、うがい、歯みがき
・スプーンやコップの使い方
・洋服を脱ぐ
・トイレでの排泄

「自分で！」「自分が！」という自己主張が始まるのは、脳が飛躍的に発達した証拠です。とはいえ、実力が伴わないのに「やりたい」と主張するので、親は大変です。でも、時間の許す限りトライさせることが、脳育てには効果的。うまくできないときには見本を見せたり、少しだけ手を貸したりして乗り切りましょう。

入園直前 3才ごろ 完璧を求めず、手を貸してあげて

教えたいのは

・洋服を着る
・おもちゃを片づける
・はしの使い方
・生活リズムの見直し

入園を控えたこの時期は、生活習慣の基礎ができているかの「第一次チェックポイント」です。起床、就寝、食事の時間が整っているか、着がえなど身の回りのことが最低限できているかを確認しましょう。「マズイ」と思うことがあれば、プレッシャーをかけない程度にもう一度教え直してみて。特に早寝早起きは、すぐにでも実行！

幼稚園期 4～5才 家庭内でもルールを決めて守る習慣を

教えたいのは

・ルールをいっしょに考える
・よその家でのマナー
・会話の仕方のルール
・お金の使い方

入園したら、わが家のルールを子どもと相談しながらつくっていきましょう。お友だちの家で遊ぶ機会もふえるので、よその家でのマナーや、お金の使い方も教えていきましょう。知的にも発達してきますので、家の仕事を分担して、責任を持ってやってもらうことも大切です。

入学直前 6才ごろ 生活習慣をもう一度見直して小学校へ！

は豊かになっていく

「思いやりのある子になってほしい」「友だちの多い子に」と願う親は多いものです。でも、どうすればそうなれるの？

親との関係性の変化

0〜1才半

100％親に依存する関係

この時期、子どもはママやパパに24時間ケアされて育ちます。その過程で子どもは親を信頼し、愛着関係を築きます。「自分は親に絶対的に愛されている」という自己肯定感が、その後の人間関係に踏み出す勇気をくれるのです。

2〜4才

親といっしょに世界を見る

乳幼児期に親子の信頼関係を築けた子は、外の世界にも目を向けるようになります。でも、まだ「ママといっしょに外の世界をのぞく」という時期。引っ込み思案などと思わず、つきあってあげてください。

幼児に「思いやり」を期待しすぎないで

「わが子に、どんな子に育ってほしいですか？」と質問すると、圧倒的に多い答えは「思いやりのある子」「友だちを大切にする子」です。良質な人間関係を築けることは、生きやすさとも直結するからでしょう。

けれど最初にお伝えしたいのは、「幼いうちから良好な人間関係をつくれる子なんていない」ということです。1〜2才になると、子どもどうしのかかわりが少しずつ始まります。でも、この時期の子どもはみんな「自分のものは自分のもの。他人のものも自分のもの」のジャイアン状態。「相手の気持ち」を配慮する力はまだ育っていません。お友だちをたたいたり、おもちゃを奪ったりすることがあっても、「うちの子は乱暴」「優しさがない」ということではないのです。この時期、子どもどうしで遊ばせる場合は、おもちゃの奪い合いやもめごとは「あって当然」と想定して、そばで見守ることが大人の義務だと思います。

では「お友だちのおもちゃを奪いとってしまったら、相手はどんな気持ちになるのだろう」と気がつくのは何才ごろだと思いますか？　それは4才以降です。でも、4才になれば突然理解できるようになるわけではありません。1〜2才のころから「おもちゃをとられたら、タロウくんは悲しいんだよ」とか、「たたかれたらママ痛いよ」という他者の思いを、親がくり返し口にしていくことが必要です。そのときには理解できなくても、その言葉が脳への刺激となって、いつしか「そういうことか！」と腑に落ちるようになっていくのです。

他人は自分と違う気持ちを持っていると気づく4才ごろから、子どもどうしの人間関係は豊かに広がっていきます。仲間遊びができるようになり、もめごとが起きても自分たちで解決しようと努力し始めます。

おもちゃの奪い合いが起きたとき、3才の子はおもちゃを持って逃げたり、おもちゃを隠したりしますが、5〜6才になると「私が先に使っていたんだから」とか、「ハナちゃんは何度も使ったけれど、ぼくはまだ1回も使っていない」というように、どちらに権利があるのかを伝えられる子もふえてきます。

トラブルがあるからこそ人間関係の修行ができる

口ゲンカになると、4〜5才の子は乱暴な言葉で相手を責めることがあります。でもしだいに「自分の言った言葉でこの子を傷つけた」ということも理解してきます。6才くらいになると、人を傷つける発言に対して、ほかの子たちから非難されることもあります。その中で「こういう言葉を使ってはいけないのだ」と理解するのです。「ひどいことを言わない」「トラブルを起こさない」ではなく、してしま

4才ごろから人間関係

5才～小4

親を安全基地にして外へ

子ども集団が形成される「ギャングエイジ」に入ります。この時期の親の役割は「安全基地」のようなもの。子どもは外でたっぷり遊んで、家に帰ってエネルギーを補給してまた出ていきます。親は見守る姿勢をくずさないで。

小5～中学生

親を客観的に見られるように

思春期になると、信頼関係を築く対象が多様になってきます。親への愛情は変わりませんが、親のことも客観的に見られるようになるため「絶対的な存在」ではなくなります。生き方のモデルとしての役割も求められます。

高校生以降

親とも信頼関係で結ばれる

恋人、親友、配偶者、わが子……、親と同じか、それ以上に大切な存在ができます。親は「信頼できる大人の一人」「人生の同志」となって助け合う、並列の関係に変わります。これが親子という人間関係の到達点です。

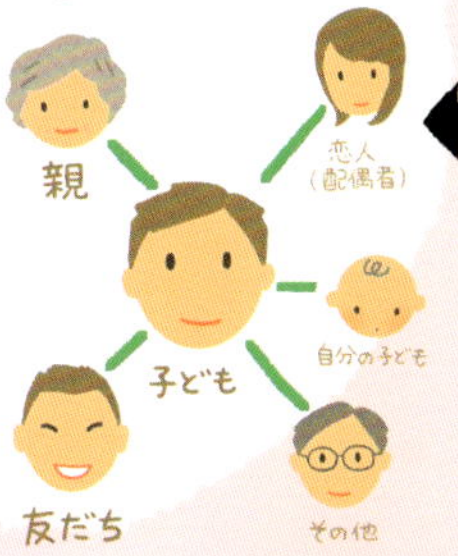

う中から学ぶのです。その〝修行〟は、小学生になっても中学生になってもずっと続いていきます。

そのうえで私たちは大人になり、利害関係が対立したときには自分の気持ちをていねいに伝え、相手の考えも受け止め、話し合い、妥協しつつも前に進んでいくことができるようになるのです。

子どもの成長の中で、人間関係の

子ども時代には自分で体験して学ぶことが大事！ケンカも大切な人生経験です

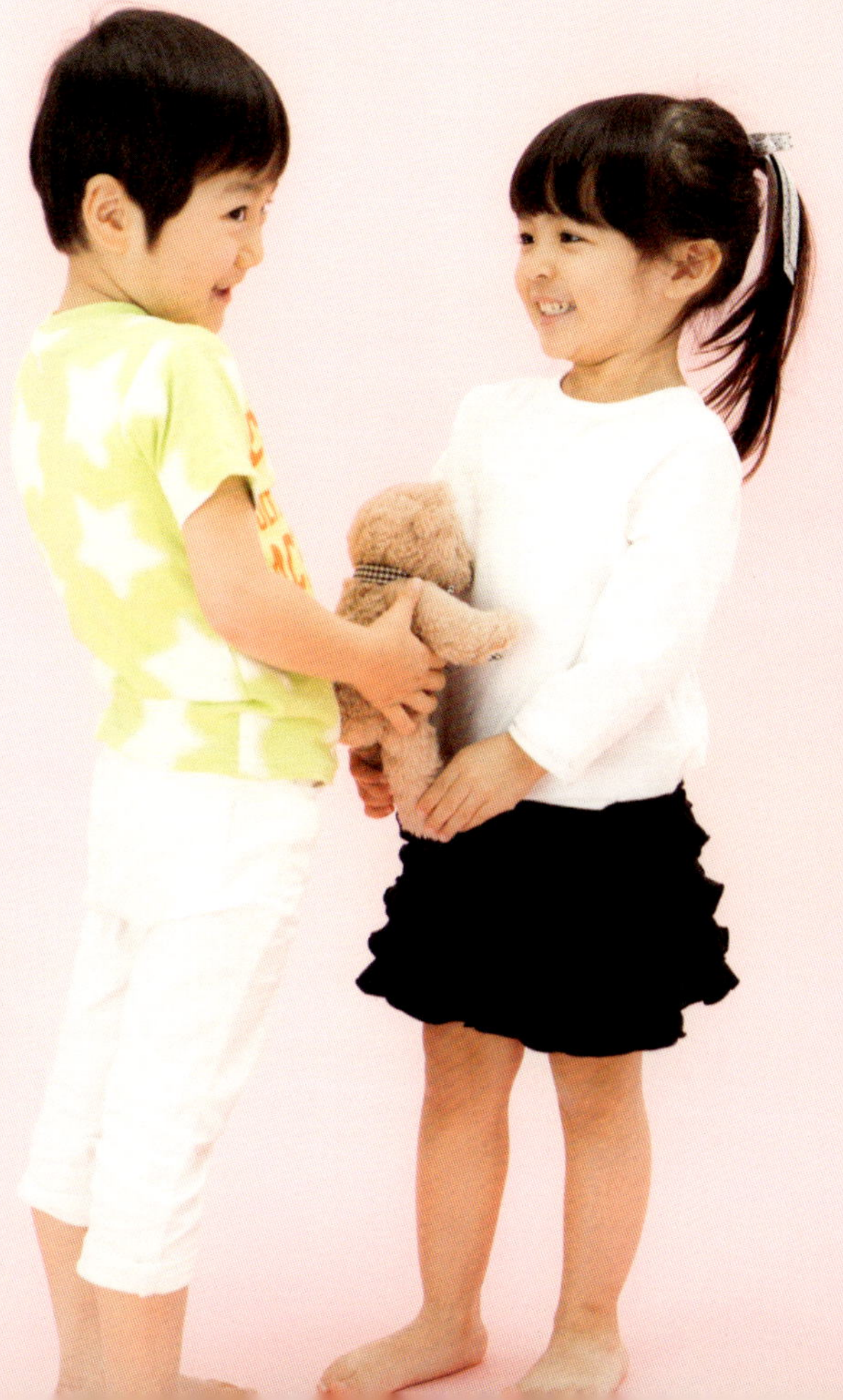

悲しみやつらさを避けることはできません。親にできることは「転ばぬ先の杖」を用意することではなく、子どもの言葉に耳を傾け、うれしいときにはいっしょに喜び、悲しいときには気持ちを受け止めてなぐさめ、それでも最終的には「大丈夫」「まぁいいか」と思えるように支えていくことです。それこそが、「こころの脳」を育てるということなのです。

は大人になるまで学び続ける

人間社会には「暗黙の了解」が多く、子どもが理解するにはとても複雑。大人が見本を見せながら、成長をゆっくり待つと覚悟しましょう。

親自身が社会のルールを守っているか見直して

社会のルールやマナーを教えることは、確かに大切な親の役割です。でも幼児期から「それこそが、しつけだ」と思い込んでいるとすれば、性急といわざるをえません。社会のルールについては、大人になるまでにゆっくりと身につけていくものだからです。

まず意識してほしいのが、言葉より行動のほうが伝わりやすいということです。たとえば「あいさつをしなさい」と何度も言うよりも、毎朝毎朝、ママとパパが「おはよう」「行ってらっしゃい」と笑顔で言葉を交わすほうがあいさつはずっと身近になります。「交通ルールを守りなさい」と言いながら、「時間がないから！」と信号無視をすることがあれば、子どもは「それもアリなんだな」と思ってしまいます。子どもは親の姿を見ながら、その行動を「おりこうさん脳」に刷り込んでいくのです。

ルールの押しつけで「親の顔色」を見る子に

「そうはいっても、電車の中で大声を上げたら、しからないわけにはいきません」という方もいます。でも、子どもが1才であれば「静かにしなさい」と言われたとしてもできる年齢ではありません。子どもをしかるのではなく、気を引くおもちゃや絵本などを用意して、なんとかその場を乗り切っていきましょう。

「おりこうさん脳」がしっかり育つと、子どもは言われなくても「ここでは騒いではいけないのだ」と判断できるようになります。「ママも静かにしている。だからぼくもそうしよう」と思います。でも、脳が育っていないうちに親にあれこれ言われると、判断基準が「親の顔色」になってしまうのです。親が怒れば静かにし、親がいない場所では大騒ぎ、迷うことがあれば常に親に許可を求めてしまう……、それ

いつごろ何を教える？

赤ちゃん期 0〜2才
親が調整する時期

この時期はまだ、マナーやルールを守ることはできません。2才ごろからようやく少しずつできるようになりますが、体調や環境の変化によってできなくなることもしばしばです。親が工夫をして「ルール違反」にならないように、乗り切っていきましょう。

↓

幼児期 3〜5才
ルールをゆっくり伝える

イヤイヤ期を過ぎるころが、ルールや価値観を伝えやすい時期です。いっぺんにアレコレ言うのではなく、「スーパーでは走らない」などの目標を決めましょう。お店に入る直前に「今日は走りません」と約束し、約束が守れたらたくさんほめてあげましょう。

↓

児童期 6〜12才
親の道徳観を伝える

子どもに目が届きにくくなるので、「何時までに帰宅する」「宿題はいつやる」などの家庭のルールを決めましょう。親の意見を一方的に押しつけるのではなく、子どもの考えもとり入れて。親の持つ道徳観も子どもにしっかり伝えつつ、一方的にならないようにしましょう。

↓

思春期以降 13才〜
お金や人間関係を見守ろう

子どもの世界はどんどん広がりますが、完全に手を離すのではなく、口出しをするのでもなく、ほどよい距離感を持って見守っていく時期です。特に金銭関係と人間関係については注意を払い、何か問題が起きたらすぐ動き、子どもを守ることも必要です。

社会のルール

社会のルールは大人になるまで

ルールは親が身をもって示す。行動で見せることが大前提。そして、子どもが納得できる言葉で伝える

では自立できません。

子どもに伝わる言葉でゆっくり伝えていこう

今、社会が幼い子どもとその親に向ける目は、とても厳しい時代かもしれません。常に「ちゃんと子育てしてるの？」と言われているかのようです。だからこそ、「世間から責められないように」と、社会のルールをいちばんにしつけようと思ってしまう気持ちもわかります。

でも、子どもというのは本来とても落ち着きがないものなのです。声が大きくて、好奇心旺盛で、うろうろしたり、ぼーっとしたりしているものなのです。その子どもらしい動作こそが脳をすくすく育て、小学生以降に社会のルールを自分でとり込んでいくための土台づくりをするのです。脳育ての順番さえまちがわなければ、不安に思う必要はありません。

もちろん親は子どもの年齢に応じて社会のルールを伝えていく必要があります。でも「すぐにできるようになる」とは思わないことです。そのうえで、子どもにもわかる言葉で一つ一つ伝えていきましょう。「ダメなものはダメ」ではなく、親自身の価値観をふり返りながら、伝わる言葉を探してみてください。その姿勢があれば、子どもが思春期や青年期になったときでも、「伝わる言葉」で話し合える親子でいられるのではないでしょうか。

子どもがルールを守らなかったとき

社会のルールを伝えてきたつもりでも、子どもはときにトラブルを起こすもの。必要に応じて親もおわびに出向きますが、わが子への過剰な失望はしないことです。おおらかに受け止め、「何があってもあなたを愛しているよ」と伝えたいものです。

しつけのためには

「しかる＝しつけ」ではありません！

「しつけをする」ことは、「しかる」ことだと思っている人もいるかもしれません。でも、しかることはしつけの一つの手段にすぎません。

しかる場面はここ！を決めてしまおう

「しつけのためには、しからなくてはいけない」と思い込んでいる人は案外多いと感じます。でも、しかることがしつけではありません。

たとえば、「危ないからさわってはいけません」と言葉で伝えても、くり返しさわろうとする子がいたとしますね。言葉で言っても聞かないので、どなったり、たたいたりすべきか、悩む方もいるかもしれません。でもその子が1才なら、いちばんいい方法は手の届かないところに置くことです。

「それでは、ことの善悪が伝わらないのでは」と思うかもしれませんが、そんなことはありません。1才だから伝わらないのであって、2才、3才になればわかるのです。

もし、2才や3才になってもするのであれば、そこには「ダメでもやりたい」別の理由があります。さわることでママの気を引きたいのかもしれません。しかるよりも、親子の時間を見直し、子どもの心を読み解く努力をしたほうが解決につながるでしょう。

しかってでもしつけたいことはあると思います。でも、「こんなときにしかる」という指針のようなものは必要です。

その一つが、「命にかかわる危険なことをしたとき」です。もし、わが子がパーッと道路に飛び出したとしたら、全身で止めてどなりつけてもいいと思います。「危ない！　死んじゃうんだよ！」と。

激しいしかり方はエスカレートしやすい

でも、ショッピングモールの通路で走りだしたら？　しかるよりダッシュで追いかけて、「何が見たかったの？　そうなんだ。でも手をつないで歩いて見にいこうね」と話しましょう。ここで「危ない！」と叫んでしまうと、道路に飛び出してしまう危険との区別がつかなくなってしまうのです。

子どもをどなりつけてしかっていると、子どもはその口調に慣れていきます。もっと大きな声を出さないと従わなくなり、今度はたたく、次はけると、虐待ゾーンに入ってしまう可能性もあります。しかるという行為は、即効性があるだけに注意が必要なのです。

【しかられすぎた子は自分で考えることを放棄します】

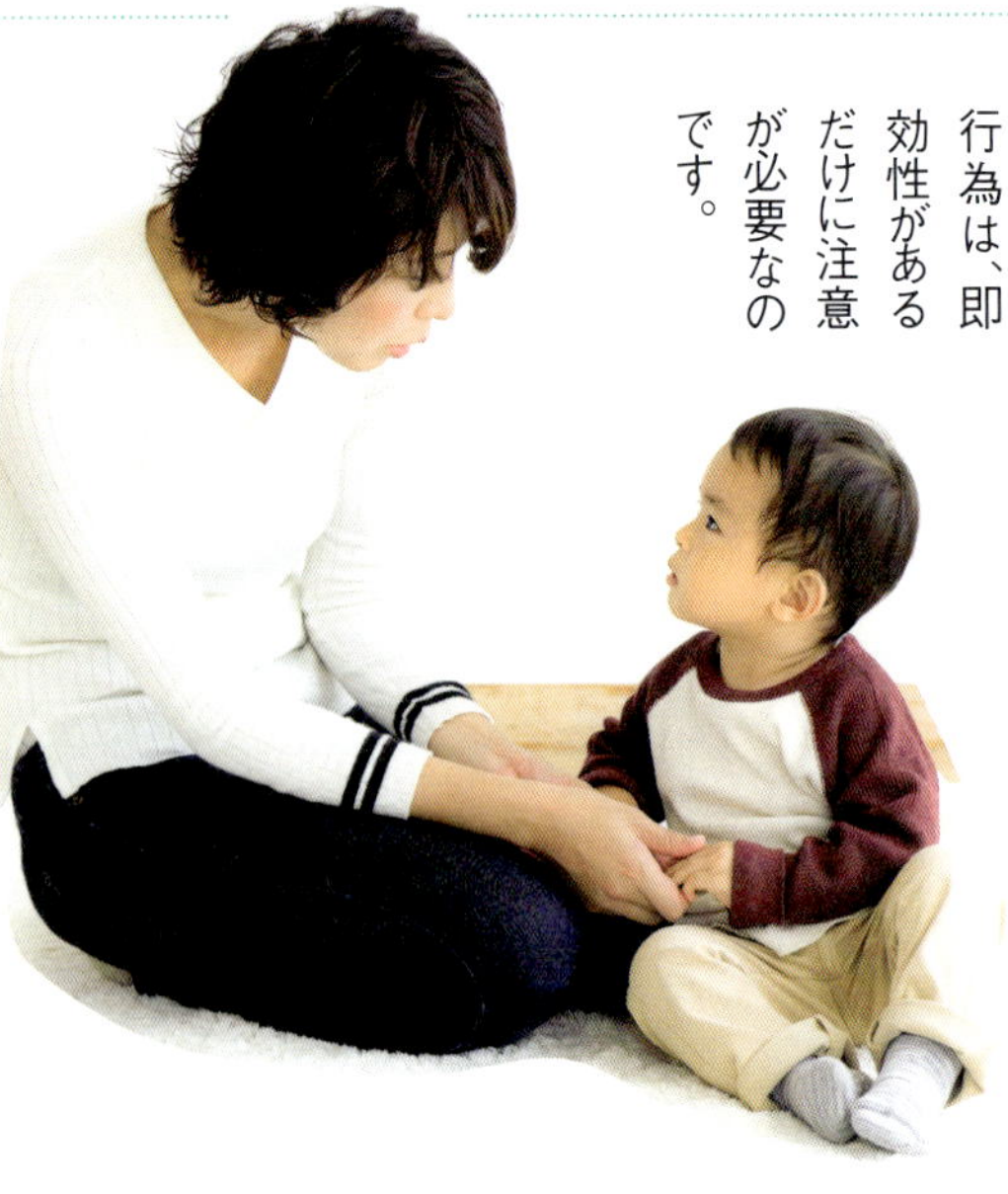

子どもをたたいてはいけないの？

たたかれると、子どもは言うことを聞くかもしれません。でも、その痛みや恐怖は子どもの心を傷つけ、親への根本的な信頼感を失わせます。親の顔色をうかがい、親の望むように行動しようとして、自分で考えて判断することを放棄するかもしれません。しつけとは、子どもの自立のためにするものですから、真逆の行為になってしまうのです。親も人間ですから、カーッとなることもありますが、たたいて発散するのは前向きな行動ではありません。

「しかる＝しつけ」ではありません

「しかるのはこの3つだけ!」

どんなときにしかるべきなのか迷うものですが、このような場面では「しかってしつける」ことも必要かもしれません。

1 危険なことをしたとき

道路に飛び出したり、刃物を持つなど、自分の命や体を危険にさらすような行為は、しかる必要もあると思います。まずはその行動をなんとしてでも止め、少し落ち着かせてから、なぜこれが危険なのかを説明しましょう。「道路に飛び出すと車が来て、ぶつかっちゃうんだよ」「車はハナちゃんが思うよりずっとスピードが速いの」「ハナちゃんがケガしたらママは悲しい」と、真剣に伝えましょう。それでも1回言っただけでわかる子は少ないものです。同じことをしないように、親も注意する必要があります。

2 人を傷つけたとき

子どもどうしのかかわりがふえてくると、たたいたり、かみついたり、砂をかけたりなどのトラブルが起きます。だれかを傷つけるような行為は、やる前にストップさせたいものです。そして「ダメだよ。かみついたら〇〇ちゃんは痛いんだよ」と毅然として言いましょう。ただ、やるからには何か理由があるはずです。一方的にしかるのではなく、「どうしてそんなことをしたの?」と聞いてあげ、その気持ちを受け止めてあげてください。

3 ルール違反をしたとき

少し大きくなったら、わが家のルールを明確にしましょう。「ゲームは1日30分まで」「乱暴な口のきき方をしない」など、2～3個のルールを決めて、守れないときには「なぜ守れなかったのか」をしっかり話し合いましょう。ただし、ルールの数が多すぎたり、親が一方的に命令している場合、しかられると子どもは反抗的になります。なぜそれを守る必要があるのか、理解してもらうことから始める必要があるでしょう。

みんなどう思う? 0～1才 こんなとき「ダメ!」と言いますか?

公共の場で騒ぐ ダメ! 57%

意見が分かれるところですが、「しかる」ほうがやや多数。「しかっていますと、アピールするためしかっているかも」という人も。

食べ物で遊ぶ ダメ! 55%

0才ではしからなくても、1才になるとしかる人が多いようです。親の反応がおもしろくてやっていることも。

危険なことをする ダメ! 95%

危ないと感じたときには「ダメ」と言うという人がほとんどです。「0才のうちは親が注意するほうが大事」という声も。

乱暴する・たたく ダメ! 87%

「人に危害を加える行動は、厳しく言ってやめさせます」という人多数。「しかるより止めます」という人も。

偏食・食べない ダメ! 8%

「しかられたらますます嫌いになりそう」「食欲はしかっても変わらない」と、無理じいしないほうがいいと考える人多数。

散らかす ダメ! 13%

本人は遊んでいるだけなので、「散らかしている」という自覚がないから、しかっても意味がないと思う、という意見も。

ママのまねっこで生活動作を覚えよう

「自分でやりたい」という自己主張が始まる1才半くらいになったら、「おりこうさん脳」が育ち始めてきた証拠。このころが、着がえや手洗いといった「生活動作」を教え始める適齢期かもしれません。

この時期は、「やりたい」という気持ちをじょうずに盛り上げることが成功の秘訣です。コツは「おもしろそう」と思わせること。歯みがきでも、手洗いでも、ママやパパが楽しそうにやってみてください。そうすると「やるー、やりたいー」と言ってくるはずです。

子どもはママやパパが大好きですから、していることは何でもマネしたがります。おままごと遊びなんてその典型。親が見本を見せて、そのまねをさせているうちに、自然に身についてくるかもしれません。「まねる」というのは、脳の大事な働きの一つ。脳育てにも最適なのです。

少しでもできたら、たくさんほめてあげてください。「できていないところに目がいって、うまくほめられない」という人もいるかもしれませんが、ほめるハードルはうんと低いほうがいいのです。なぜなら、人はほめられるとそれを成功体験にして、同じ行動をくり返そうとするからです。

逆に、しかられると「やめよう」と思います。せっかく「自分で！」と手洗いをしてみたのに「こんなにびしょびしょにしちゃって」としかられると、「もうしない」と思ってしまいます。うまくできなくても、失敗だらけでも、「やろうと思った」のは事実。うまくできていないから、「ほら、貸しなさい！」ではな

しつけの方法は一つじゃない。しからなくても伝えられる

「自分からやる子」にするためには…

Step1

大人と
いっしょにやる

日常の中にはさまざまな生活動作があります。その一つ一つを、子どもといっしょにやりましょう。「家事をしている間、子どもにDVDを見せています」という人は多いかもしれませんが、もったいない。洗濯物を干すときは、かごから「はい！」と手渡してもらいましょう。料理のときには、玉ねぎの皮をむいてもらうのです。家事から学ぶ生活動作はたくさんあります。

これはNG×

親がさっさと家事や身支度をすませてしまうと、子どもの見本になりません。また、大人がめんどくさそうにやると、マネしたいと思いません。

Step2

くり返し
教える

「できない」のは当然のことだと考えましょう。何度もくり返すうちに、脳にインプットされ動きがスムーズになるのです。ときには、「自分の教え方はこれでいいのかな？」とふり返ることも必要です。「着がえる」「片づける」といった言葉は、何をどうすればいいかが実はとてもわかりにくいもの。「お人形をかごの中に入れてきて」と言い方を変えるだけで理解できることも。

これはNG×

「できない」と思って大人が全部やってあげるのも、放置して勝手にやらせるのも、しつけにはなりません。手を貸しながらくり返し教えて。

Step3

少しでもできたら
ほめる・感謝する

「できるようになるまで、何度でもやろう」と思うためには、「やったらいいことがある」という実感が必要です。そのごほうびこそが、ママのほめ言葉や感謝の言葉です。「すごーい！　やった！」と大喜びするのもいいのですが、年齢が上がると違和感を覚える子もいます。「ありがとう。助かった」「さすがね」「できると思ってた」など、子どもの心に響く言葉も用意して。

これはNG×

「このくらいできるだろう」と思っていると、なかなかほめられないものです。大人の基準ではなく、その子がやろうとしたことをほめたいものです。

く、「がんばったごほうびに、ママがスペシャルサービスで仕上げみがきでーす♪」と、楽しい雰囲気でサポートできるといいですね。

ある程度自分でできるようになっても、突然「ママやって～、できない～」と赤ちゃん状態に戻ってしまうこともよくあることです。「やる」と言っておきながら、「やっぱりやめた」ということも。

幼い子どもは、「できる」が安定しないということも知っておきましょう。そういうときにはしかるのではなく手を貸して、「次またがんばろうね」と言葉をかけて。順調に「からだの脳」が育っている子は、多少のゆれがあったとしても、決してあと戻りはしませんからご安心を。

ママが疲れているときは しつけをしないこと

意識したいのは、「あくまで楽しい雰囲気の中で教える」ということです。

ママだって人間ですし、幼い子はいろいろめんどうなことも多いものです。疲れていたり、家事がたまっていたりすれば、「自分で！」につきあって、「まー！　よくがんばったね」と言えそうにない日もあるかもしれません。だったら無理しないこと。「今日は手洗いがいいかげんだけど、まぁいいか」「スプーンを使わずに食べているけど、まぁいいか」があっても大丈夫です。

多少なまけても、ここまでの努力が無駄になることはありません。ストレスを感じるほどがんばらなくても、子どもは必ずできるようになるものです。

「しかる＝しつけ」ではありません！

うまくいかないときには？ チェック

じょうずにできない、やる気がないみたい、そんなときはしかるのではなく、子どもの様子を一度見直しましょう。

□ 成長を気長に待つことも必要

「この子には、まだむずかしいのかもしれない」と割り切ることも必要です。同じ年齢の子ができていると不安になることもありますが、発達は人それぞれ。無理やりやらせようとすると、親子ともにストレスがたまり、子どもも「自分はダメなんだ」と思うようになります。着がえや手洗い、トイレなどの生活動作は、年齢が上がるだけでスムーズにできるものでもあるのです。気長に構えましょう。

□ 生活リズムは整っている？

「できていたことができない」「イライラしてすぐ怒る」などのときには、睡眠がじゅうぶん足りているのか、体調が悪くなっていないか、注意してあげてください。脳の土台である「からだの脳」が不安定な状態になると、「おりこうさん脳」の働きが悪くなるのも当然のこと。何かを覚えるような段階ではないと割り切って、まずは寝かしつけましょう。しっかり眠っていれば、それ以外のことはなんとかなるものです。

□ 日ごろの親子のかかわりを見直して

子どもが反抗的だったり、親の言うことを聞こうとしなかったりするのは、「もっと自分を見てほしい」「もっと甘えたい」という思いがあるからかもしれません。ママの体調がすぐれなかったり、パパとママがケンカしていたり、下の子が生まれたり……というときには、しつけが後退することがよくあるのです。子どもとふたりの時間をつくり、じゃれあって遊んだり、絵本をたくさん読んだり、公園でたっぷり遊んだりして、夜はいっしょに眠りましょう。

みんなの体験談

わが家のしつけ こんな感じ

パペットに言われると素直に聞くみたい

わが家では口がパクパク動くパペットが大活躍。パペットの口に歯ブラシを入れて「いっしょに歯みがきしよう」と誘ったり、食事のときには「パクパク、おいしいな」とお芝居しながら伝えています。（星野音羽ちゃん／1才）

お姫様のしつけ絵本でおりこうさんに

お姫様にあこがれ始めた娘。なかでも大好きなのがシンデレラの絵本です。「お姫様は、お着がえをいやがらないよね」「お姫様みたいにきれいきれいしよう」と絵本を見せて言うと、目が輝くのです。（馬場咲希ちゃん／1才6カ月）

「やりたいよね」の共感言葉は効きます

「気持ちに共感してあげて」と言われても「子どもに伝わるの？」と思っていました。でも、ぐずったときに「やりたいんだよね。気持ちはわかるよ。でもね」を枕詞にすると、素直に聞いてくれるからびっくり。（M・O／1才8カ月）

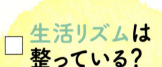

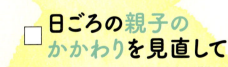

脳を育てる
生活の
超キホン！

早寝早起きの習慣をつける

規則正しい生活は、子どもの成長の土台となるもの。脳育てのためにも、乳幼児期からの習慣が大切です。

脳を育てるのは睡眠とスキンシップ

体内時計が整ってくる4カ月ごろから、夜の睡眠中に成長ホルモンが分泌されるようになります。成長ホルモンには、骨を伸ばしたり、筋肉をふやしたり、傷んだ神経を修復する働きがあります。分泌のピークとなるのは、午後10時から午前2時。この時間帯にしっかり眠らないと、成長ホルモンの分泌が減り、成長が阻害される可能性もあります。また、眠りは、体だけでなく心の安定にも関係しています。すこやかな成長には、じゅうぶんで良質な睡眠が欠かせません。

遅寝遅起きがクセになってしまったという場合は、まずは、朝の起床を早めることから立て直しをスタートしましょう。ポイントは朝日を浴びて目を覚まし、朝ごはんを食べ、体を動かす運動をたっぷりすること。こうした働きかけで、脳は何才からでも育て直すことができます。子どもの生活をコントロールするのは、親。毎日決まった時間に寝かせ、決まった時間に起こすことを最優先に考え、一日のスケジュールを組みましょう。

もう一つ重要なのはスキンシップです。大好きなママとのふれあいによって、子どもはリラックス。副交感神経が働きだして、ぐっすり眠ることができます。

夜の睡眠って、だから大切！

メラトニンの分泌

眠けを起こすホルモン「メラトニン」も睡眠中に分泌されます。メラトニンには、活性酸素から体を守り、将来の老化やガンを抑制するほか、性的成熟を抑える働きもあります。

成長ホルモンの分泌

骨や筋肉を育て、傷んだ神経を修復する働きがある「成長ホルモン」。特に深夜0時前後の熟睡中に分泌量はピークに。「寝る子は育つ」という言葉の正しさがわかります。

脳と体の休息

人間は昼行性の動物です。夜の休息がじゅうぶんでないと、体の疲れがとれず、昼間の脳の働きも鈍ってしまいます。睡眠不足では体がダルく、やる気も起きないのは大人も子どももいっしょです。

記憶の整理・定着

夜の睡眠中に、脳は日中に体験したこと、学んだことを整理。必要なことを記憶として定着させていきます。毎日、新しい発見が続く乳幼児期は、その体験を整理するためにもじゅうぶんな睡眠が必要です。

Attention

夜ふかしは危険がいっぱい

夜ふかしや朝寝坊で睡眠リズムがくずれると、朝食抜きで一日をスタートすることにもなりがち。午前中の活動量が低下してしまいます。休養、栄養、運動のバランスがくずれると自律神経の働きが悪くなり、体温やホルモン分泌のリズムも乱れていきます。

遅寝遅起き → 朝日を浴びない → 日中の運動量が減少 → 「セロトニン」分泌が減少 → 精神不安定に

「セロトニン」とは、脳内の神経系のバランスをとるための重要な神経伝達物質（26ページ参照）。寝坊して朝日を浴びないと脳が目覚めず、日中も活発に動けません。運動量が少ないとセロトニンの分泌量が減り、精神が不安定になるという悪い循環が生まれてしまいます。

夜ふかし → 夜も明るいところに → 「メラトニン」分泌が減少 → 性的成熟、老化、ガン化が促進される

「メラトニン」は、酸素の毒素から体を守り、将来の老化やガン化を抑える働きがあります。また、性的成熟を抑える作用もあるので、メラトニンが特に多く分泌される1～5才のときに夜ふかしをすると、将来、性的成熟が過剰に促進されるおそれも。

寝ている間に脳はどんどん育っています

パパ・ママもいっしょに早寝早起きにシフト！

子どもの生活リズムを考えるときには、両親の生活から見直すことが、不可欠！早寝ママの子は早寝に、遅寝ママの子は遅寝になりがち、という調査結果もあります。夜中までテレビがついていたり、パパ・ママのにぎやかな声が聞こえれば、楽しいことが大好きな子どもが眠りたがらないのは当然です。

まだ集団生活が始まる前は「そんなにムリして早起きしなくても」と思うかもしれません。でも、入園・入学後、急に早く起きるようになるとつらいのは子どもです。また、大きくなってから生活リズムをしつけるのは、容易なことではありません。生活の土台をつくっている乳幼児期なら、比較的簡単によいリズムを習慣化することができます。今後の子育てをラクにするためにも、今が大切！朝、早めに起きることから始め、食事、昼寝、遊び、入浴などのポイントを見直して。

大人にとっても早寝早起きは理想的なスタイルです。人間本来の自然なリズムで生活することで、体力も気力も充電されます。子どもを早めに寝かしつければ、大人の就寝までを夫婦の時間、趣味の時間にあてることも。リフレッシュタイムは、育児にもいい影響を与えるはずです。

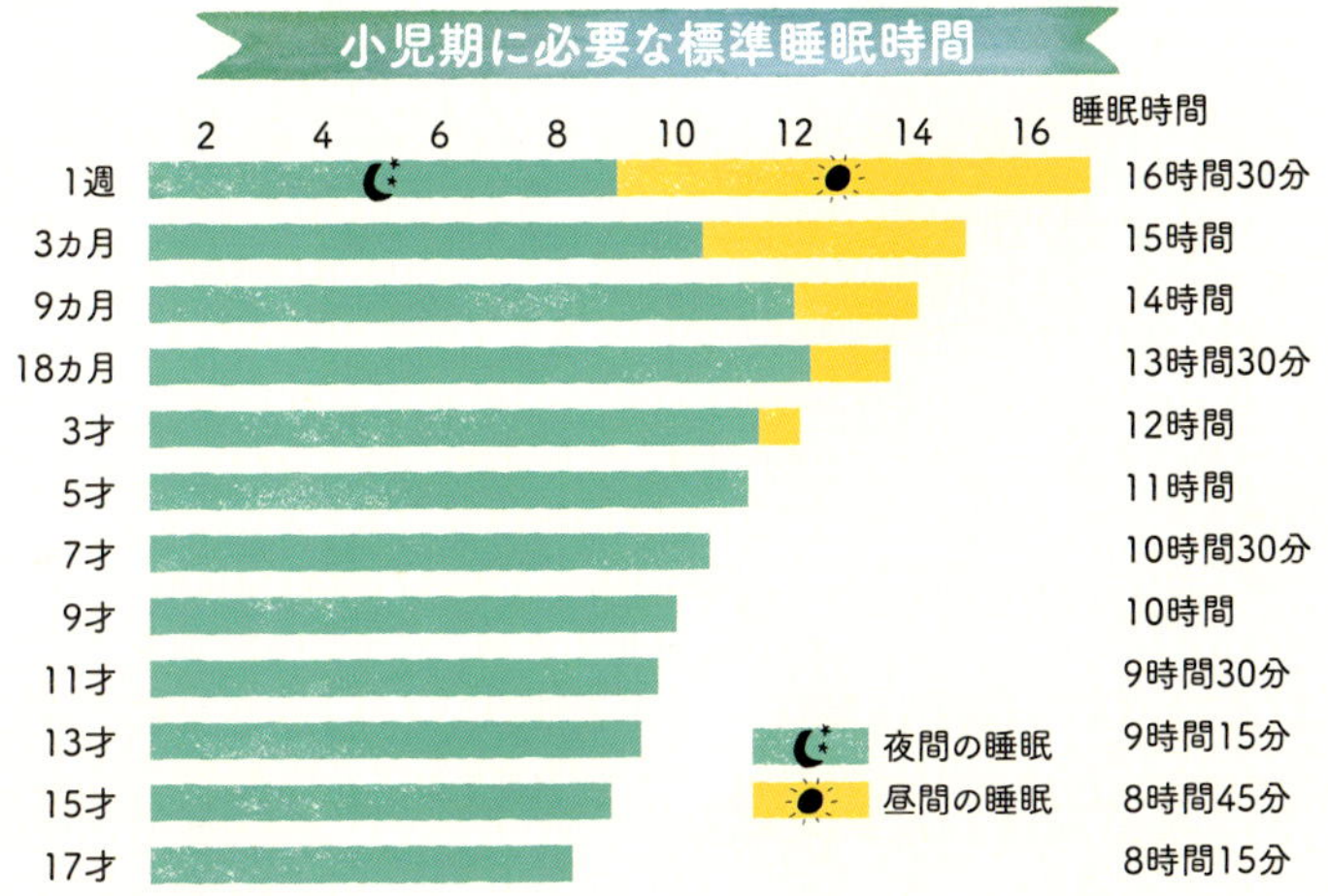
小児期に必要な標準睡眠時間
睡眠時間
2 4 6 8 10 12 14 16
1週 16時間30分
3カ月 15時間
9カ月 14時間
18カ月 13時間30分
3才 12時間
5才 11時間
7才 10時間30分
9才 10時間
11才 9時間30分
13才 9時間15分
15才 8時間45分
17才 8時間15分
夜間の睡眠
昼間の睡眠

※小児科の教科書にある標準の睡眠時間を記載しています。
出典：Nerson;Textbook of Pediatrics,16thed.より改変

睡眠リズムはこう育つ

0～4カ月ごろ

昼夜の区別がだんだんつくように

生後すぐは2～3時間おきに寝たり起きたりしていたのが、だんだん長く眠れるように。リズムをつくるためにも、「夜は暗くして静かに過ごす」ことを意識。

5カ月～1才ごろ

夜は長く眠り、昼寝は2～3時間に

夜泣きしたり、夜の授乳もまだありますが、基本的には夜長く眠り、日中の昼寝は2～3時間と、眠りのリズムがだいぶはっきりしてきます。

1～3才ごろ
Good Morning

昼寝は1～2時間、早寝早起きの習慣を

午前と午後の2回、昼寝をしていた子も、午後の早めの時間帯に1回だけの昼寝リズムにしていきましょう。このころには早寝早起きの習慣を定着させて。

早寝早起き生活にするための
6つのポイント

早寝を目ざすなら、まず早起きから！　決まった時間に起きることで、しだいに体内リズムが整い、規則正しい生活へと近づきます。

1
朝日を浴びて すっきり目覚める

早寝早起きの習慣づけは、「起床」がポイント。前日の就寝時間が遅くなってしまっても、7時くらいまでにはカーテンを開け、明るい光で目を覚まさせて。どんより雨降りの日は、部屋の電気をつけて朝日の代用を。

2
朝ごはんを しっかり食べる

朝食をとることで、体温が上昇して頭もすっきり！　活動のスイッチが入ります。「朝食は7:30」など時間を決め、1日のリズムをつくりましょう。

3
昼間はたっぷり 遊ばせる

好奇心を刺激してたくさん動けば、体は必ず疲れます。夜の寝つきをよくするためにも、昼間は脳も体もフル回転で遊ばせましょう。

4
夕方4時以降は 昼寝をさせない

遅くまで昼寝をしてしまうと、夕食や入浴など、夜の予定がすべて後ろにズレてしまいます。遅くとも午後4時までには起こして。

5
早めの時間に入浴

眠るとき人の体温はガクンと下がります。入浴後は、一度上がった体温がグッと下がるので、寝つきがよくなるのです。ただ、就寝前に熱いお湯に入ると、体温が上がりすぎ寝つきが悪くなります。寝る直前のお風呂はぬるめにして。

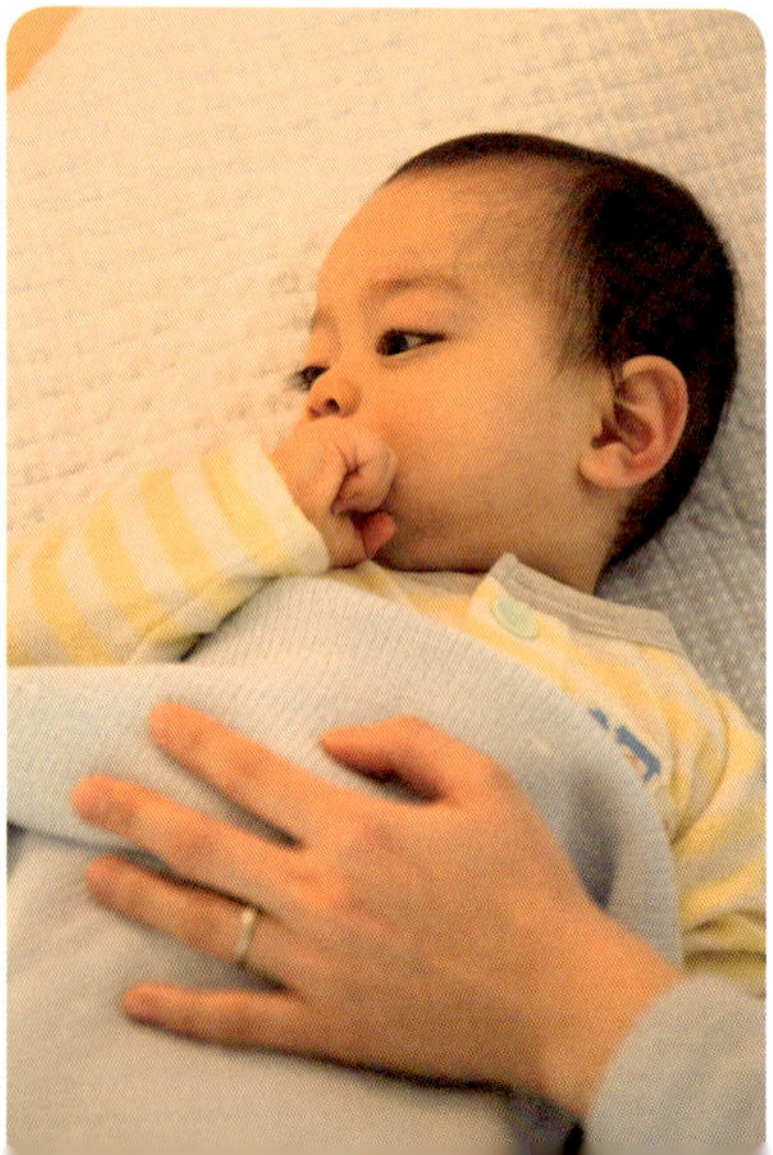

6
夜は暗くして、 8時には寝かしつけ

「ショートスリーパー」な子どもはいません。夜は部屋を暗くして落ち着いた環境をつくり、8時には寝かせましょう。テレビの刺激は睡眠の妨げに。テレビをつけっぱなしにする習慣はやめましょう。

短期間でみるみる効果が!

早寝早起き5日間チャレンジ

右ページの6つのポイントを胸に、3組の親子が生活改善に着手! 5日間という短期間ながら、うれしい報告が届きました!

5日間で劇的に就寝時間が改善

1才5カ月

＼チャレンジ前／

	起床時間	就寝時間
baby	7:00	23:00
mama	6:00	24:00

寝つきが悪いのが悩み。寝かしつけに1時間以上かかることもしょっちゅうです。夜泣きも多く、昼寝と合わせても10時間も寝ていないのが心配。

横内和飛くん&梓実ママ

1日目
起床 6:50 就寝 22:00

昼寝の開始時間に課題を発見

3時までに昼寝を切り上げるつもりが、なかなか目覚めず4時過ぎに。明日は早めに昼寝ができるよう、遊びの時間を調整してみよう。

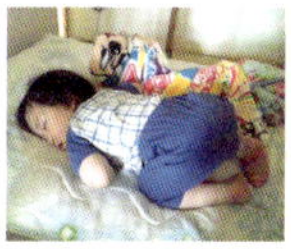

こんな体勢で昼寝。寝づらくないのかな。

2日目
起床 7:00 就寝 21:30

朝からいいリズムでスタート

朝食後にお散歩。帰宅後はお昼をモリモリ食べて、1時からお昼寝。昨日の昼寝の課題をクリアできました。ベビーもごきげん!

お気に入りのタオルを抱いてスヤスヤ。

3日目
起床 7:00 就寝 21:00

就寝時間が早くなってきた

たった3日でこんなにもリズムができるなんて! 反省点は体を動かす時間が少なくて、昼寝の時間が遅めになってしまったこと。

ゼリーを持ってきて、おやつの催促!

4日目
起床 6:45 就寝 20:15

夜泣きの回数が減りました

ママのいとこが遊びにきて、たっぷり遊んでくれました。夜は遊び疲れたのか、驚きの8時過ぎに就寝。夜泣きも少なく感動!

スプーン使いもじょうずに。食欲旺盛です。

5日目
起床 7:00 就寝 19:40

ママも念願の10時に就寝

食事や昼寝、遊びとリズムよく過ごせました。夕食とお風呂をすませたらあっという間にねんね。ママも10時に眠れて幸せ♡

お出かけ中も終始ごきげん!

ママの感想

リズムができてきた5日目は、一日中笑顔でした。ふだんは寝起きにグズグズ泣くことも多いからびっくり。生活リズムの大切さを実感しました!

昼寝やテレビなどを見直すきっかけに

9カ月

＼チャレンジ前／

	起床時間	就寝時間
baby	6:00	23:00
mama	6:00	24:00

早起きなのに、寝るのは11時。10時ごろにパパが帰宅するとテンションが上がって、なかなか寝ないのが悩み。睡眠時間の短さが気になります。

森田理衣沙ちゃん&亜紀子ママ

1日目
起床 6:20 就寝 21:20

テレビをやめただけで変化が!

夜、テレビをつけずに過ごしてみたら、絵本の読み聞かせ中にあくび。授乳後にすっと眠って、びっくり。

いつもより早い寝かしつけに号泣。

2日目
起床 5:50 就寝 22:40

外出で疲れすぎて失敗

午前中は友人宅、午後は買い物へ。昼寝ができずに夕方眠ってしまい、起きたら6時半。夕食やお風呂も遅くなり、反省。

外出疲れで、夕ごはん中に爆睡。

3日目
起床 6:00 就寝 19:50

理想の生活リズムでした

前日の反省を生かし、外出は午後の買い物のみに。6時にお風呂をすませ、静かに過ごしていたら自然に眠けがきたみたい。

お風呂のあとは、静かにカード遊び。

4日目
起床 5:45 就寝 21:45

休日はリズムが乱れがち

テレビを極力つけずにいたおかげか、休日のわが家にしては早めの寝かしつけ。パパはテレビが見られなくてつまらなかったかも?

寝かしつけに苦戦し、10時近くに就寝。

5日目
起床 6:00 就寝 22:00

昼寝のタイミングが……!

パパがいる日曜日、うれしくて昼寝をなかなかせず、気づけば夕方。昼寝をうまくコントロールするのがむずかしい!

「寝たくない～」と頭をふりふりして抵抗。

ママの感想

まだ就寝時間は遅いけれど、少しずつリズムを整えるきっかけに。テレビの影響に気づくことができたのも収穫。ダラダラつけっぱなしは卒業します!

5日間で早寝早起きが身についた!

7カ月

＼チャレンジ前／

	起床時間	就寝時間
baby	9:00	22:00
mama	9:00	24:00

7時に出勤するパパを夢の中で見送り、ママとベビーは9時に起床。8時に帰宅するパパを待って、ベビーをお風呂に入れてもらうのも遅寝の原因に。

常川まおみちゃん&恭子ママ

1日目
起床 7:00 就寝 20:30

久々の早起きで一日中眠い

いつもより2時間も早く起きて、家族3人で朝ごはん。ただいつもとリズムが違うためか、一日中グズグズモード……。

夜も何度も起きて、添い乳で寝かしつけ。

2日目
起床 7:30 就寝 20:00

外出で、親子ともに気分転換

午前中は子どもと昼寝をし、午後はママ友の家へ。ずっと家にいるとダラダラしがちなので、お出かけで生活にメリハリを。

いつもは30分のお昼寝も2時間たっぷり。

3日目
起床 7:00 就寝 19:30

遊び疲れて、お風呂でねんね

午前中は散歩がてら買い物へ、午後からはお友だちベビーと遊び。たっぷり遊んだおかげで、お風呂でウトウト。

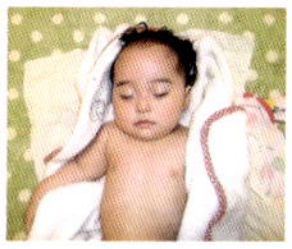

体をふいても起きないほどぐっすり。

4日目
起床 7:30 就寝 20:30

起床の時間が決まってきた

早寝早起きにも慣れてきた。今日はママの実家にお泊まりで、いつもと違う環境だったけれど、8時には就寝。

離乳食も喜んでパクパク完食!

5日目
起床 7:30 就寝 20:30

朝から一日中ごきげん!

パパと朝から散歩に出かけ、自然にふれて過ごしました。昼寝が遅めになりましたが、夜の眠りには響かず安心。

パパとたくさん遊んで、大満足です!

ママの感想

パパを待たずにお風呂に入れるのは大変だけど、生活リズムを整えることで、時間をうまく使えるように。自分の時間ができたのもうれしい!

楽しい食卓で
食の世界を
広げて

食欲のある子↓生きる力のある子です！

「食欲がある」とは、量をたくさん食べることではありません。空腹感がわかって食べること。動物としての本能なのです。

「おなかがすいて食べる」のが何より大切！

眠ることと同じく、生きていくために大事なのが、食欲を感じて食べること。「おなかがすく」感覚を覚え、しっかり食べて満ち足りた気持ちを感じることが、子どもの食欲を育てる基本です。離乳食を始めたばかりの1回食のころは、「ママが落ち着いて対応できる午前10時ごろに」といわれますが、これはあくまで目安です。実際には子どもの様子をよく観察し、空腹かどうかを見ながら与えましょう。

一日のスタートとなる朝ごはんをしっかり食べるには、まず早起きしなければなりません。長時間眠り、朝起きたときにはおなかがすいているのが健康な体です。おなかがすいていれば、食事がおいしく食べられます。そして、たくさん体を動かして、またおなかをすかせてごはんを食べる。このリズムが健康な体をつくり、脳への刺激にもなります。

もちろん、食べる量には個人差があります。小食な子でも、その子に合った量をおなかをすかせて食べることができれば大丈夫。そのためには、食事の時間を規則正しく設定し、食べない時間を生み出していくことも大切です。ぐずったときにおやつやジュースでごまかさないように気をつけましょう。

Attention

無理じいは禁物です

苦手な食材を無理に食べさせようとしたり、「全部食べなさい！」といやがる子どもに強要したりするのはNG。また、食事中にテレビをつけっぱなしにするのも厳禁です。食べることに集中し、食事を楽しめるように心がけて。

食欲はこう育つ

母乳＆ミルク　0～4カ月ごろ

母乳＆ミルクは、飲みたいときに

生まれてすぐは「空腹」ははっきりとはわからず、原始反射で乳首に吸いつくことからスタート。だんだんと空腹と満腹がわかるようになります。

離乳食　5カ月～1才ごろ

離乳食で固形物を食べるレッスン

ドロドロの形状からスタートする離乳食で、徐々に固形物が食べられるように。授乳から2時間以上間隔をあけて、空腹時に与えるようにして。

幼児食　1～5才ごろ

自分で食べる意欲を伸ばして

つかみ食べが始まり、自分で食べようとするように。食事のリズムは大人と同じになり、スプーンやはしも徐々に使えるようになります。

＼最終的には／

大人になるまでに

食べ物を自分で調達して食事ができる子に

自分で買い物や調理をして、食事を準備する力を養っていきましょう。そのためには、お手伝いが有効。さまざまな体験で、食への興味を広げて。

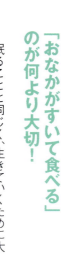

食欲のある子に育てるための 6つのポイント

食べることの楽しさを伝えることが、「自分で食べたい」という意欲につながります。やる気を引き出すには、ママの働きかけも大切！

1 ママが先回りして食べさせない

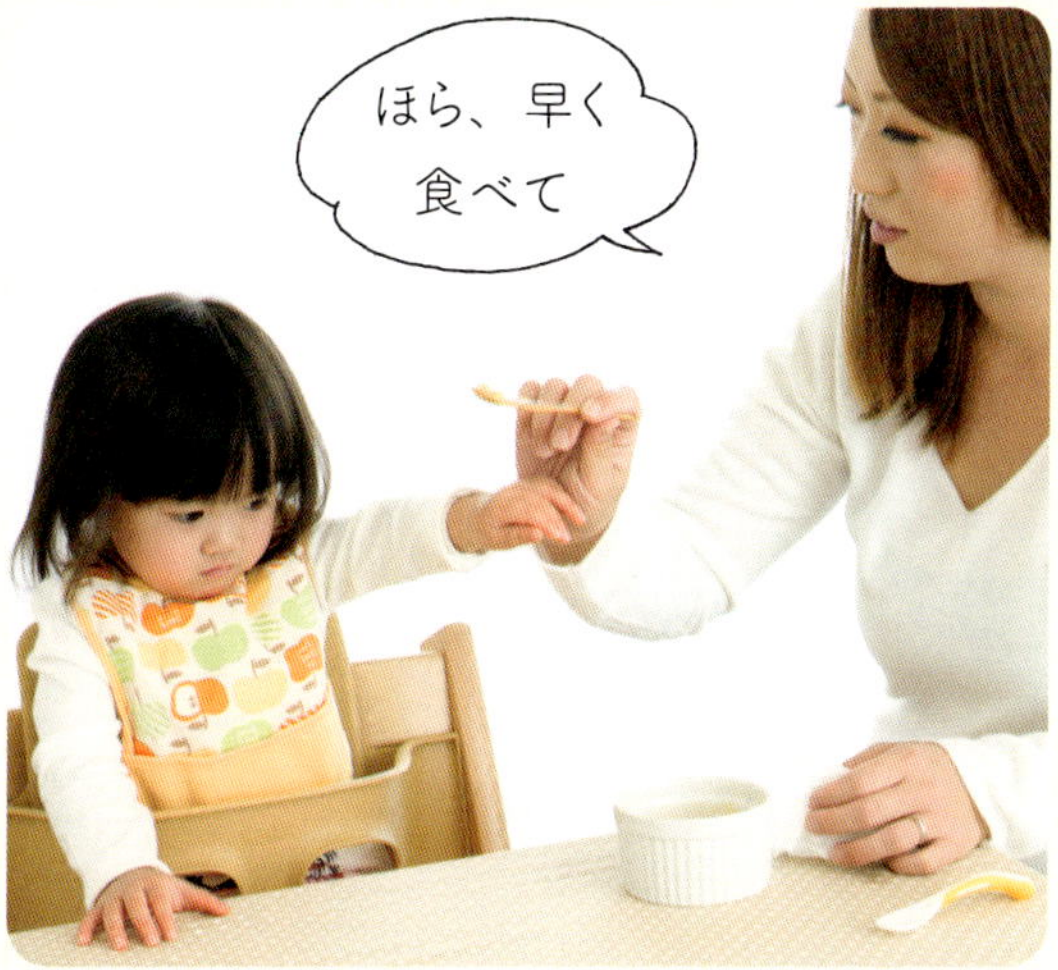
ほら、早く
食べて

1才ごろから始まる手づかみ食べは、「自分で食べたい」という意思表示。ママが横からスプーンを口に入れようとしても、それは「イヤイヤ」につながります。子どものやる気を見守るゆとりを持って。

2 生活リズムを基準に食事の時間を決める

毎日決まった時間に食事をすることで、消化酵素が出て体内リズムができ、規則正しい生活のもとになります。朝昼晩の3食とおやつは、きちんと時間を決めて大幅にズレないように心がけましょう。

3 いっしょに「おいしいね」と言いながら

大人がいっしょに食卓を囲み、会話をしながら食事を楽しむことも大切。信頼するママやパパのおいしそうな笑顔を見ることで、苦手な食材にもチャレンジする勇気がわいてきます。ひと口でも食べられたら、たくさんほめてあげて。

4 お手伝いや遊びで食への興味を広げて

トントン
しましょ

食事の配膳などのお手伝いや、スーパーでいっしょに食材を選ぶだけでも、子どもの好奇心は刺激されます。食べ物が出てくる絵本にふれるのも◎。自発的に「食べたい！」と思えるよう、子どもが食にかかわるシーンをふやして。

5 よそ見し始めたらおしまいにして

食事中、ほかのことに気をとられるのは、満腹になったからでもあります。まだお皿に食事が残っていても、思い切って「おしまい」に。次の食事タイムまで食べ物は与えず、空腹を覚えさせることも大切です。

6 おなかがすいて食べる！ためにも適度な運動を

家でじーっとしていては、おなかもすきません。天気のよい日は散歩したり、公園でしっかり遊んだりして、「おなかすいたー！」→「ごはん食べよう！」という流れをつくって。

自分も他人も
気持ちよく
過ごすために

公共マナーはどうやって教える？

ルールやマナーがあるから、大勢の人が気持ちよく過ごすことができます。子どもの成長に合わせ、時間をかけて教えていきましょう。

迷惑をかけることをこわがりすぎないで

マナーは、対人関係をスムーズに行うためにあるもの。社会生活を送るうえでの潤滑油です。大人になってから苦労しないように、小さいうちから自然に社会のルールやマナーを身につけさせてあげたいものです。

ただ、それは幼児期以降の話。赤ちゃんにはやっていいこと、悪いことの区別はつきません。それでも、小さいうちから電車に乗ったり、レストランに行くこともあるでしょう。疲れると、とたんにきげんが悪くなるので、無理のない範囲でのお出かけを心がけましょう。

赤ちゃんが泣いたり、騒いだりすると、ママは周囲の視線が気になって、ビクビクしてしまうかもしれません。でも、迷惑をかけたり、かけられたりしながら支え合うのが、人間の社会です。何かあったら「すみません」と謝る気づかいを忘れずに、でも臆せずに外の世界に出て、いろいろな人とかかわるチャンスをつくってあげて。もちろん、幼い子だから好き放題にしていい、というわけではありません。周りの人が不快にならないよう、そして赤ちゃんをしからなくてもすむように、親が考えて行動すること。1才ごろにはまだあまり理解できなくても、「乗り物の中では静かに」などと言葉で教えていきましょう。

3～4才からわかりやすい言葉で言い聞かせを

本格的に公共マナーのしつけをスタートする目安は、イヤイヤ期が落ち着く3～4才ごろ。ポイントは、子どもが納得できる言葉で説明すること。そして、何度も根気よく教えることです。「大声でしゃべらない」「ほかの人にぶつからないように気をつける」など、ママが公共の場でのふるまいのお手本を見せることも大切です。それでも大きな声を出したり、車内で走って隣の乗客にぶつかったりしたら、「電車の中ではどうしたらいいんだっけ？」と声をかけてみましょう。3才ごろになると、ママと約束したことを思い出して「静かにするんだった！」と気づくようになっていきます。ハッと気づいて静かにできたら、すぐにほめてあげて。ほめられることで子どもは達成感を感じ、大人の話をきちんと聞くようになります。そうした積み重ねで、徐々にマナーを身につけていくのです。

声がけはポジティブな言葉で

マナーの伝え方は、「こうしなければダメ！」という否定ではなく、「こうするといいよ」というポジティブな表現を選びましょう。くれぐれも「あのおじちゃんに怒られるよ」

周りの視線が冷たい
みんなはこんなとき、どーしていますか？ Q&A

電車の中で大騒ぎ！

ギューッと抱っこして落ち着かせます

テンションが上がって「ダメだよ」の言葉では止まらないことも。そんなときはとにかくギューッ！　気持ちが落ち着くようで、クスッと笑っておとなしくなります。

窓の外を見せて気分転換

「電車の中では大きな声を出さないよ」と言葉で言い聞かせ、ダメなときは抱っこしてドア付近へ。「何が見える？」と質問して、気持ちを切りかえさせます。

お菓子やおもちゃを買って！買って！買って!!

行く前に「今日は買わない」と宣言する

「今日は買わないからね」と目を見て話してから出発。どんなに泣いても「買わないって言ったよね？」と拒否。そのかわり「○○をがんばったから、今日はいいよ」と、ときどきごほうびを。

カラの財布で「お金ない」をアピール

使っていない財布を持ち歩き、何かねだられたら「お金ないから買えないんだよ」と中身を見せます。自分の目で確かめて本当にからっぽとわかると「そっか」とあっさり納得することも。

公共マナーの教え方

いつごろから、どう教える？

0～1才 「マナー」を理解させるなんて無理な時期

すこやかに生きていくために必要な生活リズムを整えることが何より重要。「古い脳」をしっかり育てて土台をつくる時期です。社会的なマナーやルールを教えるのはまだまだ先。赤ちゃんにガマンをさせなくてもいいように、大人が工夫をすることが大切です。

2才 まだまだセルフコントロールはむずかしいでしょう

言葉の理解が進んできて、「騒いじゃダメだよ」「ここでは遊ばないよ」といった注意もわかるようになります。ただ、まだ自分の気持ちや欲求をコントロールするのはむずかしい時期です。子どもを連れていく場所は、できるだけ自由に過ごせるところを選んで。

3才 「よくできたね！」とほめながら少しずつ教えていく

自立心が芽生えていく時期。練習のつもりで、レストラン、子どもづれでも行けるファミリーコンサートやミュージカルなどに出かけてみるのもおすすめ。「電車の中では静かにね」「ここはごはんを食べるところだよ」とくり返し教え、できたらたっぷりほめてあげて。

4才 「マナー教育」適齢期。ていねいに教えてあげて

自我が発達し「人からどう見られているか」を気にするようになる年齢。公共の場所でのふるまいやあいさつ、言葉づかいなどを本格的に教えていきましょう。「こっちのほうがすてきだよ」「このほうがみんなが喜ぶよ」など、マナーを守ったほうがいい理由も伝えて。

と他人のせいにしたり、「静かにできたらお菓子を買ってあげるから」と、交換条件を持ち出したりしないこと。条件によって守る、守らないを判断する子になりかねません。

どうしても守れない場合には、ときに強硬手段も必要になります。たとえば、出かける前に「騒いだら、電車を降りるからね」と約束します。それでも子どもが騒いだら、まず、「静かにしようね」と冷静に注意。それでも騒ぎ続けるようになら、きっぱりと次の駅で降りるのです。子どもは大好きな電車から降りるので、泣くかもしれません。でも「ママと約束したよね。約束が破られて、ママだって悲しいんだよ」と真剣に目を見て話せば、子どもは約束を守ることの大切さも実感します。時間はかかりますが、回り道をしながらゆっくりと教えていくしかないのです。もちろん、子どもがマナーを守れたら「よくがんばったね、ありがとう」とほめるのも忘れずに。

帰りたくない！と大泣き

「帰ろう」を予告して少しずつ説得

帰宅予定の30分前から時間をあけて「そろそろ帰ろう」と話しかけます。最初はいやがりますが、くり返すことで少しずつあきらめモードに。最終的には納得してバイバイできます。

大好きなぬいぐるみのことを思い出させる

「早く帰ってあげないと、さびしくてどこか行っちゃうかも？」と切り出すと、すぐに「帰る！」と使命感に燃えた表情に。帰り道もぬいぐるみのために、とずんずん歩いてくれます。

そのとき どうする？

イヤイヤ期の困った！

1才半ごろから3才くらいまで続く「第一次反抗期＝イヤイヤ期」。大変な時期ですが、脳が健全に発達している証明でもあるのです。

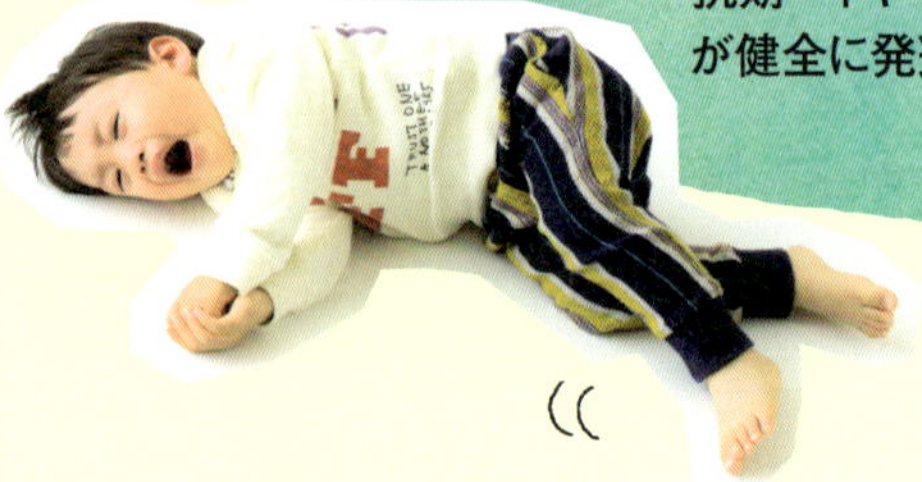

いつ始まる？ いつ終わる？ イヤイヤ期

手のかかるイヤイヤの時期は、脳の発達によって始まり、さらに発達すると終わりを迎えます。その流れはざっとこんな感じです。

1才半 「自分」という存在に気づき始めます

鏡に映った自分を見て、「これはぼくだ」と理解するのがこのころ。運動能力も発達し、小走りすることも、ひとりで食べることもできるように。少しずつ「自分にもできるんだ」と自信をつけ始める時期ですが、その分、目が離せません。

2才 気持ちと実力のズレにイライラしちゃう時期

2才児を英語でTerrible two（恐怖の2才児）といいます。思いの強さを言葉で説明するにはまだ語彙力《ごいりょく》が不足していますが、運動機能は1才児よりはるかに発達しているので、暴れると大変。最も手のかかる時期です。

3才 できた！が自信になって落ち着き始めます

語彙が飛躍的にふえ、自分の気持ちを言葉で伝えられる子もふえてきます。イヤイヤ期終了とはいかなくても、ずいぶん楽になったと思うはず。それは、赤ちゃん期から育ててきた親子の信頼関係が完成したサインでもあるのです。

【イヤイヤ！自分で！の自己主張は自立のための最初の一歩】

理不尽で自己中だけど これは一時のこと

歩くことがじょうずになり、食事や着がえも少しは自分でできるようになった1才半。ママはホッとひと息……かと思いきや、そろそろ始まるのが「イヤイヤ期」です。

さっきまでごきげんだったのに、突然「これはイヤー」「自分でー」「ママ嫌いー」と怪獣に変身。理屈は通じないし、しつこいし、毎日ヘトヘトという人も多いことでしょう。

それは「自我」が確立してきた証拠です。赤ちゃん期は、自分とママの区別はつかず、何でもやってもらうのが当然でした。それが「ママと自分は違う」と気づき、「自分のことは自分で決めたい」と思うのです。自立への最初の一歩といえるでしょう。

でも、実際にはできないことだらけ。客観性も育っていないので、本当にできるか予測できません。説明能力も低いので泣きわめいてしまいます。ママは「ダメなことはダメ！」とどなりつけたくなりますが、できればいったんのみ込んでください。深呼吸して「この洋服がいやなんだね。そっかー」と気持ちに寄り添い、落ち着くまで待ってあげたいものです。親に受け止めてもらい、言葉におきかえてもらった「イヤイヤ」は、子どもの心の内側で「自分はこうしたかったんだ」「今度はこうしよう」と考える力に変わります。イヤイヤ期を乗り越えたとき、ぐっと成長しているわが子を信じましょう。

イヤダー！

100人のママたちにアンケート

1才半から3才までの子どもを持つママ100人にアンケートを実施。ママたちはみんな苦労しているのです。

わが子の行動を「困った!」と思ったことが ➡ ある 100%

もれなく全員が「イヤイヤ期は大変!」「困った!」と思っていました。それはこの時期の宿命のようなもので、避けて通れるものではないようです。みんなはどうやって乗り切ったのでしょうか?

どんなことに困った?

1位 何でも「自分で!」 48/100人

靴をはくのも着がえるのも自分でやりたいこの時期。「時間がかかってしょうがない」「結局できなくて怒り狂う」と困っているママ多数です。

- 「人に迷惑をかけない限り、できるだけやらせる」と決めています。「信号のボタンを押したい」と言えば、すでにお兄ちゃんが押していても抱っこして押させます。言い聞かせるより時短だし、私の気持ちもラク。(久保さち子さん/2才)
- 「おはしで食べたい」と、私のおはしを奪いとっていて困っていました。下の子が生まれ、かまってあげられないでいたら、いつの間にかおはしをマスターしていました。(片岡朋美さん/2才)

2位 「ダメ」と言うと泣きわめく 41/100人

子どもたちの感情の爆発にとまどうママ多数。「自分の子だけ特別わがままに見えてしまう」「子どもの怒りに巻き込まれてしまい、私もカーッ」という人も。

- 「ごはんはイヤ! うどん!」などと大泣きになることが多いのですが、うどんがあれば出し、なければ「ないんだ、ごめんね」と言って見守ります。30分くらいで泣きやみ、ごはんを食べ始めるので、のんびり待つのがいちばん。(志村恵理子さん/2才)
- ある程度は本人に決めさせる必要があると思います。親がまず数点選び、「この中でどれがいい?」というように選ばせると、かんしゃくが減りました。よけいなものを見せないのがコツ。(とんちゃんママさん/3才)

3位 食事のマナーが悪すぎる 35/100人

「ダラダラ食べる」「食べ物で遊ぶ」「口から出す」「食器を打ち鳴らす」など、ダメと言われることをわざわざしている、と感じるママが多いようです。

- ダラダラ食べるので「もうおしまい」と片づけてしまうと、「食べたかった!」と逆ギレ。待っていても1時間以上食べ続けるのでイライラします。あるとき「テレビのせいかも」と気づいて消すと、さっさと食べるようになりました。(M子/2才)
- ほめるのがいちばん。最初に何口か食べた段階で「すごいね、お兄ちゃんだね」とほめると、調子に乗ってパクパク。やっぱりまだまだかわいいものです。(K・Uさん/1才)

イヤイヤ期
Baby-mo
反抗期の
○いいしつけ
×悪いしつけ

さらにくわしく知りたい人は

イヤイヤ期の子どもを持つママ・パパに向けた『イヤイヤ期Baby-mo』シリーズ(主婦の友社)。この時期の子どもたちの心の解説や、どんなふうにつきあえばいいかくわしく解説しています。

※表紙は変更になる場合があります。

直接対決はじょうずに避けるのが得策です!

アンケートを読むと、子どもとのバトルを避ける対策をとっているママのほうが、ラクにイヤイヤ期を乗り越えているようです。「言いなりになったら、わがままな子になるのでは」と不安になるかもしれませんが、これはこの時期だけのもの。脳の発達によってだんだんと「自分がわがままを言っている」と理解できるようになるものです。

ママを
困らせたいわけ
じゃないんだよ

失敗しながらじょうずになります

生活習慣のしつけは、暮らしの中で少しずつ

健康に気持ちよく生きていくために必要な生活上のしつけ。大人がお手本を見せながらあせらず教えていきましょう。

発達に合わせた食具を使い、ママ・パパがお手本になって

5〜6カ月ごろから始まる離乳食は、自分で食べる力を育てていく第一歩。最初は、ママに食べさせてもらいますが、徐々に、自分で食べ物を口に運ぶようになっていきます。そのステップは、赤ちゃんの体の発達と大きく関係しています。唇や口の周りの筋肉が発達し、手指の繊細なコントロールができるようになるにつれ、しだいに食事の道具も使いこなせるようになるのです。

コップを支えてもらえれば飲めるようになるのは、9カ月ごろから。コップを自分で持って飲めるようになるのは1才ごろが目安です。また、スプーンは、手づかみ食べと並行して始めますが、自分で食べられるようになるのは1才半ごろ。はしが使えるようになるのはさらに先で、3〜4才からが一般的です。子どもの様子を見て、コップやスプーンに興味を持ち始めたら、ゆっくり練習をスタートしましょう。ママやパパが食事をする姿を見せることも大切。大人のまねをしながら、しだいに上達していきます。

口の動きと手の動きが連動してできるように

赤ちゃんは生まれてすぐから、乳首から栄養と水分をとって成長します。ママの乳首でも哺乳びんでも、舌の奥で乳首をしごきとるようにして飲みます。上下の唇は、乳首をくわえているため閉じていません。それが、離乳食が始まるころから、徐々に唇を閉じて水分をすするようになり、舌の動かし方も変化します。さらに、1才前後になって手の動きもこまかくコントロールできるようになると、コップから飲めるようになるのです。

7カ月ごろ〜

コップ飲み

支える手の力と唇の動きが成長することによって、コップからこぼさず飲めるようになります。

\ コップ飲みLESSON /

5カ月ごろ　STEP1

スプーンのフチから飲む練習をスタート

スプーンに水分をのせて赤ちゃんの下唇にふれ、上唇と下唇を閉じて飲めたらOK！　唇と水平にスプーンを差し出すだけで、スプーンで流し込まなくても飲むことができるように。

7〜8カ月ごろ　STEP2

小さな器から飲めるようになる練習

スプーンで飲めるようになったら、おちょこのような小さな器で練習。はじめは上下の唇が開いたまま飲もうとするかもしれませんが、だんだん口を閉じて飲めるようになります。

9カ月〜1才ごろ　STEP3

ママがコップを支え、角度を調節

いよいよコップに挑戦。腕と手の力が弱いうちは、コップの角度をうまくコントロールできません。ママが支えてあげて。しだいに角度を調節できるようになり、自分で飲めるように。

コップ・スプーン・はし

1才過ぎ～

スプーンを使う

食べさせてもらう食事から、自分で食べる食事へ。汚れることも多いけれど、子どもの意欲を大切に。

スプーンLESSON

STEP1 9カ月ごろから

手づかみ

自分で食べることの第一歩。手づかみをくり返すなかで、「食べ物を口に運ぶ」という動作を学びます。

STEP2 1才ごろから

スプーン①

最初は上から握る持ち方。スプーンを口と平行にしか動かせないので、ほとんどこぼれてしまいます。

STEP3

スプーン②

スプーンに慣れたら、この持ち方にかえてみましょう。格段にスプーンを口に入れやすくなりますよ。

STEP4

スプーン③

②に慣れたら、「えんぴつ持ち」を教えます。これで自在にスプーンを操れるようになったら、はしへ。

手づかみ食べをしっかりさせてからステップアップ

手づかみ食べは、目と手と口の協調運動。目で見て、手でつかみ、口に運ぶ手づかみ食べの経験をたっぷり積むことで、スプーンを使う下地ができます。スプーンに興味を持ちだしたら、手づかみ食べが始まるころから自分で持たせてみましょう。最初はスプーンの柄を口に対して平行にして食べようとするので、うまく運べずこぼすことも。食事いすの下にレジャーシートを敷くなど、汚れ対策を万全にして、ある程度、自由に食べさせてあげましょう。慣れていくうちに、だんだんと正面からスプーンを口に入れてじょうずに食べられるようになっていきます。

3才ごろ～

はしを使う

手指の動きを繊細にコントロールできるようになってきたら、はしにステップアップ！

正しい持ち方CHECK

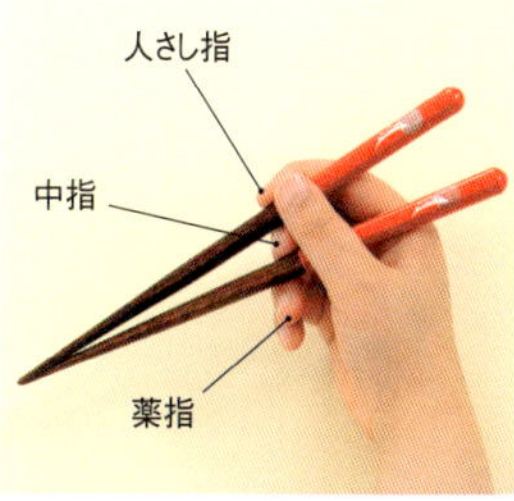
人さし指
中指
薬指

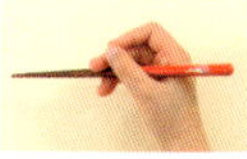

❶ 下のはしを薬指の上にのせる。

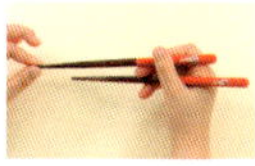

❷ 上のはしを中指の上にのせて、人さし指ではさむ。

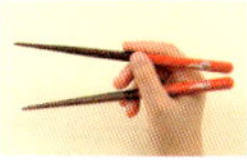

❸ 中指を上げて、上のはしだけ動かす。下のはしは動かさない。

はしの選び方は

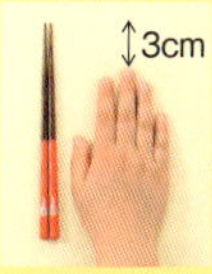
3cm

手の長さ＋3cmくらいの長さがベスト。持ちやすい太さか、はし先がすべりにくいかなどもチェックして。

はしLESSON

STEP1

ティッシュで

最初は軽くつかみやすいものから。丸めたティッシュをつまんでみましょう。

STEP2

豆腐で

サイコロ状に切った豆腐で、食べ物に合わせて力を加減することを学びます。

STEP3

小さな豆で

はしに慣れてきたら、小さな豆に挑戦。はし先にそっと力を入れてつまみます。

正しい持ち方を覚えて、美しいマナーを身につける

はしを使えるようになる目安は、えんぴつ持ちができるかどうか。1本のはしを人さし指と親指でしっかり持てるようになれば、はしを使うための準備はばっちり。えんぴつ持ちができないうちにスタートすると、おかしな持ち方がクセづいてしまうことも。だいたい3～4才くらいが目安です。

ごはん茶わんは持って食べる、はしで食べ物を刺さないなどのマナーは、大人がお手本となって教えていきましょう。ママやパパの食べ方が、そのまま子どものマナーになります。ガミガミ怒るより、正しいお手本を見せることのほうが効果的です。

子どものむし歯は親が防ぐ！

歯みがき

始めるのは

6カ月ごろ〜

下の真ん中の歯が2本、顔を出し始めたら歯みがき習慣もスタートです。

赤ちゃんの歯はむし歯になりやすい

乳歯は、永久歯に生えかわるまでの「期間限定」の歯です。でも、だからといってむし歯になっても大丈夫、というわけではありません。乳歯がむし歯になってしまうと、口の中にはむし歯の原因菌がふえて、永久歯までむし歯になるおそれも。また、痛みや違和感によって、片方の奥歯でばかり物をかんだり、よくかまないで飲み込んでしまうと、あごが大きく成長できず、歯並びやかみ合わせにも影響が出てきます。さらに、早めに乳歯が抜けてしまうと、正しい位置に永久歯が生えないこともあるのです。

将来の健康や顔立ちに大きな影響を与える大事な乳歯。でも残念ながら、生えたての歯はエナメル質が薄くて弱く、むし歯になりやすい特徴があります。歯を強くするのは、日々のケア。子どもの歯は、ていねいにケアするほど強くなります。食後の歯みがき習慣に加え、仕上げみがきも忘れずに。

【乳歯をむし歯にしないことが一生健康な歯へのパスポート！】

歯みがきの基本姿勢

0才代

安定感のある授乳のポーズで

歯みがき嫌いの原因は「痛いから」ということも。上唇小帯（前歯2本の間から上くちびるの裏側に伸びる筋）を刺激すると、子どもはとても痛がるので、注意して。

1才過ぎから

ママの足の間に頭をのせて

子どもの頭をママの太ももにのせ、歯医者さんの角度でみがきましょう。奥歯までよく見え、しっかりみがけます。どうしてもいやがって逃げようとするときは、足で頭をはさんで腕まで固定しても。

3才以降も

仕上げみがきでみがき残しを防止

自分でみがけるようになってからも、仕上げみがきは必須！　きれいにみがけているようでも、子どもだけではみがき残しが多いものです。小学3〜4年生ぐらいまでは仕上げみがきでチェックを。

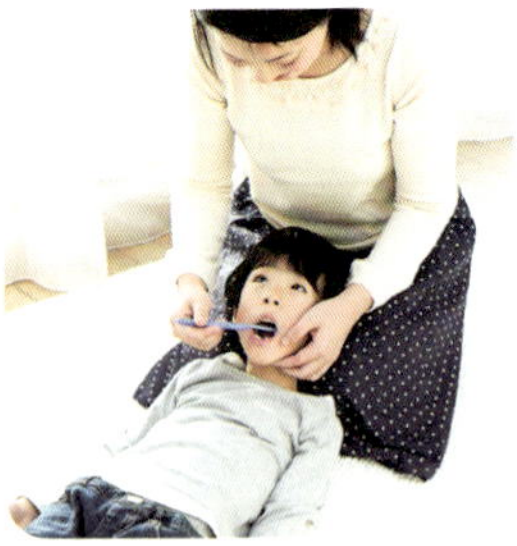

歯の生える順番は？

歯みがき習慣スタート！

下の真ん中の前歯

5〜6カ月ごろ 2本

歯が生える時期は個人差が大きいので、月齢は目安程度に考えて。

上の真ん中の前歯

10カ月ごろ 4本

上の歯があとから生えるのが一般的ですが、上から生える子も。どちらでもOK。

かぶせみがきでスピーディに

上下で8本に

1才ごろ 8本

1才くらいになって「やっと最初の1本が生えた！」という子もいます。

奥歯のみがき残しに注意！

第一臼歯が生える

1才半ごろ 12本

前歯4本から少し離れたところに奥歯が顔を出します。仕上げみがきは念入りに。

犬歯が生えてくる

2才ごろ 18本

前歯がズラリと並ぶので、歯と歯の間の汚れに注意して、仕上げみがきを。

自分みがきの習慣づけも！

最後の奥歯が生える

2才半ごろ 20本

第二臼歯は小学校卒業ごろまで使う歯。自分でみがく方法もしっかり教えて。

むし歯をつくらない Q&A

Q 夜に添い乳するとむし歯になる？

A 日中のケアがきちんとできていれば大丈夫！

おっぱいの甘みである乳糖は、砂糖の糖分とは違います。歯に歯垢が残っていなければ、むし歯の原因となる「酸」をつくらないので、夜の授乳はむし歯の原因にはなりません。歯垢が残らないように日中と寝る前の歯みがきをしっかりしていれば、心配なし！

Q うがいのレッスンはどうしたらいい？

A 2才ごろから"まねっこ作戦"でスタート

コップの水を口に含んで出すことから練習開始。お風呂で練習するのがおすすめです。口の中でかむようにしてから出す、出すときは遠くに飛ばすようにする、と段階を踏んで練習してみて。ママ・パパがお手本を見せながら教えると、すぐにできるようになります。

Q おしゃぶり、指しゃぶりは歯並びに影響する？

A おしゃぶりは2才ごろまでに卒業しましょう

3才を過ぎてもおしゃぶりを使ったり指しゃぶりをしていると、歯並びに影響することがあります。赤ちゃん時代なら、ムリにやめさせなくてもいいでしょう。あまり長時間使わせることは避けて、じょうずに活用して。

Q ベビーフードのおやつならむし歯をつくらない？

A 基本的には大丈夫。でもダラダラ食べはNG

ベビーフードのおやつは成長に合った調味料の分量を守っているので、適量を食べるなら問題ありません。でも、ダラダラと与えるのはダメ！ ルールを決め、時間と分量を守って与えることが大切。食べ終わったら白《さ》湯《ゆ》を飲ませて、食べかすを洗い流しましょう。

歯の本数別 歯みがきSTEP

歯の本数がふえるに従って、徐々に本格的な歯みがきが必要に。まずは、歯ブラシに慣れるところからスタートです。

歯が1～2本のころ（6カ月ごろ）

短時間でサッと終わらせる

この時期は、「歯みがきって楽しいな」と赤ちゃんに思ってもらうことがいちばん大事。そのためには、長い時間をかけず、サッとみがいて、サッと終わらせることがポイント。抱っこして話しかけたりしながら、なごやかな雰囲気づくりを心がけて。終わったら、「きれいになったよ、気持ちいいね」といっしょに喜んで。

Point 1

歯ブラシは2本用意

歯ブラシは「赤ちゃんが使う自分みがき用」と「ママの仕上げ用」の2本を必ず用意。歯が1～2本のころは、かんでもへタらないゴムのようなやわらかな素材を選んで。

Point 2

かぶせみがきですばやく

歯ブラシの毛先を前歯にかぶせて、くるりと回せば裏も表もササッときれいに。1本につき2～3秒、2本なら5秒で完了します。

上の歯が生えたら（10カ月～1才ごろ）

痛くないみがき方で歯みがき嫌いを予防

赤ちゃんの口腔内は、上唇小帯（前歯2本の間から上くちびるの裏側に伸びる筋）が大きいのが特徴。ここに歯ブラシが当たると痛みを感じやすく、歯みがき嫌いの原因に。上の前歯の歯みがきが始まったら、ママの手をしっかり固定させ、痛くないみがき方を。おやつデビューする子も多くなるころ、甘いものの食べすぎにも注意！

Point 1

毛先をふるわせて

歯ブラシが歯に対して直角に当たるように当て、毛先をやさしくふるわせながら、らせんを描くようにみがきます。

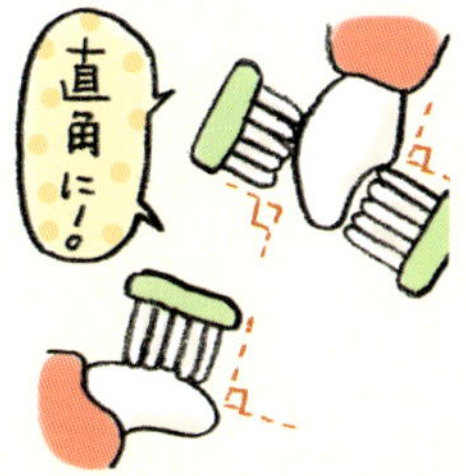

Point 2

ママの手を固定させる

下の前歯

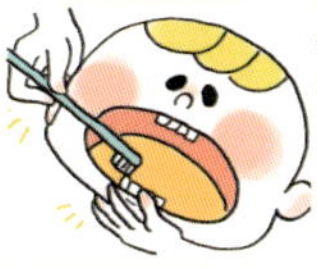

歯ブラシはえんぴつのように軽く握り、小指と薬指を赤ちゃんのほおからあごに固定させます。

上の歯

歯ブラシを持つ手は赤ちゃんのほおに固定させ、上くちびるを指で押さえて保護します。

歯の本数がふえたら（1才半ごろから）

みがくルートを決めてもれなくキレイに

じょうずな仕上げみがきのコツは、歯ブラシをあちこち動かさないこと。右下の奥歯の表側からスタートして左の奥歯まできたら裏側へ、次に上の歯の表側をみがいて裏側へ、とルートを決めてもれなくみがいて。イヤイヤ期に突入して歯みがきをいやがる子も多くなりますが、歯みがきの大切さを伝えながら、やる気を引き出して。

Point 1

歯みがき剤スタート

「ぶくぶくペー」ができるようになったら、歯みがき剤デビュー。フッ素の力で歯が丈夫になります。

Point 2

奥歯は全部の面を

奥歯は六面体です。歯ブラシを直角に当てて、すべての面をしっかりみがきましょう。

外から帰ってきたらまず洗面所へ

手洗い

始めるのは

1才ごろ〜

手洗いは、健康管理のための大切な習慣。清潔を保つことは、社会のマナーでもあります。

清潔の意識は、ゆっくり時間をかけて培われます

赤ちゃんには「汚い」という意識はありません。教えられて初めて学ぶものです。たとえば、離乳食のあとに顔がベトベトになったら「汚れちゃったね」と、ときには顔を手鏡で見せてあげます。そして「キレイにしようね」とふいてから、もう一度鏡を見せるのです。何度もくり返すうちに、汚れた状態、キレイな状態の違いがわかるように。手を洗うときも、鼻をかむときも同じ。まず汚れを見せてから、きれいにすると効果的です。ただ、あまり大人が神経質になると、子どもは汚いことに過剰な嫌悪感を抱き、手が汚れる遊びを嫌うことも。「汚れても洗えばキレイになる」ことをちゃんと伝えたいものです。

また、手洗いのような毎日の習慣は、日々続けるからこそ身につくものです。大人が率先して手洗いをする姿を見せることも大切。ママのまねをしながら、しだいにじょうずにできるようになっていきます。

「洗うとさっぱり気持ちよくなった！」を教えることからスタート

0才代からの習慣づけが大切

食事の前に手をふいてあげる

ひとりでいすに座って食べるようになったら、「いただきます」の前にぬれタオルで手をふく習慣を。授乳のときにも口をふくなど、習慣化は小さいうちからスタート！

大人がそばでお手伝い

歩けるようになったら、洗面所に踏み台などを用意して自分で手洗い。もちろん、後ろからママが手を添える「二人羽織スタイル」でさりげなくサポートしながら洗います。

2〜3才からは自分で

❶水で流す

目で見える汚れ、ゴミを流し、全体を水でぬらします。

❷手のひらを洗う

石けんを泡立て、手のひらと手の甲をこすって洗います。

❸指の間を洗う

指の間は雑菌がたまりやすい場所。指を組むようにして洗って。

❹つめを洗う

いちばん雑菌が残りやすい。つめを手のひらに押しつけてこすって。

❺手首を洗う

手首も忘れずに。反対の手で手首を持ち、くるくる回して洗います。

❻水で流してふく

泡を水で流してしっかり落とし、清潔なタオルでふきます。

こんなときに手洗いを

- ☑ トイレのあとに
- ☑ ごはんやおやつを食べる前に
- ☑ 外から帰ってきたら
- ☑ 鼻をかんだあとに

コミュニケーションのきっかけ

あいさつ

始めるのは

0才〜

0才のころから「おはよう」など毎日の声かけをしましょう。自分で言えるのは2〜3才以降でしょう。

パパとママのあたたかい言葉のやりとりが原点に

あいさつは、コミュニケーションのきっかけになる気持ちのいい習慣。小さいうちから身につけさせたいものです。ただ、あいさつは、何才になったら教える、といったものではありません。身近な大人が気持ちよくあいさつをしていれば、子どもは自然とまねするように。外出先だけでなく、家庭でもあたたかなあいさつを心がけましょう。

【低年齢からさせなくちゃ！とあせらないで】

おしゃべりができるようになってくると、「きちんとさせなくちゃ！」とあせってしまうかもしれませんが、1〜2才代ではできなくて当然。「ありがとうは？」なんてママがこわい顔をしていたら、子どもの心はしぼんでしまいます。恥ずかしがりやの子には、「いっしょに『こんにちは』って言ってみようか」と声をかけ、きっかけをつくってあげて。それでも言えない場合は、無理じいしないこと。大人があいさつする姿を見せるだけでじゅうぶんです。

【明るく元気なあいさつの心地よさを大人がお手本となって、教えましょう】

いただきます
ごちそうさま

離乳食が始まったら、食事の前の「いただきます」、食後の「ごちそうさま」を習慣に。しだいに手を合わせるなど、まねするように。

おはよう

目覚めたら、明るい声で「おはよう」。まだ眠くても、ママのやさしい声で心地よく起きられます。一日を気持ちいいあいさつで始めましょう。

日常生活で あいさつの気持ちよさを伝えて

ありがとう
どういたしまして

子どもはお手伝いが大好き。何かをしてもらって「ありがとう」を伝える場面をつくってみて。ママの役に立ったという自信にもなります。

またね！
バイバイ

「さようなら」「また遊ぼうね」「気をつけてね」。大人のあいさつを見ることで、バラエティ豊かなフレーズがインプットされていきます。

簡単なところからステップアップ！

着がえ

始めるのは

1才ごろ〜

身の回りのことができるようになるための第一歩。「できた！」の気持ちを引き出して。

さりげないサポートでやる気を引き出して

1才過ぎごろ、じょうずに歩けるようになっていれば、Tシャツをかぶったり、ズボンをはいたりという動作も安定してできるように。着がえの自立のスタートです。でも、「やってみたい」という気持ちとは裏腹に、まだまだ実力は伴いません。時間ばかりかかってなかなかできないと、ママはイライラしてしまうことも。でも、いつもママが着がえさせていては、せっかくのやる気もしぼんでしまいます。ママはサポート役になり、子どもが主体的に着がえられるように見守りましょう。

楽しみながら着がえをマスターするコツは、簡単なものから慣らしていくこと。まずは「ズボンを脱ぐ」、次に「はく」、それから「Tシャツを脱ぐ」、そして「かぶって着る」へ。さらに靴をはく、ボタンをとめる、ひもを結ぶなど、こまかな動きにもチャレンジしていきます。うまくいかなくてカンシャクを起こすこともあって当然。ママが手を添えて教えながら、小さな「できた！」を積み重ねて。

【1才過ぎになると「自分で着る！」の気持ちが芽生え始めます】

ねんねのころは

声をかけて説明しながら

赤ちゃんは、突然何かをされることが嫌いです。まだ意味のある言葉をしゃべらない赤ちゃんでも、「そでを通すよ」「ズボンをはこうね」など、実況中継しながら着がえさせましょう。

おすわりのころは

ひざに座らせる二人羽織スタイル

ママのひざに座らせる姿勢を基本に。「足はどこから出るかな？」など、自分が何をしているのかわかるように言葉をかけましょう。手や足をじょうずに通せたら「できたね」とほめてあげて。

頭を通す　顔が隠れるのをいやがる子も「いないいないばぁ！」を楽しくとり入れれば大丈夫。

そでを通す　「そでのトンネルをパンチが通るよ」「おててはどこ？」といった言葉かけで、楽しい雰囲気を演出。

みんなのお着がえエピソード！

3才過ぎからぐっとスピーディに

自己主張が強くなった2才ごろからは、ひとりで着がえをしたくて朝の準備も大騒ぎ。時間がかかりすぎて、保育園に遅刻してしまうことも。それでも徐々にすばやくできるようになり、3才を過ぎるとじょうずに着がえられるように。

自分で選んだ服で朝からごきげんに

1才半くらいから自分で服を選びたがるように。いくつか服を出し、好きなものを1枚選ばせています。あとは、ママが気温やその日の活動に合わせてコーディネート。自分で選んだ服を着るのがうれしいようで、一生懸命着がえます。

ママとおそろいでやる気アップ

ママと同じ色柄の服で、親子おそろを楽しんでいます。子どもは「ママといっしょ」がうれしいみたいで、着がえもルンルン。ただ、おしゃれに興味が出てきたからなのか、真冬でも薄手のワンピースを着たがってゆずらないことも（笑）。

まずは「着る」より「脱ぐ」練習

上着よりズボンやスカートのほうがラク。着るよりも脱ぐほうがラク。ラクなところから子どもにやらせて「できた」を実感させましょう。

1才6ヵ月ごろから

「自分で」のスタート。苦手部分はそっと手助けを

遊び感覚で楽しみながら、少しずつ自分でできることをふやしていきましょう。達成感を味わうことで、ますますやる気に。

お助けPOINT

ズボンの後ろはこっそりサポート

「ズボンをはく」は着がえの練習に最適ですが、おしりの部分は上げにくいもの。後ろからこっそり手助けして「できたね!」。

サッ

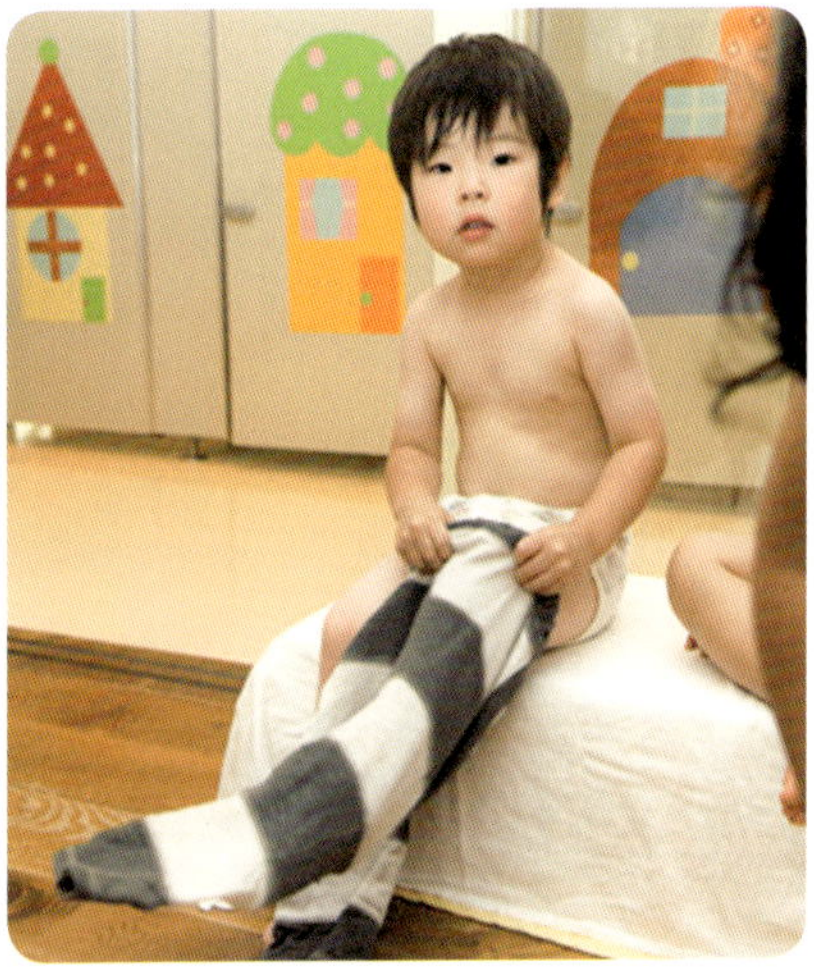

低いいすがあると便利

低めのいすがあると、ズボンをはくときに体が安定して便利です。ママのおひざを卒業したら、牛乳パックや段ボールなどでつくってあげて。

脱いだ服は洗濯かごへ

ポイ

着がえがじょうずになってきたら、脱いだ服は洗濯かごに入れたり、棚にかけたりすることを教えましょう。

お助けPOINT

遊びの中で楽しく練習

ボタンをかけるのは、着がえの中でも高いハードル。着がえのたびにつまずくと、着がえ自体がいやになってしまうことも。遊びながら練習しましょう。

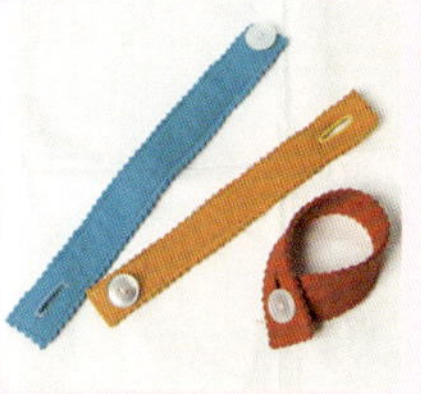

フェルトのリボンの両端にボタンホールとボタンをつけて。輪にして、リボンをつなげていくのも楽しい遊びです。

お花をパチンととめられる?緑の木にお花を咲かせながら、スナップボタンのとめ方を学びます。

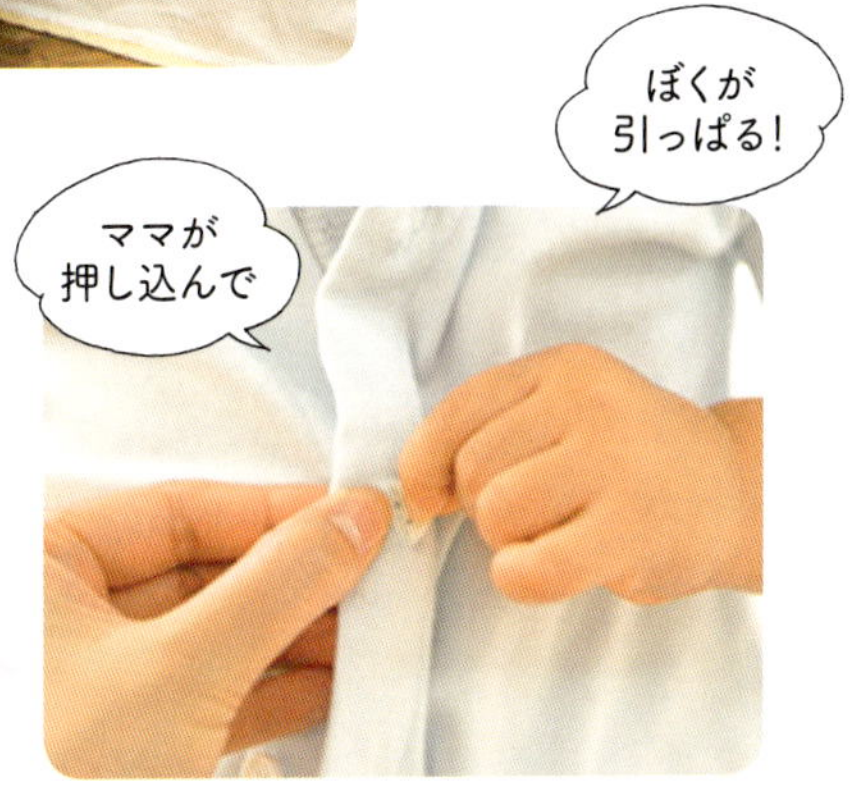
ぼくが引っぱる!
ママが押し込んで

ボタンはママとの共同作業でレッスン

ボタンの練習も二人羽織スタイルで、手元をしっかり見せましょう。「ボタンの顔が見えるね」と声をかけつつ、裏側からボタンを押し出して。

【子どもにもわかりやすいシンプルな収納環境を整えましょう】

「使ったらしまおうね」の習慣を

片づけ

始めるのは

1才ごろ〜

はじめは遊び感覚でOK！
楽しみながら身につけて。
物を決まった場所に置くだけなら1才ごろから始められます。

子ども目線の収納で片づけ意欲を育てて

穴の形や大きさに合わせて積み木を入れるおもちゃは、1才ごろから楽しんで遊ぶことができます。それ同じで、何をどこに入れるか決まっていれば、片づけは1才ごろから身につけていくことができます。そのためには、ただ「片づけなさい！」と指示するだけではふじゅうぶん。何をどこにしまうのかを具体的な言葉で教えましょう。「ぬいぐるみのおうちはここだよ」「ミニカーはここに帰るよ」などと声をかければ、子どもは遊び感覚で片づけを覚えます。そして、「使ったものを元に戻すとすっきりする」「部屋がきれいだと気持ちがいい」ということを理解していけば、いつの間にか遊ぶことと片づけがセットになって習慣化されていくのです。

ふだんから部屋がきれいに片づいていても、こまかく分類しすぎていて、子どもにとっては片づけるのがむずかしいケースもあります。簡単でわかりやすい収納で、子どものやる気を引き出しましょう。

お片づけ年齢別ステップ

0才

かごに入れてまた出して

片づけの意味がわからないこの時期は、片づけごっこでじゅうぶん。入れた先から出して遊んでも、大人が99%片づけていても「できたね」とほめて。

1才

大人といっしょに元に戻すことを学ぶ

「おもちゃのおうち」の意味が少しずつわかってきます。「これはどこかな？」と遊び感覚で声をかけながら、「戻す」ことを教えましょう。

2才

ゲーム気分で楽しくお片づけ

収納するものの写真を棚に貼って、片づけをサポート。「これはここ、これはあっち」と、まるでパズル遊びのように楽しんで片づけます。

3才〜は

ラベリングで分類収納を学んで

分類してしまうことを学習。車、人形などのジャンル分けをし、それぞれかごにしまいます。イラストや写真のラベルで、「おうち」をわかりやすく示して。

片づけの基本 3つのステップ

Step1 出す
片づけたいアイテムを、まず一度広げてみて。おもちゃ、洋服など、持っているものをすべて出して確認します。

↓

Step2 分ける
いるもの、いらないもの、に分けていきます。判断に迷うものは、いったん保留にし、まとめて箱へ。不要なものは処分します。

↓

Step3 しまう
いるものだけをジャンル分けして、わかりやすく収納。迷ったものは「3カ月使わなかったら処分する」など期間を決めて保管を。

大人の習慣も見直しのチャンス！

簡単ルールですっきり整理

大人の持ち物があちこちに散乱していたり、引き出しの中がぐちゃぐちゃでいつも探しものをしているようでは、「片づけなさい！」と言っても説得力がありません。子どもにとって片づけやすい収納は、大人にとっても使いやすいもの。これを機会に、収納だけでなく、毎日のすべきこともシンプルにしてみると、ママの気持ちもラクになるかも。

お片づけが得意な子に育てるための 5つのポイント

片づけ習慣を身につけるには、ムリなくできる収納システムが大事。大人の持ち物の整理整とんにも応用できるテクニックです。

1 物を持ちすぎず、適正量をキープ

たくさんのおもちゃを持っていても、お気に入りでよく遊ぶアイテムは限られているものです。おもちゃや洋服は成長に合わせてどんどんふえるので、遊ばなくなったもの、着られなくなったものはときどき整理して、すっきり収納に。

2 物の"おうち"をわかりやすくラベリング

物の定位置を決めることは、片づけの大原則です。定位置を決めたら、必ずそこに戻せるようにラベリングを。イラストや写真などでラベルをつくれば、子どもにもわかりやすく、パズル感覚で片づけられます。

中に入っているものの形をカッティングシートで手作りしても。

3 ワンアクションで完了する簡単収納に

子ども目線の収納のキーワードは「ワンアクション」。入れるだけ、引き出すだけの簡単ステップで出し入れできるように工夫して。中身が見えない扉つきの収納や、子どもの力では開けづらい重いふたつきボックスなどは避けたほうが無難。

4 こまかく分けすぎない

大人は「野菜のおもちゃはここ、調理器具のおもちゃはここ、食器類はここ」とジャンルごとに分けたくなりますが、子どもにとっては複雑。「おままごとセット」など、ざっくりとした分類のほうがわかりやすいのです。

5 使う場所に収納をつくる

リビングで遊ぶことが多いのに、おもちゃが子ども部屋にあったとしたら、片づけの大変度は一気に上昇！ 特に子どもに自分で片づけをしてほしいおもちゃや絵本などは、遊ぶ場所に収納場所をつくるのが基本です。

たくさんほめて、やる気をアップ!

トイレトレーニング

始めるのは

1才半ごろ〜

新生児期から使ってきたおむつもいよいよ卒業! 進め方を予習し、ゆったり始めて。

ゴールまで一直線でなくても あせらず、気長にとり組んで

トイレトレーニングを始めるには、脳の大脳皮質の発達が不可欠です（11ページ参照）。おしっこがたまっている感覚、排泄の感覚、たまったおしっこをがまんできる能力などが育っていないと、トレーニングを始めてもうまくいきません。失敗が続くと、親も子も疲れてイヤになってしまいます。また「何才になったから」「お友だちが始めたから」ということだけを理由にスタートすると、結果的にこじらせたり、思いのほか長引いてしまうことにもなりかねません。スタートのベストタイミングは、子どもによって違います。ほかの子より早い、遅いと一喜一憂するものではないことを心にとめておきましょう。

おしっこの間隔が2時間以上あいてきたら始めどき!

トレーニング開始の目安は、おしっこの間隔が2時間以上あくこと。おむつを替えてから2時間たってもぬれていなければ、トイレへ。座らせてみると、偶然におしっこが出ることもあります。その「出た!」経験をくり返して、子どもはおしっこが出る気持ちよさをつかんでいきます。

そして、最も重要なのは、ママとの信頼関係。失敗しても怒らず、じょうずにできたらたくさんほめて、子どもの気分をのせてあげて。おむつはずしには時間がかかって当然。「いつかはとれる」と信じて、楽しみながら進めましょう。かぜをひいたり、引っ越しをしたり、下の子が生まれたり、体調や環境の変化によって順調に進んでいたトレーニングが一転、うまくいかなくなってしまうこともあります。行きつ戻りつ、ときには休みながら、あせらず大らかにとり組みましょう。

いつごろ、どうなる?

子どもの発達とトレーニングの見通しチャート

延髄

反射をつかさどる部分。1才前くらいまでの赤ちゃんは、膀胱《ぼうこう》がいっぱいになったという情報が延髄に届くと、反射的に排尿。

大脳皮質

おしっこをしたいと感じ、おしっこを出せという指令を出す

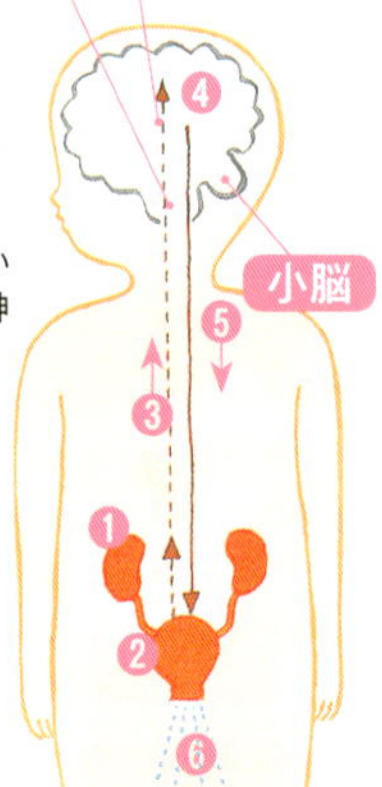

1 腎臓でおしっこがつくられる

2 おしっこが膀胱にたまる

3 膀胱がいっぱいになったという情報が、脊髄に中にある神経系を通って脳に伝わる

4 大脳がその情報を受けとり「おしっこをしたい」と感じる

5 大脳が「おしっこを出せ」という指令を出し、その情報が再び神経系を通って膀胱に伝わる

6 おしっこが出る

0才代

膀胱におしっこをためるのはまだむずかしい時期

生まれたての新生児は、まだ膀胱が小さく、おしっこは1日平均20〜25回とかなり頻繁。意思とは関係なく反射的に排泄します。生後10カ月くらいになると、ようやくおしっこを少しずつ膀胱にためておけるように。

親の働きかけは

この時期はまだ「トレーニング」というほどのことはできません。おむつがぬれていたらそのたびに替え、「おむつを替えると気持ちがいい」と教えてあげて。

1才代前半

少しずつおしっこをためておけるように

大脳皮質が発達していき、膀胱におしっこがたまる感じが少しずつわかるように。子どもによってはおしっこの前やおしっこをしているときに変な顔をするなど、「おしっこのサイン」が見られることも。

親の働きかけは

おむつをぬれたままにしないで、なるべく早く替えてあげましょう。間隔やタイミングなど、おしっこのリズムをなんとなくつかむようにするといいでしょう。

どのステップでも中断やあと戻りはつきもの。子どもの成長や変化を楽しむつもりでのんびり進めて。

基本のトレーニング4STEP

START STEP1 おしっこがたまっていそうなときに、おまる・トイレに誘う

起床後、食事のあと、外出や昼寝の前後など、これまでおむつ替えをしていたタイミングでおむつをチェック。ぬれていなければ子どもの様子を見ながら、おまるやトイレに誘って。「おしっこ出るかな?」「出たね」と声をかけ、おしっこする感覚を学ばせます。いやがったり、出ないようならムリせずあきらめましょう。この段階で誘うのは1日1～2回でOK。

そろそろ
おしっこ?

STEP2 おまるやトイレでおしっこする回数をふやしていく

1回でもおまるやトイレでおしっこすることができたら、誘う回数を徐々にふやします。タイミングを見はからって、「おしっこがたまっていそう」と思うたびにおまるやトイレに誘います。じょうずにできたら、たくさんほめて!まだできなくて当然なので、失敗してもしからず、くり返し誘いましょう。おしっこができる確率が50%くらいになるまで同じように続けます。

できた～!

STEP3 日中はおむつをはずして、パンツをはかせる

いよいよおむつからパンツへ移行。成功回数がふえてきたら、日中はおむつをはずして布パンツやトレーニングパンツをはかせてみましょう。おもらしをすることも多いですが、もらすことで気持ち悪さを実感し、おしっこの感覚を体感していきます。大切なことは、失敗してもしからないこと。ママの優しい対応と「おしっこ出たね」の声かけがポイントです。

いよいよ、
パンツ!

GOAL!! STEP4 自分から「おしっこ」と言ってくれるのを待つ

「おまるやトイレに座る」→「おしっこしてスッキリ!」という行為をくり返すことで、膀胱におしっこがたまる感覚を覚えていきます。自分から「おしっこ」と教えてくれるようになるのを待ちましょう。なかなか教えてくれない場合は、誘うタイミングをズラしてみて。おしっこが出る前に教えられるようになり、トイレでできるようになったらトレーニング完了!

ママ、
おしっこ

1才代後半

膀胱がグッと大きくなり、排尿の間隔が長くなる

1才代の後半になると、膀胱がぐんぐん大きくなってきます。その分おしっこも量をためておけるようになり、排尿の間隔が少しずつあくように。よく観察すると、しだいにその間隔が一定のリズムを持つようになるのがわかるかも。

親の働きかけは

排尿間隔が2時間ほどあくようになったら、おむつ替えのときにおまるに座らせてみても。おしっこがたまる感じと排尿と結びつけられる機会をつくって。

2才代

おしっこをしたい感覚が自分でわかるように

膀胱におしっこをためておけるようになり、「おしっこをしたい」という感覚が自分でもわかるように。排尿の感覚もはっきりわかってくる時期。トイレトレーニングをスタートする子どもが最も多い時期でもあります。

親の働きかけは

おしっこが出たことを子どもが教えてくれたら、たくさんほめてあげましょう。タイミングを見てトイレに誘ってみるなど、本格的にトレーニングを始めても。

3才代

自分からトイレに行けるようになる時期

トレーニングが進んでいる子も多い年齢。だんだん自分でトイレに行けるようになってきます。ただし、遊びに夢中になるとおもらしするなど、失敗することも。自尊心を傷つけるようなしかり方をしないことが大事です。

親の働きかけは

親がトイレに誘っている場合は、自分で「おしっこ」と教えてくれるのを待つようにしましょう。おむつがとれているお友だちの様子を見せるのもよい刺激に。

4才代

日中のおしっこは、ほぼトイレでできるように

4才を過ぎると、トレーニングを完了した子どもが多くなります。日中のおしっこはほぼトイレでできるように。ただし夜間のおしっこは別。夜の排尿をコントロールする体の機能が発達して、自然におむつがとれるのを待つことになります。

親の働きかけは

おねしょを防ぐために、夜中に起こしてトイレに連れていくのはNG。睡眠を妨げます。防水シーツを敷くなど、汚れてもいい工夫をして、体の機能の発達を待ちましょう。

0才代から準備!

トイレトレーニングをスムーズに進める6つのコツ

ストレスなくトイレトレーニングにとり組むために、知っておきたいポイントやコツをご紹介。親子で楽しみながら進めましょう。

出たね～

1 おむつはすぐにとり替えて「おしっこ出たね」と声をかける

おしっこをしたのがわかったら、おむつはすぐに替えましょう。おむつがいつもぬれていては、おしっこが出ている感じや、出た前後の感覚がつかみにくくなることも。低月齢のころから、おむつ替えのたびに「おしっこ出たね」「すっきりしたね」と声をかけて、排尿を意識させて。ポイントはおだやかに声をかけること。強い調子で言うと、子どもは悪いことをしたように感じてしまいます。

モゾモゾ～

2 おしっこのサインを覚えておく

子どもがおしっこをしたいときに見せるサインがわかっていれば、タイミングよくトイレに誘うことができます。落ち着きがなくなる。足をモジモジさせる、おむつをさわるなど、おしっこの前後の決まったしぐさをしていないか、様子をよく観察して。おしっこのサインを見逃さずにキャッチできるようにしておきましょう。

ウエストゴムのらくちんパンツ
上下セパレート

3 脱ぎ着がラクな洋服を選ぶ

せっかくトイレに誘っても、洋服を脱ぐのに時間がかかって失敗してしまってはやる気をそいでしまうことも。トレーニング中は、なるべく薄着にし、ウエストがゴムのズボンやスカートなど、すばやく脱ぎ着ができる服を選んで。チュニックなど丈が長い服も、おしっこでぬれやすいので避けたほうがベター。

おしっこ出たよ

4 おまるは前もって部屋に置いておく

おまるでトレーニングをする予定なら、スタートする少し前から、決めた場所に置いておきましょう。おむつをとり替えるときにちょっと座らせて、慣らしておくのもいいでしょう。ただし、おまるは遊ぶものではないので、おもちゃとは区別して扱うように注意して。

5 トイレを明るく楽しい雰囲気に

殺風景で狭いことが多いトイレに「場所見知り」するケースはよくあります。トイレでトレーニングをスタートするのなら、子どもになじみやすい雰囲気を心がけて。好きなキャラクターグッズを置いたり、かわいいポスターを貼ったりして、楽しくトレーニングできるように準備しましょう。

6 絵本などでイメージトレーニング

トイレがテーマの絵本でイメージをふくらませるのもよい方法。ただし、読み聞かせのときに主人公をしつこくほめたり、「○○ちゃんもがんばろう」と言い聞かせるのはNG。プレッシャーを感じとり、子どもが絵本を嫌いになってしまうことも。絵本はあくまでも楽しむもの、という前提を忘れないで。

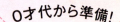

こんなときどうする?

トイレトレーニングQ&A

Q おまるからトイレに移行するには?

A トイレは気持ちいい場所だということを教えて

まずはトイレという場所になじませることから始めます。トイレはこわくない、気持ちのいい場所なんだと思えるようにしてあげましょう。好きなキャラクターなどで、トイレを楽しい雰囲気に飾るのもおすすめ。また、子どもはまねをするのが大好きなので、ママがトイレでするのを見せてあげるのもいい方法です。おまるをトイレに置いて、好きなほうでやらせてみるのも◎。そうしているうちに、いつの間にかトイレでできるようになります。

Q 夜のおしっこはどうする?

A 年齢が進むに従って、自然に卒業します

夜のおしっこは、昼間のようにトレーニングはできないし、トレーニングしたからといってなくなるものでもありません。おねしょは、子どもの能力や親のしつけとは関係なく、純粋に生理的な問題です。3才代では、毎晩おねしょをする子どもは約2割、ときどきする子は半分もいます。それが5~6才までに、約97%が朝までおしっこをしないですむように。夜のおしっこは、年齢が進むに従って自立していくものなのです。

Q おまるやトイレットペーパーで遊んでしまう

A 遊びだしたら、すぐに切り上げて

子どもの集中力は長く続きません。2~3分もたつと、遊びに気をとられて尿意がどこかにいってしまいます。遊びだしたら、「ここはおしっこするところだよ」と説明し、切り上げて。トイレットペーパーは子どもが好きないたずらアイテム。少しは大目に見てもいいでしょう。ただ、大量に引き出してしまうなら、おもちゃではないことをくり返し教えて。

Q 失敗が続くとついしかってしまう

A 「いつかははずれる!」と気長にかまえて

子どものしつけの中で、しかることが有効な場面はごく限られています。トイレトレーニングでは、しからなければならないシーンはまったくありません。失敗が続くときは、トイレに誘うタイミングなど、トレーニングのやり方を見直してみましょう。ママがイライラしてしまうようなら、無理せず練習を休んでしばらくたってから再開するといいでしょう。

Q 男の子に立ちションを教えるのはいつごろ?

A トイレトレーニングが完了してから

男の子に立ちションを教えるのは、トイレトレーニングがひととおり完了してからでかまいません。年齢の目安は3才くらい。自分でおちんちんを持って、ねらいを定めておしっこをするのはなかなかむずかしいことです。はじめはズボンもパンツも全部脱いで練習、次はひざまでおろして、と徐々にステップアップしていきます。最終的には小学校入学前くらいに、おしりを出さなくてもファスナーからおちんちんを出しておしっこができるようになるのを目標にすればいいですね。

Q うんちのトレーニングはどう進める?

A 朝食のあとに誘うのが効果的!

食事をすると胃や腸の働きが活発になり、うんちがどんどん送られてきます。特に、朝食のあとはうんちがいちばん出やすいタイミング。長い睡眠のあとの食事で、胃や腸の働きがとても活発になるからです。朝食のあとにトイレやおまるに誘うと成功率も高く、うんちを習慣化させるという点からもおすすめです。1才前後になると、1日のうんちの回数がだいたい1~2回程度になってきます。個人差があるので、子どものうんちを見ながら誘ってあげて。

脳と心の成長にいいこといっぱい！

COLUMN

“暮らし力”を育てる茶々保育園に学ぶ

子どもを伸ばすお手伝い

お手伝いはさせたいけれど、ママが自分でやったほうが早いというのも本音。ママがイライラせず、うまく手伝わせるコツを探ります！

大人が作業を細分化し、失敗に備えてから始めて

茶々保育園は、「暮らしのしぐさを教える」ことを大事にしている保育園。とはいえ、先生たちが「しつけ」らしき声かけをしているかといえば、そうではありません。

「大人にとって、家事は『労働』や『義務』かもしれません。でも、子どもにとっては興味津々の新しい体験。遊びと同じところにあるものです。おもちゃを使って遊ぶことも楽しいけれど、人形や積み木をおうちに返すお片づけも楽しい。水遊びがおもしろいのと同じように、タオルをたらいでザブザブ洗ってしぼって干すことも楽しい。こんなふうに家事を楽しめる子は、すぐにじょうずになるし、お手伝いも大好きです」

親子で楽しみながらのお手伝いができるかは、事前の準備にかかっています。ポイントは、お手伝いの流れを細分化してシミュレーションすること。どんな道具が必要で、どんな失敗がありうるかなどを予測し、準備しましょう。そして、ママがゆっくり手本を見せてまねさせるのです。子どもは耳で聞くよりも、目で見たほうが覚えやすいもの。失敗しそうなところでは、目を合わせて「わかった?」と小声で確認を。大声で何度も言うより、アイコンタクトとちょっとした声かけが効果的です。

小さな子どもなら、遊びの中に家事に結びつく作業をとり入れることもおすすめです。

「たとえば画用紙に描いた野菜をはさみで切って、ボウルでまぜてサラダを作る遊びをしたあとに、夕食に本物のサラダを作ってもらうのも楽しいですね。大人のまねが大好きな子どもたちは、遊びの中で自然に家事の手順を覚えていきます」

あすみ福祉会　茶々保育園

茶の栽培が盛んな埼玉県入間市にある私立保育園。「おばあちゃんのまなざし」を持つことを保育目標に掲げ、遊びの中で生活力をはぐくんでいる。首都圏を中心に9つの姉妹園を開園。
http://www.chacha.or.jp/

Advice

茶々保育園園長
海沼和代さん

保育歴30年のベテラン保育士。一人一人にあたたかなまなざしを注ぎながら、大らかな笑顔で園をまとめる園長先生。2人の子どもを働きながら育て上げた、大先輩ママでもある。

あすみ福祉会理事
迫田圭子さん

1979年茶々保育園設立後、園長として18年間保育に携わる。96年より立正大学社会福祉学部で保育士養成の教鞭をとり、2007年に同大学教授。13年3月に退職し、再び「保育士の圭子さん」として現場に復帰。

こんなときどうする？

お手伝い Q&A

Q ハラハラして、つい親が手を出してしまいます

A 見守りながらも、あれこれ口をはさまないで

困った様子のときには、小声でアドバイスを。こぼした、落とした、ひっくり返したなどの失敗は、そのつど大人もいっしょに対処しましょう。大声でしかるのは厳禁。失敗のとり返し方を教えるのも大切です。

Q 上の子と同じ手伝いをしたがり、いつもケンカに

A 上の子を先生役にしてみては？

年上の子が年下の子に教えるほうが、大人から習うより意外と素直に聞くもの。「下の子にはムリ」と思うことでも、少しだけやらせてみて、失敗しても「やっぱりむずかしかったね。少し大きくなったらまた挑戦しよう」でいいと思います。

Q お手伝いにはお駄賃をあげたほうがいい？

A 生活の中のひとコマですから、お金は不要

お手伝いも生活のひとつの場面にすぎません。金銭にかえることをあたりまえにしてほしくないですね。「お部屋がスッキリしたら気持ちいい」「最後にハンドクリームを塗ってもらった」などの小さなことを喜べる子にしてください。

Q お手伝いのやる気を出させるには？

A ちょっとした喜びを共有しましょう

料理の最後に、「作った人の特別の味見」があったり、洗い物のあとに香りのいいハンドクリームを塗ってあげたり、片づいたお部屋でごろんと寝転がったり。こんな小さな「うれしい」は、ほめられること以上の満足感に。ほめるときには大げさでなく、小声で「さすが！」がいいですね。

「遊び」と「仕事」を分けたがるのは大人だけ。

「他人も自分も心地いい」という満足感を学んで

茶々保育園では、赤ちゃん期から「おむつを替えてもらってスッキリ！」「ベタベタの手や顔をふいたら気持ちがいい」といった体験の積み重ねを大切にしているそう。それが、もう少し大きくなったときのお手伝いにも結びつく、というのです。

「お手伝いがじょうずになる大前提として、『自分のことを自分でできると気持ちがいい』と実感できていることが大事です。3才くらいまでに『手を洗ってさっぱり』とか『靴をきれいに並べると、玄関がすっきりする！』ということを知っていれば、その子にとって満足できるゴールに。お手伝いを頼まれたときも、そのゴールを目ざして体が動くのです。そうした積み重ねによって、たとえば料理のお手伝いをするときも、野菜を切っただけで満足して終わりではなく、野菜くずを捨てて、まな板を洗い、手をふくところまでできる子になっていくのです」

お手伝いは、「ここだけできればいい」という部分的なものではなく、生活そのものをちゃんと回せる人になるための大切な練習になるもの。そう考えると、たとえば「テーブルをふいてね」とふきんを渡すだけでは、ママの働きかけはふじゅうぶん。ふきんをぬらしてテーブルをふき、使い終わったら洗ってしぼって、干すところまで、きちんとお手本を見せて流れを教えていくことが大切です。そして、テーブルもふきんもきれいになったら、子どももいっしょに「気持ちいいね」と喜びを共有しましょう。ママの笑顔を見ることで、お手伝いで自分も、周りの人も幸せな気持ちになる、という満足感が心にしっかり記憶されていくのです。

炊飯の準備をする園児たち。米粒をこぼさないようにとぎ、目盛りまで水を注ぎます。片づけまで一貫して子どもたちが担当。

子どもが楽しくできるお手伝い6

楽しみながら生活力をつけることができる茶々保育園流お手伝い、おうちでも実践してみましょう！　子どもに好きなお手伝いを選ばせてもいいですね。

たたむ

しっかり広げて角と角をぴったんこ

洗濯物や脱いだ洋服、上着など、こまめにたたむ習慣をつけたいものです。教えたいのは、「角と角がぴったんこ」の気持ちよさ。最初に角が合うことで、そこから先もきれいにたためます。まずはタオルをきれいにたたむ練習をしてから、Tシャツなどにステップアップ。一度きれいに広げてから、角と角を合わせるように教えましょう。

3才ごろから

折り紙がじょうずになったら、たたむお手伝いスタート。目安は3才ですが、洋服など複雑な形のものはもう少し大きくなってから。

Tシャツがたためるようになれば、カッパなど複雑な形のものも。

テーブルクロスやシーツなど大きなものは、2人1組でたたみます。

洗濯

洗濯機ではなく自分のものを自分の手で

家族全員の洗濯物は量が多く、途中で飽きてしまうので、まずは子ども用のタオルや靴下など1～2点を手洗いさせましょう。洗ってすすいでしぼったら、パンパンとたたいてシワを伸ばし、ピンチハンガーで干す。乾いたらとり込んでたたんでしまう。この一連の流れを体験させると「洗濯かごに入れたものがタンスに戻るまで」を実感できます。

3才ごろから

洗濯バサミなどをじょうずに使えるのは、4～5才ごろから。2～3才ごろから、ママのまねっこからスタート。

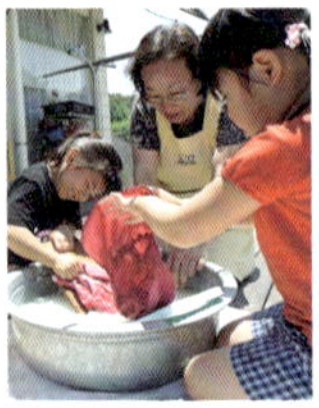

茶々保育園ではタライと固形石けんを使って洗濯をします。

干す位置は子どもの目の高さに。お手伝いさせる場合、道具の位置も大切。

そうじ

清潔は気持ちいい！その感覚を育てて

掃除機ではなく、ほうきとちりとり、そしてぞうきんの使い方を教えましょう。ほうきとちりとりは、子どもの手や身長に合うものを100円ショップなどで探して。ぞうきんも、子どもの手に合うサイズにします。これらのいいところは、実際の汚れが目に見えるところ。ぞうきんを裏返して「こんなに真っ黒！」と見せると、最初はびっくりしますよ。

2～3才ごろから

2～3才なら、ほうきを使って折り紙で作った「ゴミ」を集める遊びにチャレンジ。ぞうきんがけは4才ごろから。

ぞうきんがけは、腰で体をコントロールする力を育てます。

集めたゴミをていねいにちりとりへ。しっかり腰を落として集めます。

野菜を育てる

いっしょに育ててしっかり食べる

トマト、いんげん、きゅうりなど、ベランダでも育てられる野菜はたくさんあります。苗を買うところから子どもの意見をとり入れ、毎日の水やりは子どもの仕事に。実がなったら収穫して、お料理も手伝ってもらいましょう。野菜が苦手な子でも喜んで食べますよ。また「ほかの野菜もだれかが大事に育てたんだ」と、食卓の背景を考えるきっかけにもなります。

2才ごろから

2～3才からでも大丈夫。子どもの手に合う小さいじょうろを用意し、水はママがくむなど、むずかしいところは手伝ってあげて。

3才児の水やりは先生といっしょ。4～5才は子どもだけで水やりをします。

年中さんが育てたきゅうりを収穫。手作りみそをつけて食べました。

配膳

よそうときは、あとの人のことも考えて

はしや皿、でき上がった料理を運ばせている家庭は多いようですが、盛りつけも子どもにやらせてみては？　盛りつけをすることで、「だれかにたくさんよそうと、あとの人が困る」「決まった量を分け合う」という配慮の気持ちも育ちます。子どもが作業しやすい高さのテーブルを使い、こぼしてもすぐふけるような準備をしたいものです。

3才ごろから

はしなどの配膳は3才ごろから。4～5才になったら、ごはんやみそ汁の盛りつけをさせてみましょう。テレビは消して、集中させて。

茶々保育園はバイキング給食。4～5才の子は、自分で食べられる量を自分でよそいます。

とれたてのきゅうりを配膳。「どうぞ」のひと言を添えて。

料理

一つの作業を最後までお願いする

子どもは料理が大好きですが、何でもやらせるのではなく、「今日はトウモロコシの皮むきをお願い」といったふうに、決めたことを責任を持ってやらせるようにしましょう。下に新聞紙を敷き、皮はゴミ袋へ、トウモロコシはざるに入れるといった一連の流れを最後までできたら「ありがとう」。包丁や火を使うときは、大人が必ずそばで見守って。

3才ごろから

3才なら、そら豆やトウモロコシの皮むきや、ゆでたポテトやかぼちゃをつぶしてもらいましょう。4～5才ならお米とぎや野菜切りなどを。

そら豆の皮をむく3才児。次々に出てくる豆をゆっくりていねいにとり出します。

すりばちでごまをする年長さん。ごまっていいにおいだね！

PART

4

おいしく食べて、スクスク元気に大きくなあれ！

頭のいい子が育つ食事

脳と体も大きく育つためには、
離乳食期から成長に必要な栄養素を
しっかりとりましょう。
毎日の食事が脳と体の成長を促します。

[材料の分量について]

- 小さじ1は5㎖、大さじ1は15㎖、1カップは200㎖です。
- 電子レンジの加熱時間は500Wの場合の目安です。機種によって加減してください。
- 分量はすべて可食部（種、皮、骨などをとり除いた正味量）です。
- 「BF」はベビーフードの略です。
- 離乳食の材料は特に表記のない場合は1回分ですが、食べさせる分量はお子さんの食欲や体調に合わせて加減してください。
- 幼児食の材料は大人といっしょのものを食べられるようになるので、作りやすい分量をご提案しています。

脳も体もグングン育つ食事のポイント5

成長に応じた栄養素をとることが、かしこい脳をつくります。脳を育てる食事のキホンを押さえましょう。

脳の成長はママのおなかにいるときから

生まれたときに大人の25%ほどしかない脳の重量は、離乳食完了の1才半ごろになると70～80%、5～6才ごろにはほぼ同じに成長し、脳の基本構造が完成します。また、神経細胞をつなげる脳内の「シナプス」は、妊娠中期から1才ごろまでにものすごい勢いでふえ続けます。このシナプスがふえることで、思考力、判断力、記憶力、などの高度な知的活動ができるようになります。

つまり、お母さんのおなかの中にいるころから幼児期の間に脳の容量や構造、働きが目覚ましく発達するのです。この時期に炭水化物、タンパク質、脂質、ビタミン・ミネラルの5大栄養素をバランスよくとり、脳に必要な栄養をとることが重要です。

また、規則正しい食事習慣を身につけることも大切です。3回食になるころまでに決まった食事時間に食べられるようリズムをつくっていきましょう。また、食事には、精神的な安らぎを得て心を強くする、という大きな力があります。家族でいっしょに楽しく食事をとる、「おいしい!」という気持ちを共有することで、脳にたっぷりの幸福感を与えてあげましょう。

Point 1 規則正しい食事習慣を!

食べることに慣れてきたら、食事時間を決めていきましょう。「食べる」という刺激を規則正しくくり返すことで、空腹と満腹がコントロールできるようになります。食事時間が乱れると、生活リズムがくずれて睡眠時間にも影響を及ぼします。幼児の夜の平均睡眠時間（昼寝を除く）は、10～12時間程度必要です。寝ている間に成長ホルモンが盛んに分泌され、体と脳が発達します。そして、昼間は外に出て元気に体を動かすことも重要です。適度な疲労により、おなかがすいて、よく食べてぐっすり眠るという、よい流れができます。

Point 2 基本の栄養素をバランスよくとる!

健康な体と脳をはぐくむには、5大栄養素である「炭水化物」「タンパク質」「脂質」「ビタミン」「ミネラル」をバランスよく食事にとり入れることが不可欠。脳のエネルギー源となる炭水化物をしっかりとること。また、脳は約60%が脂質、約40%がタンパク質でできています。これらの代謝に役立つビタミン・ミネラルも欠かせません。

炭水化物　タンパク質　脂質　ビタミン　ミネラル

Point 3 献立に魚をとり入れてDHAを摂取する!

DHAが たっぷり!

魚には良質な脂質であるDHAが豊富に含まれています。DHAは、脳を活性化する脂肪酸として注目を集めています。主に、あじやさんま、さばなどの青背魚に多く含まれています。青背魚はカミカミ期(9〜11カ月ごろ)以降から。

また、魚種を問わず、魚には良質なタンパク質や、脳の疲れをとるタウリンも豊富です。献立に魚料理を積極的にとり入れて脳をグングン育てましょう。

あじ
いわし
さんま
さば
さわら
ぶり

Point 4 脳のエネルギー源 ブドウ糖をとる!

うどん
オートミール
ごはん
食パン
フランスパン
パスタ

生後数カ月ごろまでは、体の全エネルギー消費量の約半分が脳で使われます。しかし、脳はエネルギー源となるブドウ糖(炭水化物)をストックすることができないので、常に補給しなくてはなりません。離乳食期から主食には、消化吸収がゆるやかで、長時間、脳にエネルギーを供給できる炭水化物(ごはん、パン、うどんなど)をとりましょう。炭水化物が不足すると、脳に栄養が届かなくなり、思考力、集中力などが低下してしまいます。

Point 5 鉄分不足に気をつける!

鉄分は生後6カ月ごろまでは、母乳やミルクから摂取できるので不足することはほとんどありません。しかし、9〜11カ月以降になると、発育のスピードが増し、鉄の必要量が急増します。母乳中の鉄分は減少し、離乳食からとれる鉄分が不足すると「鉄欠乏性貧血」になるおそれがあります。

鉄分は脳の記憶・学習能力の発達に欠かせなく、長期間、鉄分が極端に不足すると知能の発達に影響が出るおそれもあります。鉄分を不足させないためにも、体への吸収率がよい、赤身の肉や魚など動物性タンパク質をしっかりとりましょう。

鉄分が豊富なおすすめ食材
レバー
納豆
ほうれんそう
牛赤身肉
ひじき

“かしこい脳”は離乳食期から養う

脳の発達に大きく影響する食事。離乳食で実践したい育脳ポイントをご紹介します。

赤ちゃんの消化能力やかむ力の発達に合わせて

ママのおっぱいやミルクだけを飲んでいた赤ちゃんは、5カ月を過ぎたころから、離乳食をスタートさせます。最初は液体に近いものから始めて、飲み込めるようになるに従って固形にしていきます。

個人差もありますが、スタートは5～6カ月ごろ、完了は1才～1才半ごろが目安。ゴックン、モグモグ、カミカミ、パクパクの4期に分けて考えます。ゴックン期のころは、栄養の8～9割がおっぱいやミルクですが、カミカミ期以降は食事からの栄養が主になり、栄養バランスに注意しなくてはなりません。パクパク期になると、多くの子が卒乳します。赤ちゃんの消化能力やかむ力に合わせて、食材のかたさや大きさ、種類や量をふやしていきましょう。

赤ちゃんの体は、食べ物を消化吸収する小腸の粘膜が未発達なうえに、消化酵素の分泌もふじゅうぶん。また、免疫機能も弱いので、病原体やウイルスなどに対する抵抗力が弱く、少しの細菌で食中毒を起こしたりするので注意が必要です。体の機能は成長とともに発達しますが、大人とほぼ同じレベルになるのは8才ごろ。発達に合った食事をとることがとても大切なのです。

脳も体も機能が整うのは8才ぐらい

肝臓の解毒機能も整う
腎臓の機能がようやく完成
やっと生もの解禁!?
油断は禁物！まだまだ「幼児食」の時期
好き嫌いが多いころ
さまざまな消化酵素の分泌が大人に近づくころ
小腸が発達＋1才半ごろから食物アレルギー症状も一段落することが多い
免疫機能がふじゅうぶん
消化酵素がふじゅうぶん
腸内細菌が未発達
身長
130cm
100cm
50cm
27kg
24kg
21kg
19kg
15～16kg
13～14kg
12kg
9kg
3kg
体重
8才
7才
6才
5才
4才
3才
2才
1才
0才
年齢

しっかりかんで脳に刺激を

食べ物をよくかんで味わうことを「咀嚼《そしゃく》」といいますが、咀嚼することで、あごや味覚、発音、ひいては脳までも発達させるといわれています。かむことで舌の味蕾《みらい》が刺激され、甘さやすっぱさなどの味の信号が脳を目覚めさせる効果もあるようです。その咀嚼力こそが脳の活性化につながります。もちろん、よくかんで食べると消化がよくなり、食事の満足感も得られます。

しかし、咀嚼力は自然と育つわけではなく、発達に応じた離乳食で練習しないと身につきません。前歯でかみ切り、奥歯でかみくだき、だ液とまぜて飲み込む。大人にとっては簡単なことですが、赤ちゃんは歯が生えそろっていないうえ、舌や口の動きも未熟。そのため、かたさの合わない離乳食は、じょうずにかめず丸飲みする原因になります。赤ちゃんの口がしっかり動いていることを観察して、ゴックンと飲み込んだか確認しましょう。

かむ練習で大切なことは、スプーンをじょうずに口の中に入れて舌の上にのせ、赤ちゃんがしっかり口を閉じたらスプーンを抜くこと。また、手づかみ食べが始まったら、じゅうぶんにさせることです。

離乳食のかたさ・形状の目安

パクパク期
1才～1才6カ月

食べやすい大きさに

育脳Point

かむ力を鍛える

歯が生えそろっていなくても大丈夫。歯ぐきがかたくなってくるので、食べたものをかみつぶす力も増してきます。奥歯が生え始めるころでもあるので、しっかりかみつぶせるようになっていきます。

❶手づかみ食べがじょうずになるので、じゅうぶんにさせる
❷スプーンを使った食べ方を覚えさせる

1日3回＋おやつ1～2回

合いびき肉、さば、いか、たこなどもOKに。野菜、きのこ類、海藻類、果物はほぼOKに。

カミカミ期
9～11カ月

コロコロ あらみじん切り

育脳Point

手づかみ食べで刺激する

「食べたい」という意識がどんどん芽生えます。五感を刺激する手づかみ食べで脳を活性化しましょう。つかみやすい大きさや形のものを用意するといいでしょう。ひとりで食べる基礎ができます。

❶自分で食べ物を持って前歯でかじりとらせる
❷口が左右に動くのを確認

1日3回

牛や豚赤身肉、鶏もも肉、さんま、いわしなどが食べられるように! 鉄分不足に注意!

モグモグ期
7～8カ月

つぶつぶ みじん切り

育脳Point

魚を食べ始めよう

まだ母乳やミルクの割合が多いですが、良質な脂質であるDHAを含むまぐろや鮭も食べられるようになります。カルシウムやタウリンもとれるので、魚を積極的にとり入れましょう。

❶スプーンを下くちびるにのせる
❷口を閉じたらスプーンを引き抜く
❸口を動かすのを確認

1日2回

鶏ささ身肉、赤魚(鮭、まぐろ、かつおなど)、卵黄を少量ずつ加えてOK。

ゴックン期
5～6カ月

トロトロ 裏ごし

育脳Point

母乳からDHAを摂取

この時期は、まだ主にママの母乳やミルクから栄養をとります。授乳しているママは、DHAや鉄分、カルシウムが豊富な食材を毎日の食事でとるように心がけましょう。

❶スプーンで軽く下くちびるにふれる
❷スプーンを水平に置く
❸上くちびるでとり込むのを確認する
❹スプーンを水平に引き抜く

1日1回

スタートは消化吸収がいい米がゆから。いも類やバナナもOK。1週間ほどで野菜を加え、2週間後には豆腐や白身魚を。

母乳・ミルクとのバランス

	パクパク期	カミカミ期	モグモグ期	ゴックン期
前半 母乳・ミルク	25%	35～40%	70%	90%
前半 離乳食	75%	60～65%	30%	10%
後半 母乳・ミルク	20%	30%	60%	80%
後半 離乳食	80%	70%	40%	20%

五感で脳を刺激!

実践! 脳の働きをよくする手づかみ食べ

カミカミ期ごろから始められる手づかみ食べで、赤ちゃんの脳をどんどん刺激しましょう。

目→手→口の順で脳が活性化

赤ちゃんが手づかみ食べを始めるのは、9～10カ月ごろ(カミカミ期)。この手づかみ食べの動作は、赤ちゃんの脳をフル回転させています。

まず、目で見た食べ物を脳が食べたいと感じ、手を伸ばしてつかみ、口へ運ぶ。これは目と手と口を協調させた高度な行動。くり返し経験することで、手指の機能だけでなく、身体感覚が発達し、脳が刺激され、鍛えられていきます。

赤ちゃんは4カ月ごろから、じょうずに物をつかめるようになり、6カ月ごろになると、意図して物をつかむようになります。手づかみ食べができるころには、つかんだものを口に運ぶ動作も上達してきます。最初のうちはうまくできずに、握りつぶしたり、こね回すこともありますが、これも学習。

1才半ごろまでじゅうぶんに手づかみ食べをさせると、「自分で食べる」という基礎ができ、目→手→口を連動させてスプーンなどの道具をじょうずに使えるようになります。「汚れるから大変!」といって、大人が一方的に食べさせていると、脳を刺激するせっかくのチャンスをのがしてしまいます。手づかみ食べは発達段階の一つ。毎日の食事でぜひ脳を育ててあげましょう。

Step 1 見る

食べ物を見た赤ちゃんは五感をフルに活動させています。食べ物の色や形、におい、手でさわった感触、食感、食べているときの音の振動など、食べる一連の動作が脳への刺激になります。食べることへの興味がわいて、手を伸ばそうとします。

Step 2 つかむ・つまむ

個人差はありますが、9カ月を過ぎるとねらったものを手全体でわしづかみにしたり、親指と人さし指ではさんで持てるようになります。しだいに、力の加減ができるようになり、スティック状のものなどを親指と人さし指でつまむことができるようになります。

Step 3 食べる

つかんだものをうまくコントロールして、口に運ぶことができるようになるのは9カ月くらいから。慣れないうちは、どんどん食べ物を口に押し込んでオエッとなることも。しだいに加減ができるようになります。1才くらいからは、前歯でかじりとることも覚えさせましょう。

見たまんま作れる！

手づかみ食べレシピ

カミカミ期 9〜11カ月ごろ

つまみやすい大きさにカット

パクパク期 1才〜1才6カ月ごろ

かみ切りにくい“のり”は1cm角くらいで

のりではさんでカンタン！

チョキチョキおにぎらず

作り方

カミカミ期 パクパク期

1 ごはん（カミカミ期は軟飯）に、納豆、かぶの葉、削り節をまぜ合わせる。

2 のりは半分に切り、1を広げる。

3 残りののりをかぶせ、手で軽く押さえて落ち着かせる。

4 キッチンばさみで1cm大に切る。

下ごしらえ

かぶの葉はゆでてこまかく刻み、水分をギュッとしぼっておく。

パクパク期の材料

ごはん……80g（子ども茶わん八分目）
ひき割り納豆……15g（大さじ1）
かぶの葉……10g
削り節……3g（1袋）
焼きのり……1枚

カミカミ期は ごはん→軟飯80g（子ども茶わん八分目）

※軟飯は、ごはん1：水2、または米1：水3の割合で炊いたものです。

手づかみ調理基本テクニック

お焼きにする

ひき肉のハンバーグ、軟飯のお焼き、お好み焼きなど、小さく焼けば手づかみメニューに。カリカリ感や香ばしさもアップして、目先が変わります。

丸める

かぼちゃやいも類の茶巾、ミニおにぎりなど。豆腐も水けをきって丸めるとつかみやすくてGood。丸飲みしないよう、何口かで食べる大きさに。

平たい棒状に

ごはんやマッシュしたさつまいもなどを、前歯でかじりとれる、赤ちゃんせんべいのような形状にしてお焼きに。前歯でかじり、自分で食べられる練習を。

はさむ

ペースト状の野菜、肉、魚はパンにはさむと、赤ちゃんの手や周りが汚れにくいので◎。二つ折りでサンドしたり、かわいく型抜きしてあげても。

さらなる
脳の活性化

脳も体も急成長する幼児食のポイント

離乳食が完了したら幼児食へ。 脳も体もぐんぐん成長するこの時期には、 多くのエネルギーと栄養が必要です。

必要摂取カロリーは思っている以上に多い

子どもは、大人に比べて体が小さいわりに、エネルギー、タンパク質、カルシウムなどの栄養素を多く必要とします。特に、乳幼児期は著しく成長する時期です。体重の増加で見ると満1才で出生時の3倍、4才で5倍、6才では約7倍にもなります。脳の重量も1才で約2倍、3才で約3倍、4~5才ですでに大人の90%に達するといわれています。

また、活発に動き回り、運動量がふえるため、大量のエネルギーを消費します。そのため、体重1kgあたりのエネルギーとタンパク質は大人の約2倍、ビタミン・ミネラルは3倍も必要になっていきます。

幼児食も離乳食同様、栄養バランスのよい献立を考えなくてはなりません。食べられる食材もふえてきますので、5大栄養素をバランスよくとり入れましょう。また、好き嫌いがハッキリしてくるので、偏った食嗜好を身につけないように、子どもが好きなお皿に盛るなどして、食べる楽しさ、おいしさをいっしょに楽しむ工夫をしてみましょう。

食べる量は個人差があります。食べないからといって過剰に心配せず、様子を見ながら少しずつ食べる量をコントロールしていきましょう。

1日に必要なエネルギー量

（身体活動レベルⅡ）

	1～2才	3～5才	6～7才
男の子	950 kcal	1300 kcal	1550 kcal
女の子	900 kcal	1250 kcal	1450 kcal

「日本人の食事摂取基準（2015年版）」より／厚生労働省

3回の食事で補いきれない栄養はおやつで

幼児の胃の容積はまだ小さく、3回の食事だけでは必要量がとれません。食事だけで足りないエネルギーや栄養はおやつ（間食）で補う必要があります。1日の総摂取量の10～20％をおやつでとりましょう。1～2才では、100～150kcal、3才以上では200kcal前後です。

牛乳やヨーグルトでカルシウムを、果物でビタミンを。いも類、シリアル、小さいおにぎりなどは、エネルギー源になるので、疲れやすい子には特におすすめです。

日常的にはおすすめしません！
NGおやつ

甘いお菓子は特別な日に

チョコレートやケーキなどは、日々のおやつとしてはNG。虫歯の原因にもなります。また、ナッツ類は誤嚥《ごえん》のおそれがあるので要注意。。

1日にとりたい食品と分量の目安 (1人1日あたりの重量＝g)

＼ 何をどのくらい食べさせればいいのか目安にしてみましょう。／

1〜2才

エネルギー源

ごはん

1食

子ども茶わん約1杯

- 子ども茶わん約1杯
- パンなら8枚切り1枚
- うどんなら1/2玉

※1日3食、1食につき、ごはん、パン、うどんなどを自由に組み合わせる。

穀類 100〜110g

じゃがいも

片手にのるくらい

●じゃがいも1/2個

いも類 50g

タンパク質・脂質

タンパク質

両手にのるくらい

合計110〜130g

【例】

●肉…薄切り肉1と1/3

●魚…切り身1/3切れ

●卵…Mサイズ1/2個分

●豆腐…1/10丁

肉類・魚介類 50〜60g

卵類 30g

大豆・豆製品 35〜40g

乳製品

牛乳

子ども用コップ約1〜2杯

※子ども用コップは約150mℓぐらいで考える。

合計250g

【例】

●牛乳(子ども用コップ)1〜2杯

●ベビーチーズ1個

乳製品 250g

ビタミン・ミネラル

緑黄色野菜

両手にのるくらい

合計60g

【例】

●ほうれんそう…大1株

●にんじん…輪切り1枚

●ミニトマト1個

●ブロッコリー…小房1個

※野菜の1/3以上は緑黄色野菜をとる。

淡色野菜・きのこ類・海藻類

両手2杯分くらい

野菜類・きのこ類・海藻類 180g

合計120g

【例】

●キャベツ…18cm角1枚

●きゅうり…1cm厚さの斜め切り2切れ

●ねぎ…4cm

●大根…1cm厚さのいちょう切り1枚

●玉ねぎ…2cm幅のくし形切り1切れ

●しめじ…小房1房

●わかめ(乾燥)…1g(もどして3g)

果物

両手にのるくらい

果物類 100g

合計100g

【例】

●バナナ…1/2本

●いちご…2〜3個

3〜5才

- エネルギー源：穀類 150〜170g／いも類 60g
- タンパク質・脂質：肉類・魚介類 60g／大豆・豆製品 60g／卵類 30g／乳製品 250g
- ビタミン・ミネラル：野菜類・きのこ類・海藻類 240g／果物類 150g

6〜7才

- エネルギー源：穀類 180〜200g／いも類 60g
- タンパク質・脂質：肉類・魚介類 80g／大豆・豆製品 60g／卵類 50g／乳製品 250〜300g
- ビタミン・ミネラル：野菜類・きのこ類・海藻類 270g／果物類 150g

※写真は3才の子どもの手に実際の目安量をのせています。

出典:「食品成分表2016年版」より

4つの食品群の年齢別・性別・身体活動レベル別食品構成(女子栄養大学出版部)

魚のDHAでさらにかしこい脳を育てる

魚に含まれる良質の脂質DHAこそ、乳幼児期にたっぷりとりたい栄養素。毎日の献立に魚料理をとり入れましょう。

脳を育てるDHAは食事からしか摂取できない

魚に多く含まれ良質な脂質であるDHA(ドコサヘキサエン酸)とEPA(エイコサペンタエン酸)は、必須脂肪酸といわれ、体内でつくることができないため、食事から摂取する必要があります。

特に、育脳栄養素といわれ、脳を活性化するDHAは、脳の神経細胞の主な成分となり、記憶力や学習能力を高める働きがあるため、乳幼児期にたくさんとりたい栄養素なのです。

赤ちゃんの脳は、ママのおなかの中にいるときから急速に成長しています。妊娠中は胎盤を介して、授乳中は母乳からDHAを摂取しています。ですから、DHAは、妊娠中から積極的にとりたい栄養素なのです。また、脳が形成されるころからDHAをとることで、脳にDHAが集まりやすくなると考えられています。

食事から摂取した脂質は、体の中でさまざまな脂肪酸に変換され、脳や細胞膜に届きます。記憶力や学習能力をつかさどる海馬にDHAが集まると、脳が活性化するといわれています。

このようにDHAは、脳の発達に深くかかわる重要な栄養素なのです。

どんな魚を食べるのが効果的?

DHAは、まぐろや鮭、ぶり、あじ、さんま、さばなどの青背魚に多く含まれています。ただし、魚の種類によって含有量が異なるので、効率よくとるためには魚の種類を選ぶこともポイント。離乳食期は食べられる魚の種類が少ないので、あせらずゆっくりでも大丈夫。

また、魚には良質なタンパク質、骨や歯をつくるカルシウム、骨を強くするビタミンDなど、成長期に欠かせない多くの栄養素も含まれているので、魚料理を献立にとり入れるように意識しましょう。

ただし、一度に大量に摂取するのではなく、毎日こまめに1g(=1000mg)程度を目標にとり入れることが大切です。モグモグ期からは、まぐろや鮭を、カミカミ期からは、さんま、ぶりを、パクパク期からはさばが食べられるようになります。

意識して食べさせたい

DHAたっぷりLIST

ゴックン期～

まだいは、赤ちゃんに最初に食べさせる魚におすすめ。味わいが淡泊でクセもなく低脂肪。天然より養殖のほうがDHAは多い。しらすは塩分が多いので、必ず塩抜きしてから調理して。

DHA 250mg
DHA 610mg
しらす(生)・まだい(天然)

モグモグ期～

鮭などの赤身の魚は、DHAや鉄分が豊富なので、成長期には積極的にとり入れたい食材。特にまぐろ(とろ)は、DHAが豊富。ただし、脂肪が多いので離乳食期は赤身を選んで。

DHA 400mg
DHA 88mg
DHA 2700mg
鮭・まぐろ(とろ)・かつお

カミカミ期～

DHAが含まれ、カミカミ期以降から積極的にとりたい魚。ぶりは脂肪分が多いので、ゆでるなどして脂肪を落として。まだらは、淡泊で食べやすいがDHA含有量はやや少なめ。

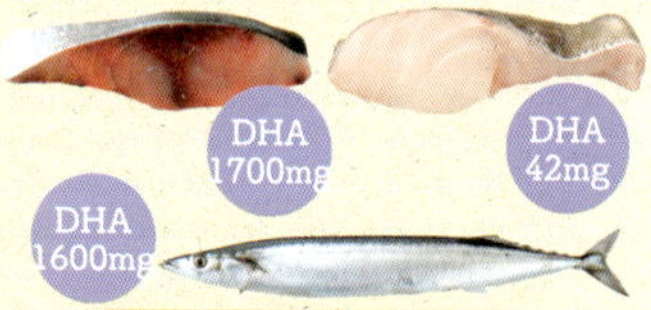
DHA 1700mg
DHA 42mg
DHA 1600mg
ぶり・さんま・たら

パクパク期～

DHAやEPAなどが豊富なさばは、青背魚の中でも特に脂肪分が多く傷みやすいので、新鮮なものを手早く調理して与えるようにしましょう。

DHA 970mg
さば

※値は可食部100gあたりに含まれる成分をあらわしています。
出典:文部科学省食品成分データベース

脂質たっぷりレシピ

モグモグ期 7〜8カ月

エネルギー
タンパク質
ビタミン ミネラル

鮭で手軽にDHAをチャージ!

鮭とキャベツのおかゆ

材料

生鮭…切り身1/8枚（15g）
キャベツ…中1/3枚（20g）
5倍がゆ…大さじ3強（50g）

※5倍がゆは、ごはん1：水4、
または米1：水5の割合で炊いたものです。

作り方

1 鮭は皮と骨を除き、こまかく刻む。キャベツはやわらかくゆで、みじん切りにする。
2 鍋に5倍がゆ、1を入れて中火で煮立て、弱火にして鮭に火が通るまで煮る。途中、煮詰まったら水適量を足す。

タンパク質
ビタミン ミネラル

野菜の水分もいっしょにしっとり煮て

まぐろの洋風煮込み

材料

まぐろ…刺し身1切れ（10g）
トマト…中1/5個（30g）
玉ねぎ…1㎝幅のくし形切り1個（10g）
油…少々

作り方

1 トマトは皮と種を除き、こまかく刻む。まぐろ、玉ねぎはみじん切りにする。
2 鍋に油を弱火で熱し、玉ねぎを入れて2分ほどいためる。中火にし、まぐろ、トマト、水1/2カップを加え、2分ほど煮て火を通す。

ゴックン期 5〜6カ月

エネルギー
タンパク質

おかゆのとろみで魚も簡単にゴックン

しらすがゆ

材料

しらす干し…5g（大さじ1弱）
10倍がゆ…大さじ2（30g）

※10倍がゆは、ごはん1：水9、
または米1：水10の割合で炊いたものです。

作り方

1 しらす干しは熱湯1/2カップに5分ほどつけて湯をきり、すりつぶす。
2 1に10倍がゆを加え、さらになめらかにすりつぶす。

タンパク質
ビタミン ミネラル

かぼちゃのとろみがゴックンをサポート

たいとかぼちゃのトロトロ

材料

たい…刺し身1/2切れ（5g）
かぼちゃ…2㎝角1個（10g）
だし…大さじ1/2〜1

作り方

1 たいは熱湯でゆでて火を通し、なめらかにすりつぶす。
2 かぼちゃは皮と種を除いてやわらかくゆで、裏ごしし、だしでのばす。
3 1に2を加えてまぜる。

※マークの見方、エネルギーマークはエネルギー源食品、タンパク質マークはタンパク質源食品、ビタミン・ミネラルマークはビタミン源食品の略で材料に含まれる主な栄養素を示しています。

パクパク期　1才～1才6カ月

エネルギー
タンパク質

サクサクの食感、手づかみ食べもOK！

たらのフリッター

材料

たら…切り身1/6枚(15g)
小麦粉…大さじ2
とき卵…小さじ1
乾燥パセリ…少々
揚げ油…適量

作り方

1 たらは皮と骨を除き、1cm角に切る。
2 ボウルに小麦粉、とき卵、水大さじ2、乾燥パセリを入れ、まぜる。
3 揚げ油を中温に熱し、1を2の衣にくぐらせて入れ、表面がカリッとなるまで揚げる。

タンパク質
ビタミンミネラル

トマトで魚の脂っぽさやくさみを解消！

ぶりのトマト煮

材料

ぶり(皮と血合いをとったもの)…20g
トマト…中1/4個(40g)
オリーブ油…少々

作り方

1 トマトは皮と種を除き、こまかく刻む。ぶりは1cm弱の角切りにする。
2 鍋にオリーブ油を弱めの中火で熱し、トマトを入れてさっといためる。ぶりを加え、火が通るまで煮る。

カミカミ期　9～11カ月

エネルギー
タンパク質
ビタミンミネラル

さっと煮て、加熱しすぎないのがポイント

まぐろあんかけ丼

材料

まぐろ…刺し身大1切れ(15g)
チンゲンサイの葉…中2枚(20g)
水どきかたくり粉…少々
5倍がゆ…子ども茶わん七分目(70g)

作り方

1 チンゲンサイはこまかく刻む。まぐろは7mm角に切る。
2 鍋に水1/2カップを煮立て、チンゲンサイを入れてやわらかく煮る。まぐろを加えてさっと煮て、アクを除き、水どきかたくり粉でとろみをつける。
3 器に5倍がゆを盛り、2をかける。

エネルギー
タンパク質

おやつ感覚で食べられる

かつお入りお焼き

材料

かつお…刺し身1切れ(10g)
小麦粉…大さじ3
ごま油…少々

作り方

1 かつおはこまかく刻む。
2 ボウルに小麦粉、水大さじ2弱、1を入れ、粉っぽさがなくなるまでまぜる。
3 フライパンにごま油を熱し、2を平たく流し、両面をこんがりと焼き、食べやすく切る。

幼児食

タンパク質
ビタミン ミネラル

香ばしいパン粉が味のポイント

さんまのパン粉焼き

材料（大人2人＋幼児1人分）

さんま（三枚おろし）…2尾
塩、こしょう…各少々
パン粉…1/2カップ
A
- にんにく…1かけ
- イタリアンパセリ…2〜3本
- 粉チーズ（パルメザン）…大さじ2

オリーブ油…少々

作り方

1. さんまは塩、こしょうを振って3等分に切る。アルミホイルを敷いたオーブントースターのトレイに皮目を上にして並べ入れる。
2. Aをフードプロセッサーにかけてこまかくする。
3. 1に2とパン粉をのせ、オリーブ油少々を回しかけてオーブントースターで7〜8分焼く。

エネルギー
タンパク質

食べごたえもじゅうぶんの組み合わせ

鮭のポテト焼き

材料（大人2人＋幼児1人分）

鮭…2切れ
じゃがいも…150g
塩…小さじ1/2
こしょう…少々
オリーブ油…適量

作り方

1. 鮭はひと口大のそぎ切りにして塩、こしょうを振る。
2. じゃがいもは細切りにする（スライサーを使ってもよい）。
3. 1を2でギュッと包むようにまとめ、多めのオリーブ油で両面をこんがりと焼く。好みでトマトケチャップか塩を添える。

タンパク質
ビタミン ミネラル

野菜もたっぷりとれて組み合わせGood！

めかじきの焼き漬け

材料（大人2人＋幼児1人分）

めかじき…2切れ
小麦粉…大さじ1　塩…少々
玉ねぎ…1/2個
にんじん…4cm
A
- だし…1/4カップ
- 酢、薄口しょうゆ…各大さじ2
- 砂糖 …大さじ1

油、グリーンカール…各適量

作り方

1. めかじきは1.5cm角の棒状に切ってポリ袋に入れ、小麦粉と塩をまぶす。
2. 玉ねぎ、にんじんはせん切りにする。
3. フライパンに油少々を熱し、1の両面を焼いてとり出し、器に盛る。
4. 3のフライパンに油少々を足し2をいため、しんなりしたらAを加えてひと煮立ちさせて3にかけ、グリーンカールを添える。

タンパク質
ビタミン ミネラル

DHAたっぷりの青背魚はカリッと揚げて

さばのたたき揚げ

材料（大人2人＋幼児1人分）

さば（正味）…150g
にんじん、えのきだけ…各40g
ピーマン…2個
しょうが…少々
A
- 砂糖…小さじ1
- みそ…小さじ2
- かたくり粉…大さじ1.5

揚げ油…適量

作り方

1. さばはこまかく切って包丁でたたく。
2. にんじん、ピーマン、しょうがは細切りに、えのきだけは根元を落として長さを3等分に切る。
3. ボウルに1とAを入れてまぜ合わせ、2を加えて軽くまとめる。
4. 揚げ油を約170度に熱し、3を菜箸でひと口分ずつ落とし入れ、カラリと揚げる。

炭水化物

脳を動かす重要なエネルギー源

ごはんやパン、めん類など主に主食に含まれ、脳のエネルギー源になります。

ブドウ糖は"頭がよくなる"大事な栄養素

乳幼児は、1日に必要なエネルギー量の約50%（大人は約20%）を炭水化物からとり入れています。炭水化物（糖質）は、消化吸収されてブドウ糖に分解され、全身をめぐり、体温を保ったり、脳や体を動かすエネルギー源となります。特に、乳幼児の脳の発育には欠かせない栄養素です。

筋肉はエネルギー源をたくわえることができますが、脳はたくわえることができません。常に補給が必要です。ブドウ糖が不足すると脳に栄養が届かなくなり、集中力が低下してしまうのです。過剰な糖質制限は絶対に避けましょう。

白米やうどんなど精白された主食ばかりを食べると、血糖値が急激に上がるため「太りやすい」「集中力や落ち着きがなくなる」などといわれています。そのため、精製されていない玄米や雑穀米、ライ麦パンなどの低GI値（※）の主食をとり入れる人がふえているようです。

しかし、乳幼児に関しては、消化器官が未発達のため、GI値の低い主食をたとえば、消化しにくい玄米や雑穀米を積極的に与えるのは適していません。

食べ合わせや食べる順番に気をつける

全エネルギーの約50%を脳で消費する乳幼児時代は、炭水化物をしっかりとることが大切です。

白米、食パン、うどんなど精白されたGI値の高い主食を食べるときに心がけたいのは、食べ合わせや食べる順番です。

ごはんを食べるときは、食物繊維が含まれる野菜やきのこ類、海藻類などが入った副菜から食べましょう。食物繊維は血糖値の上昇をゆるやかにしてくれます。副菜のあとは、タンパク質源となる肉や魚、大豆などの主菜を、最後に炭水化物を含む主食をゆっくりとよくかんで食べましょう。

炭水化物を食事の最後にとることで、血糖値の急上昇を抑えることができます。脳へのエネルギーを効率的に供給するには、糖質がゆるやかに吸収されることがポイントになります。あとは、バランスよくまんべんなく食べることが大切です。

脳を活性化

食べる順番に気をつけよう！

副菜

煮たり蒸した野菜類、きのこ類、海藻類などの副菜から食べましょう。汁物が献立にある場合は、実だくさんの野菜の入った汁物が◎。

主菜

副菜の次は、タンパク質源となる豆腐などの大豆製品、魚、卵、肉の主菜をしっかり食べましょう。タンパク源は子どもの発育・発達に欠かせない重要な栄養素です。

主食

ごはんなどの炭水化物を最後に食べることで、糖質の吸収をゆるやかにし、脳や体に効率よくエネルギーを供給することができます。

※GI値（グリセミック指数）
炭水化物が分解され、糖に変わるまでの速さをあらわした数値。GI値の低い食品（55以下）は、血糖値の急上昇を抑え、逆にGI値の高い食品（70以上）は、血糖値を急に上げてしまうといわれています。

炭水化物たっぷりレシピ

モグモグ期 7～8カ月

エネルギー　タンパク質　ビタミン ミネラル

栄養バランスがよく、手軽に作れる優秀レシピ

鶏ささ身と大根葉のみそおじや

材料

7倍がゆ…子ども茶わん七分目～
山盛り1杯(70～110g)
冷凍した鶏ささ身…1/6本分(10g)
刻んだ大根の葉…小さじ1
みそ…小さじ1/6(1g)

※7倍がゆは、ごはん1：水6、
または米1：水7の割合で炊いたものです。

作り方

1 冷凍した鶏ささ身はすりおろす。生のささ身ならこまかく刻んですりつぶす。
2 小鍋に7倍がゆと1、大根葉を入れて火にかけ、煮立ったら弱火にし、火をよく通す。最後にみそを加えよくまぜ、火を止める。

エネルギー　タンパク質

ほんのり甘く、ポッテリした食感

オートミールの牛乳煮

材料

オートミール…1/4カップ
牛乳…1/2カップ
オリゴ糖…小さじ1/2

作り方

小鍋にオートミールと牛乳、オリゴ糖を入れて火にかけ、煮立ったら弱火でしばらく煮る。

ゴックン期 5～6カ月

エネルギー　ビタミン ミネラル

離乳食のスタートは消化吸収のいい〝米がゆ〟を

ほうれんそうがゆ

材料

10倍がゆ…大さじ2(30g)
ほうれんそうの葉先…4～5枚
(1/4株分、10g)

作り方

1 10倍がゆはなめらかにすりつぶす。
2 ほうれんそうの葉先はやわらかくゆでて、すりつぶすか裏ごしして1にのせる。

エネルギー　ビタミン ミネラル

自然な甘みが食欲を刺激

りんごとにんじんのおかゆ

材料

10倍がゆ…大さじ2(30g)
にんじん…1/20本(10g)
りんご…1/20個(10g)

作り方

1 にんじんとりんごはゆでて、すりつぶすか裏ごしする。
2 10倍がゆはすりつぶし、1を加えてまぜる。

パクパク期　1才～1才6カ月

エネルギー
タンパク質
ビタミン ミネラル

腹もちのいいパスタ&肉でパワーチャージ

ひき肉とトマトのスパゲティ

材料

スパゲティ…1/3束弱(30g)
トマト…中1/2個(70～80g)
油…小さじ1
赤身合いびき肉…大さじ1(15g)
トマトケチャップ…大さじ1

作り方

1 トマトは皮と種を除いて刻む。
2 フライパンに油を引いてひき肉をいため、1とトマトケチャップを加え、弱火で煮る。
3 スパゲティを6等分に折ってやわらかくゆでて器に盛り、2をかける。

エネルギー
タンパク質
ビタミン ミネラル

手づかみで脳に刺激を!

わかめ入りごはんお焼き

材料

軟飯…子ども茶わん軽く1杯(90g)
刻み納豆…1/4パック(10g)
しょうゆ…小さじ1/2
青のり…適宜
わかめ(もどして刻む)…大さじ1
とき卵…1/4個分
油…少々

作り方

1 軟飯に納豆、しょうゆ、青のり、わかめ、とき卵を加えてよくまぜる。
2 フライパンに油を熱し、1を小さい円形に流し、両面を焼く。

カミカミ期　9～11カ月

エネルギー
タンパク質
ビタミン ミネラル

具材たっぷりのとろみあんで食べやすい

あんかけごはん

材料

軟飯…子ども茶わん八分目(80g)
小松菜…1株(30g)
しらす干し…小さじ1(3g)
刻んだパプリカ…1/10個分(12g)
かたゆで卵黄…1/3個
だし…1/2カップ
砂糖、しょうゆ…各小さじ1/2
水どきかたくり粉…少々

作り方

1 小松菜はゆでてこまかく刻む。
2 鍋に1としらす干し、パプリカ、かたゆで卵黄、だしを入れ、煮立ったら弱火で煮る。
3 やわらかく煮えたら砂糖としょうゆで味をととのえ、水どきかたくり粉でとろみをつけ、軟飯にかける。

※軟飯は、ごはん1：水2、または米1：水3の割合で炊いたものです。

エネルギー
タンパク質

だしのうまみが味の決め手!

かき玉にゅうめん

材料

そうめん…1/2束(25g)
A ┌だし…1カップ
　│砂糖…小さじ1/2
　└しょうゆ…小さじ1
水どきかたくり粉…小さじ1
万能ねぎみじん切り…大さじ1
とき卵…1/2個分

作り方

1 そうめんは8等分ぐらいに短く折ってゆでる。
2 小鍋にAと1を入れて火にかけ、沸騰したら弱火にし、水どきかたくり粉を加えてとろみをつけ、万能ねぎ、とき卵を回し入れてしっかり火を通す。

幼児食

エネルギー
タンパク質
ビタミン ミネラル

シャキシャキとしたかみごたえが◎

キッズビビンパ

材 料（大人1人＋幼児1人分）

ごはん…250〜300g
もやし…100g
にんじん…3cm
ピーマン…1個
温泉卵…2個
ごま油、塩…各適量
いり黒ごま…少々

作り方

1 にんじんとピーマンはせん切りにし、もやしとまぜて耐熱容器に入れ、ラップをかけて電子レンジで2分加熱し、ざるに上げて冷ます。塩小さじ1/4とごま油大さじ1をまぶしておく。
2 ごはんは子どもの分にはごま油と塩各少々をまぜて器に盛り、1の約1/4量をのせて温泉卵1個をのせ、ごまを振る。大人の分のごはんはそのまま器に盛って1の残りをのせ、温泉卵をのせてごまを振り、好みでコチュジャンを添える。

エネルギー
タンパク質
ビタミン ミネラル

消化吸収がよく野菜もたっぷりとれる

煮込みうどん

材 料（大人1人＋幼児1人分）

うどん（ゆで）…1玉
にんじん…5cm（50g）
大根…5cm（100g）
小松菜…30g
豚切り落とし肉…50g
酒…大さじ1
かたくり粉…小さじ1
だし…3カップ
A しょうゆ、みりん…各大さじ2

作り方

1 にんじん、大根は、ピーラーで薄く切る。小松菜は3cm長さに切る。豚肉に酒とかたくり粉をまぶす。
2 鍋にだしとAを加えて煮立て、野菜と豚肉を箸でほぐしながら加える。
3 火が通ったら、うどんを加えてひと煮立ちさせ、しょうゆ少々（分量外）でととのえる。

エネルギー
タンパク質
ビタミン ミネラル

魚介の風味がおいしい焼きそば

シーフードオムそば

材 料（大人1人＋幼児1人分）

中華蒸しめん…1玉
シーフードミックス…100g
えのきだけ…1パック
にら…1/2束　もやし…150g
鶏ガラスープの素…小さじ1
しょうゆ、ごま油…各少々
とき卵…2個分
A［マヨネーズ…大さじ1
　 塩…少々

作り方

1 えのきだけとにらは3cm長さに切る。中華めんは電子レンジで40秒あたためる。
2 フライパンにごま油を熱し、水でさっと洗ったシーフードミックス、えのきだけ、もやし、めんを加えていためる。しんなりしたら、鶏ガラスープの素とにらを加えていため、しょうゆで味をととのえて器に盛る。
3 とき卵にAを加えよくまぜ、ごま油を熱したフライパンに一気に流し入れる。全体を大きくまぜながらふんわりいため、2の上にのせる。

エネルギー
タンパク質
ビタミン ミネラル

エネルギー源にビタミンをプラス

トマトリゾット

材 料（大人1人＋幼児1人分）

ごはん…200g
玉ねぎ…1/4個
エリンギ…1本
グリーンアスパラガス…2本
ウインナー…3本
オリーブ油…小さじ1
トマトジュース…1/2カップ
顆粒スープの素…小さじ1
粉チーズ…少々

作り方

1 玉ねぎは薄切りに、エリンギはいちょう切りに、アスパラガスは根元をピーラーでむき斜め切りにする。
2 鍋にオリーブ油を入れて火にかけ、1をさっといためる。水1/2カップとスープの素を加えて4〜5分煮、トマトジュースとごはんを加えて煮汁がなくなるまで煮る。
3 ウインナーをいちょう切りにして2に加え、ひと煮して火を止め、器に盛って粉チーズを振る。

タンパク質

脳や体の基礎をつくる重要な栄養素

タンパク質は、脳、筋肉、骨、皮膚、髪の毛、つめ、内臓、血液などすべての材料になります。

脳や体の材料になり、ホルモンや抗体もつくる

私たちの脳や体の材料となるタンパク質は、約20種類のアミノ酸で構成され、体内でつくることができない必須アミノ酸と、体の中でつくられる非必須アミノ酸とに大きく分けることができます。必須アミノ酸は、毎日の食事からの摂取が必要となります。また、炭水化物や脂質が不足した場合に、分解されてエネルギー源となります。そのため、タンパク質が不足すると、体力、免疫力、思考力が低下して体全体の機能に影響が生じてしまいます。

また、脳の一部はタンパク質からできていて、常に新陳代謝で細胞が生まれ変わります。脳内で情報を伝える神経伝達物質の材料にもなるため、アミノ酸をバランスよくとることが脳の発達にも大切なのです。

成長期にタンパク質が不足すると、脳や体の発達に遅れが出ることもあります。良質なタンパク質をしっかりとりましょう。

タンパク質別 育脳Point！

大豆

高タンパクな優秀食材

大豆は植物性の良質なタンパク質が豊富。特に、消化のよい豆腐は、離乳食初期（ゴックン期）から食べられます。鉄分やカルシウムも豊富で、記憶に関係する神経伝達物質の材料となるレシチンも含んでいます。

卵

栄養バランスが抜群！

必須アミノ酸をバランスよく含み、ビタミン・ミネラル、脂質、ビタミンB_2やビタミンA、鉄分、レシチンも豊富。最初はかたゆでの卵黄を少量から。慣れてきたらしっかり加熱した卵白も加えていきましょう。

乳製品

タンパク質とカルシウム両方とれる

チーズなどの乳製品は、神経伝達物質の材料となる必須アミノ酸が豊富で、骨や歯をつくるカルシウムもたっぷり含まれています。チーズは塩分と脂肪分が多いので、離乳食期は量に注意しましょう。

赤身肉

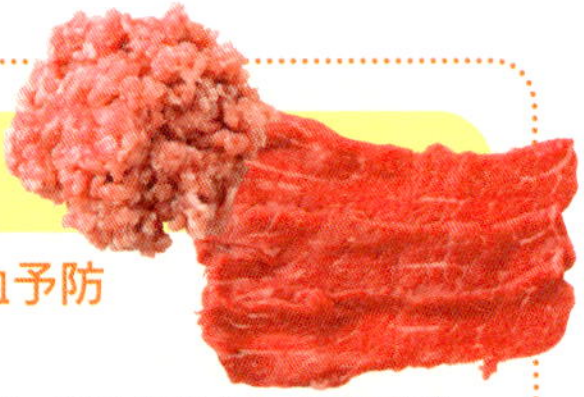

動物性鉄分で貧血予防

牛赤身肉やレバーに多い動物性鉄分は、吸収率がいいので、9カ月以降は積極的にとり入れたい食材です。豚赤身肉に多く含まれているビタミンB_1は、炭水化物をエネルギーに変え、脳にもエネルギーを送ります。また、肉や魚など、動物性脂質に豊富なアラキドン酸は、脳の発達を促します。

青魚

脳を活性化＆血液サラサラ効果

さんま、さば、あじなどの青背魚は、良質な脂質（DHA・EPA）が豊富。DHAは、脳の神経細胞を活性化するといわれています。子どもだけではなく、大人も毎日の食事にとり入れたい食材。また、カルシウムの吸収を助けるビタミンDも含まれます。ただし、酸化しやすいので新鮮なものを手早く調理して与えましょう。

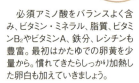

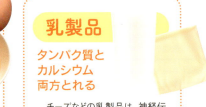

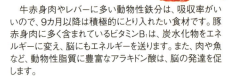

タンパク質

タンパク質たっぷりレシピ

モグモグ期 7～8カ月

エネルギー タンパク質 ビタミン ミネラル

卵と鶏肉の親子コンビでタンパク質をチャージ

野菜入り親子おじや

材料

冷凍した鶏ささ身…1/6本分(10g)
赤ピーマン(パプリカ)
…1/10個(12g)
かたゆで卵黄…1/3個
7倍がゆ…70g

作り方

1 赤ピーマンはゆでてみじん切りにする。かたゆで卵黄はほぐす。
2 鶏ささ身はすりおろす。生のささ身なら刻んですりつぶす。
3 7倍がゆに1、2を加えてひと煮するか、電子レンジで加熱する。

タンパク質 ビタミン ミネラル

塩分と脂肪分の少ないカッテージチーズを活用

カッテージチーズのりんご風味

材料

カッテージチーズ(裏ごしタイプ)
…大さじ1(15g)
りんごすりおろし…大さじ2(30g)

作り方

カッテージチーズとりんごのすりおろしを合わせ、すり鉢でていねいにすりのばす。

ゴックン期 5～6カ月

エネルギー タンパク質

しらすの風味をポテト味でやさしくカバー

しらすとじゃがいものポタージュ

材料

しらす干し…小さじ1(3g)
じゃがいも…1/5個(25g)

作り方

1 鍋でじゃがいもをゆで、やわらかくなったら、塩抜きしたしらす干しを入れてさっとゆでる。
2 1をなめらかに裏ごしし、ゆで汁少々でポタージュ状にのばす。

エネルギー タンパク質

脂肪の少ない良質な植物性タンパク質！

さつまいもと豆腐のとろとろ

材料

絹ごし豆腐…小1/10丁(20g)
さつまいも…1/10本(20g)

作り方

1 さつまいもはゆでてすりつぶし、ゆで汁でとろとろにのばす。
2 残りのゆで汁を使って豆腐をさっとゆでて湯通しし、すりつぶして1に加える。

パクパク期 1才～1才6カ月

タンパク質
ビタミン ミネラル

植物性＆動物性タンパク質でバランス最高！

豆腐とひき肉のふんわりハンバーグ

材料

鶏ひき肉…小さじ2（10g）
玉ねぎみじん切り
…大さじ2（20g）
木綿豆腐…小1/8丁（25g）
A［小麦粉…小さじ1
　塩…ごく少々
油、トマトケチャップ…各少々
グリーンアスパラガス…1本

作り方

1 鶏肉に熱湯をかけ、水をきる。玉ねぎは電子レンジで30秒ほど加熱する。
2 豆腐に1、Aを加えてよくまぜる。
3 2をひと口大に丸め、油を引いたフライパンに並べ、弱火で両面を焼き、皿に盛ってケチャップをのせる。
4 アスパラガス1本をゆでて食べやすく切り、3に添える。

エネルギー
タンパク質

手づかみ食べは育脳に◎

スティックチーズパン

材料

とろけるチーズ（スライス）…1枚
8枚切り食パンの耳…1枚分

作り方

1 食パンの耳を切り、短いほうはそのまま、長いほうは半分に切る。
2 とろけるチーズを電子レンジで15～20秒ほど、様子を見ながら加熱し、とろりとしたらパンの耳の片方にからめ、冷ます。

カミカミ期 9～11カ月

タンパク質
ビタミン ミネラル

こっくりソースで脳にいい魚をおいしく

サーモンのグラタン

材料

生鮭…1/6切れ（10g）
ブロッコリー…小房4個（20g）
ホワイトソース（BFでもOK）
…大さじ2（30g）
粉チーズ…少々

作り方

1 ブロッコリーはゆでるか電子レンジで20秒ほど加熱してほぐす。
2 生鮭はゆでる（ブロッコリーといっしょにゆでてOK）。
3 1、2、ホワイトソースをまぜて耐熱容器に入れ、粉チーズを振ってオーブントースターでこんがり焼く。

エネルギー
タンパク質
ビタミン ミネラル

卵にじゃがいものビタミンCをプラス！

スペイン風オムレツ

材料

とき卵…1/2個分
じゃがいも…1/4個（30g）
青のり…小さじ1/5
バターまたはオリーブ油
…小さじ1/2
トマトすりつぶし…小さじ1～2

作り方

1 じゃがいもは小さい角切りにし、電子レンジで30秒ほど加熱し、熱いうちにざっとつぶす。
2 とき卵に1と青のりをまぜ合わせる。
3 バターまたはオリーブ油を熱したフライパンに2を流し入れ、両面を焼いて食べやすく切り、トマトをのせる。

幼児食

エネルギー タンパク質 ビタミン ミネラル

のりとチーズの風味がベストマッチ!

ひと口チーズとんカツ

材料（大人2人＋幼児1人分）

豚薄切り肉…8枚
プロセスチーズ…
　8切れ（4〜5㎜厚さ）
焼きのり…1枚
小麦粉、牛乳…各大さじ1.5
塩…小さじ1/4
パン粉、揚げ油…各適量

作り方

1 豚肉を広げ、8等分に切ったのりでチーズ1切れを巻いたものをのせ、肉を折りたたむ。
2 小麦粉に塩と牛乳を加えてまぜ、1の表面に薄くつけ、パン粉をまぶす。
3 フライパンに油を1〜2㎝ほど入れ、180度に熱し、2を入れて両面をこんがり揚げ焼きにする。あら熱がとれたら半分に切る。

タンパク質

ほどよいかたさでパサつかない

ひと口ささ身焼き

材料（大人2人＋幼児1人分）

鶏ささ身…3本
しょうゆ、かたくり粉
　…各大さじ1/2
のり…適量
油…少々

作り方

1 鶏ささ身はひと口大のそぎ切りにしてしょうゆを振りかけ、かたくり粉を振ってまぜる。
2 のりを1㎝幅に細長く切り、1に1枚ずつ巻きつける。
3 フライパンに油を熱して2を並べ入れ、両面を焼く。

タンパク質 ビタミン ミネラル

パスタにからめたり、パンにはさんでもOK

チリコンカン

材料（大人2人＋幼児1人分）

ひよこ豆（ドライパック缶）
　…2缶
玉ねぎ…1/2個
ピーマン…2個
にんにく…1かけ
合いびき肉…150g
トマト缶…1/2缶
顆粒スープの素…小さじ2
ウスターソース…小さじ1

作り方

1 玉ねぎ、ピーマン、にんにくはみじん切りにする。
2 フライパンに1とひき肉、スープの素を加えてよくまぜて入れ、火にかける。ひき肉の色が変わったら、ひよこ豆と水1カップ、トマト缶を加えて20分ほど煮る。ウスターソースや好みのスパイスで味をととのえる。

※ひよこ豆は大豆の水煮缶にしてもよい。大人は好みでチリパウダーを加えても。

タンパク質 ビタミン ミネラル

牛乳でカルシウムを補給

ミルク茶わん蒸し

材料（大人2人＋幼児1人分）

卵…1個　牛乳…1カップ
塩…小さじ1/4弱
鶏ひき肉…50g
A［しょうが汁…小さじ1
　みりん、薄口しょうゆ
　　…各大さじ1/2
だし…1/4カップ
B［かたくり粉…小さじ1/2
　水…小さじ2
グリンピース…少々

作り方

1 卵は割りほぐし、牛乳と塩を加えてよくまぜ、器に入れる。
2 鍋にキッチンペーパーを1枚敷き、1を並べる。器の下2㎝ほどまで水を入れ、ふたをして沸騰するまで強火で2〜3分、火を弱めて15〜20分蒸す。
3 別鍋にひき肉、Aを入れてよくまぜてから火にかけ、ひき肉がパラパラになったら、だしを加えて煮立てる。グリンピースを加えてBをよくまぜ合わせて加え、とろみがついたら2にかける。

ビタミン

成長に必要な栄養素をサポート

さまざまな栄養素を引き立てるビタミン。その主な役割をご紹介します。

脳と体の機能を整え神経細胞の材料になる

ビタミンは体内でつくることもできますが、必要な量に満たないため、主に食事からとらなくてはなりません。炭水化物、タンパク質、脂質が体内でスムーズに代謝吸収されるために必要な栄養素で、体全体の調子を整えます。

また、脳内で神経伝達物質の合成や神経細胞の生成にもかかわり、傷ついた細胞を修復するなど重要な役割を担います。特にビタミンA・C・Eは、脳細胞にも含まれ、脳を活性化するDHAなどの脂質の酸化を防ぐ働きもします。

ビタミンには、水にとけやすい水溶性ビタミンと、油にとけやすい脂溶性ビタミンがあります。水にとけやすい水溶性ビタミンは、調理中に栄養素が流出してしまう、尿中に排泄されやすい、といった特徴があります。せっかくの栄養素が調理中に流出しないように、水につける時間や、煮る、ゆでる調理を減らすなどの工夫が必要です。一方、脂溶性ビタミンは、水にとけにくいことから、水洗いやゆで作業による流出が少ないのが特徴です。また、熱に強いので野菜いためなど油といっしょに調理することで、吸収率がアップします。

ビタミンの種類

主な 水溶性ビタミン

ビタミンB_1
炭水化物の代謝を助ける
【豚肉、豆類、卵黄など】

ビタミンB_2
炭水化物、脂質の代謝を助ける
【赤身肉、卵、魚介類など】

ビタミンB_6
タンパク質、脂質の代謝を助ける
【肉類、魚類など】

ビタミンB_{12}
貧血予防
【貝類、レバー、いわし、チーズ、卵黄など】

ナイアシン
炭水化物、脂質の代謝を助ける
【肉類、レバー、魚類など】

パントテン酸
糖質、脂質、タンパク質の代謝
【レバー、納豆、肉類、魚介類、卵など】

葉酸
赤血球の生成ほか
【緑黄色野菜、レバー、卵黄など】

ビチオン
脂質の生成ほか
【レバー、肉類、魚介類、牛乳など】

ビタミンC
コラーゲンの生成ほか
【野菜、果物など】

主な 脂溶性ビタミン

ビタミンA
目や皮膚の粘膜を守る
【緑黄色野菜、卵、バターなど】

ビタミンD
骨や歯を丈夫にする
【きのこ類、魚類、バターなど】

ビタミンE
強力な抗酸化作用を持つ
【オリーブ油、緑黄色野菜など】

ビタミンK
血液を凝固させる
【納豆、緑黄色野菜、チーズなど】

不足しないように心がけたいビタミンD

骨や歯を丈夫にするビタミンDは、カルシウムの吸収を助ける役割があります。成長期に不足すると、カルシウムが骨に沈着しにくくなり、骨がやわらかくなったり、足の骨が変形したり、歩行に影響が出る「くる病(骨軟化症)」になる危険性があります。

ビタミンDは皮膚でも合成できますが、紫外線を避ける傾向から日光に当たる時間が減少しています。日光浴が足りないとビタミンDを合成できなくなり、不足してしまいます。日中は外に出て適度な日光浴をすることも大切です。

骨や歯を丈夫にする!

ビタミンD不足解消法

●食事でビタミンDを補給する
干ししいたけは、食べる前に日光に当てるとビタミンDの量がふえます。日に当てる時間は20分くらいでOK!

●散歩や外遊びで適度な日光浴を
紫外線の浴びすぎはよくありませんが、適度な散歩や外遊びで日光浴を。皮膚からビタミンDを合成しましょう。

ビタミンDが多い食品

ビタミンたっぷりレシピ

ゴックン期 5〜6カ月

ビタミン ミネラル

緑黄色野菜と淡色野菜を組み合わせて口当たりよく

小松菜とかぶのくず煮

材料

小松菜…1/3株(10g)
かぶ…1/10個(正味10g)
だし…1/4カップ
水どきかたくり粉…少々

作り方

1 小松菜と皮を除いたかぶはゆでて裏ごしする。
2 鍋にだしを煮立たせて1を加え、水どきかたくり粉を加えてまぜ、とろみをつける。

タンパク質
ビタミン ミネラル

カロテンと大豆レシチンがとれ、おやつにも◎

きな粉かぼちゃ

材料

かぼちゃ(黄色い部分)…2cm角1個
きな粉…小さじ1(3g)

作り方

かぼちゃはゆでてすりつぶし、きな粉とゆで汁を加えてまぜ、トロトロにする。

モグモグ期 7〜8カ月

エネルギー
タンパク質
ビタミン ミネラル

抗酸化ビタミンとレシチンが脳に効く

ほうれんそうとじゃがいもの豆乳ポタージュ

材料

ほうれんそう…1/2株(20g)
じゃがいも…1/3個(40g)
豆乳…1/4カップ

作り方

1 ほうれんそうとじゃがいもはゆでて裏ごしする。
2 鍋に豆乳と1を入れてまぜ、ひと煮する。

エネルギー
タンパク質
ビタミン ミネラル

脳にいい栄養素が詰まった一品

納豆とブロッコリー入りそうめん

材料

ブロッコリー…小房3個
そうめん…15g(約1/3束)
刻みまたはひき割り納豆
…1/2パック(20g)
しょうゆ…小さじ1/6(1g)

作り方

1 そうめんはこまかく折ってゆで、さらにこまかく刻む。
2 ブロッコリーはやわらかくゆでて刻む。
3 納豆にしょうゆと2をまぜ、1をあえて器に盛る。

パクパク期 1才～1才6カ月

タンパク質
ビタミン ミネラル

カロテンとカルシウムが豊富!

大根葉とじゃこのいため煮

材料

大根葉…20g
じゃこ…大さじ1(5g)
ごま油…小さじ1/2

作り方

1 大根葉はゆでてこまかく刻む。
2 フッ素樹脂加工のフライパンにごま油を熱し、じゃこ、1をいため合わせる。

タンパク質
ビタミン ミネラル

緑黄色&淡色野菜に加え、タンパク質もとれる

ひき肉と野菜の煮物

材料

玉ねぎみじん切り…大さじ2(20g)
合いびき肉…小さじ2(10g)
A［パン粉…大さじ1
　 豆乳…小さじ1
にんじん…1/20本(10g)
かぶ…1/5個(20g)
B［豆乳…大さじ2
　 みそ…小さじ1/3

作り方

1 玉ねぎは電子レンジで10秒ほど加熱し、ひき肉とAを加えてまぜる。
2 にんじんとかぶは皮をむき、ひと口大に切ってやわらかくゆでる。
3 鍋に2のゆで汁1/2カップ程度を煮立て、1を小さく丸めながら入れてアクをすくい、Bを加え、煮立ったら2を入れてひと煮する。

カミカミ期 9～11カ月

タンパク質
ビタミン ミネラル

ビタミン類と必須アミノ酸がたっぷり

赤ピーマンと牛ひき肉のくず煮

材料

赤ピーマン(パプリカ)…1/4個(30g)
牛ひき肉…小さじ2(10g)
だし…1/4カップ
A［オリゴ糖…小さじ1/2
　 しょうゆ…小さじ1/3
水どきかたくり粉…少々

作り方

1 赤ピーマンはみじん切りにしてゆでる。
2 ひき肉にだしを加えて火にかけ、煮立ったら弱火にしてアクをていねいにすくう。
3 2に1を加え、Aで味をととのえ、水どきかたくり粉を加えてまぜ、とろみをつける。

タンパク質
ビタミン ミネラル

甘ずっぱさが食欲をそそり、ビタミンCを補給

キャベツのフルーツサラダ

材料

キャベツ…1/3枚(20g)
みかん…3房
A［プレーンヨーグルト…大さじ2
　 オリゴ糖…小さじ1

作り方

1 キャベツは短めのせん切りにしてゆでる。または生のままさっと塩を振り、しんなりしたら水で塩けを洗い流す。
2 みかんの薄皮をむいて3～4等分に切り、1、Aとよくまぜ合わせる。

幼児食

タンパク質
ビタミン ミネラル

よくかんで脳の働きがパワーアップ！

にんじんとえのきのきんぴら

材料（大人2人＋幼児1人分）

にんじん…小1本（約100g）
えのきだけ…1パック（約100g）
ごま油…大さじ1
A しょうゆ、みりん…各大さじ1
削り節…1袋（5g）

作り方

1. にんじんはせん切りに、えのきだけは根元をほぐして3等分に切る。
2. フライパンに1とごま油を入れていため、しんなりしたらAを加えてさらにいため合わせる。
3. 仕上げに削り節を入れてひとまぜし、器に盛る。

※大人は好みで七味とうがらしを振っても。

タンパク質
ビタミン ミネラル

苦手な青菜をコーンといっしょにレンジで簡単！

ほうれんそうとコーンのソテー

材料（大人2人＋幼児1人分）

ほうれんそう…150g
ホールコーン缶…大さじ2〜3
ウインナー…3本
塩、こしょう…各少々
バター…大さじ1/2

作り方

1. ほうれんそうは2㎝長さに切ってゆでて水にとり、水けをよくしぼってほぐす。ウインナーは5㎜厚さの小口切りにする。
2. 耐熱容器に1、コーンを入れ、塩、こしょうを振ってまぜ、バターをのせて電子レンジで2分加熱してひとまぜする。

タンパク質
ビタミン ミネラル

うまみ素材とあえて葉野菜をおいしく

白菜の塩昆布サラダ

材料（大人2人＋幼児1人分）

白菜…200g
ハム…3〜4枚
塩昆布…大さじ1
A オリーブ油、酢…各大さじ1

作り方

1. 白菜はラップで包むか、ポリ袋に入れて電子レンジで2分加熱する。ざるに広げて冷まし、ざく切りにして水けをしぼる。
2. ハムは短冊切りにして、1と塩昆布、Aを加えてまぜ合せる。

タンパク質
ビタミン ミネラル

シャキシャキっとした食感でかむ力アップ

大根とじゃこのサラダ

材料（大人2人＋幼児1人分）

大根…5㎝
ミニトマト…3個
ちりめんじゃこ…1/2カップ
油…大さじ2
A［薄口しょうゆ、酢、油…各大さじ1
　しょうが汁…少々］
刻みのり…適量

作り方

1. 大根はピーラーで縦に薄切りにする。ミニトマトは4つに切る。
2. じゃこは油をまぶしてフライパンに入れ、カラリとするまでいためる。キッチンペーパーにのせて油をきる。
3. 器に1を盛って、2をのせ、刻みのりを振り、食べる直前にAをよくまぜ合わせてかける。

ミネラル

鉄分、カルシウム不足は成長を妨げる

ミネラルは体内で合成できないので食事から摂取する必要があり、成長期になくてはならない栄養素です。

不足すると発育・発達に影響を及ぼすことも

鉄や亜鉛、カルシウム、マグネシウム、ヨウ素などのミネラルは、体内でつくることができないので、食事から摂取する必要があります。ミネラルは体をつくる材料であると同時に、体の調子を整える役割があります。なかでも、発育・発達の過程で重要となるのが、骨や歯をつくるカルシウム、体じゅうに酸素を運ぶ赤血球の主成分となる鉄分です。

カルシウムは、授乳中は母乳やミルクからとれていて、不足の心配はありませんが、1才を過ぎ幼児期以降になると、不足する傾向にあります。不足すると、骨の成長に影響を及ぼす可能性もあります。また、鉄は血液中のヘモグロビンをつくり、体じゅうに酸素を運びます。不足すると「鉄欠乏性貧血」になり、脳への酸素や栄養補給にも影響が。脳神経の発達の遅れは、運動機能にもあらわれるといわれています。かけっこや鉄棒など運動を楽しめる子に育てるためにも、鉄分をしっかりとりましょう。

カルシウムは、牛乳・乳製品、豆・大豆製品、小魚、海藻類、青菜などに多く含まれています。鉄分は、レバーや赤身肉、魚、青菜、大根の葉などに多く含まれています。

鉄分摂取には赤身肉や魚を

鉄不足を防ぐには、鉄を多く含む食材をとること。特に、赤身の肉や魚。動物性食品に含まれる鉄は、体内への吸収率がいいのでおすすめです。ほうれんそうなどの青菜も鉄が多いですが、吸収率が低いため、効率はよくありません。

しかし、吸収率の悪い鉄分もビタミンCやタンパク質といっしょにとることで吸収率がアップします。逆に、食物繊維や卵黄、カフェインは鉄分の吸収を抑えてしまうので注意しましょう。授乳中は、授乳と離乳食の時間をあけたほうが効率的にとれるでしょう。

鉄をじょうずにとり入れる食べ方5

1 多種類の食品を使う
2 牛肉、鶏肉をとり入れる
3 ビタミンCを含む食材をとり入れる
4 鉄の吸収を妨げるカフェインはNG
5 1才前は牛乳を避ける。

※1才未満の赤ちゃんに、母乳やミルクがわりに牛乳を毎日飲ませ続けると、腸管から微量の出血が見られることがわかっています。出血によって鉄が失われないように、牛乳は避けること。調理用に少量使うならかまいません。幼児期は飲んでもOK。ただし、過剰摂取に注意すること。

カルシウムは日本人全体に不足している！

カルシウムは、乳幼児だけではなく日本人全体に不足している栄養素です。カルシウムを補ういちばん手軽な方法は、乳製品をとること。1～2才であれば、牛乳なら1日に300～400㎖を。スライスチーズ1枚、ヨーグルト1個（約70g入り）でもOK。牛乳アレルギーがある場合は、牛乳アレルギー用ミルクを使用するなどの工夫をしましょう。

カルシウム不足解消法

●食事でカルシウムを補給

しらす干しや桜えびは、丸ごと食べられるので、少量でも多くのカルシウムがとれます。青菜なら小松菜やモロヘイヤを。ビタミンDを含む食材と食べると吸収がよくなります。

●乳製品を1日300～400㎖とり入れる

乳製品のカルシウムは体に吸収されやすいので、効率よく摂取できます。ヨーグルトやチーズにおきかえてもOK。

カルシウムが多い食品

モグモグ期 7～8カ月

エネルギー　タンパク質　ビタミン ミネラル

しらすの塩けとうまみでだしいらず

しらすと青菜のうどん

材料

しらす干し…大さじ2弱（10g）
ゆでうどん…1/4玉（50g）
ほうれんそうの葉…大1枚（5g）

作り方

1 しらす干しは熱湯1/2カップに5分ほどつけて湯をきり、こまかく刻む。
2 うどんはこまかく刻む。ほうれんそうはさっとゆで、こまかく刻む。
3 鍋に2、水を入れ、弱火でうどんがやわらかくなるまで5分ほど煮る。1を加え、ひと煮する。

タンパク質　ビタミン ミネラル

栄養たっぷりブロッコリーは豆腐であえて

ブロッコリーととろろ昆布の白あえ

材料

ブロッコリー…小房3個（30g）
絹ごし豆腐…1/10丁（30g）
とろろ昆布…少々

作り方

1 ブロッコリーはやわらかくゆで、穂先のみそぎとり、こまかく刻む。
2 豆腐はさっと湯通しし、こまかくつぶす。とろろ昆布はこまかくちぎる。
3 1、2をまぜ合わせる。

ミネラルたっぷりレシピ

ゴックン期 5～6カ月

タンパク質　ビタミン ミネラル

ミネラルがたっぷりとれる

ほうれんそうとかぼちゃピューレ

材料

ほうれんそうの葉…大1枚（5g）
かぼちゃ…2㎝角1個（10g）
豆乳…小さじ1

作り方

1 ほうれんそうはやわらかくゆでて刻み、なめらかにすりつぶし、水小さじ1/4でのばす。
2 かぼちゃは皮と種を除いてやわらかくゆで、裏ごしし、豆乳でのばす。
3 器に2を敷き、1をのせ、まぜながら食べさせる。

エネルギー　タンパク質

スイーツ感覚でカリウムがとれる

豆腐バナナ

材料

絹ごし豆腐…2㎝角2個（20g）
バナナ…中1/6本（20g）

作り方

1 バナナはなめらかにすりつぶす。
2 豆腐はさっと湯通しして裏ごしし、1に加え、すりつぶしながらなめらかにまぜる。

パクパク期 1才〜1才6カ月

エネルギー
タンパク質
ビタミン ミネラル

オクラのネバネバでごはんが進む

オクラと豚肉のあんかけごはん

材料

オクラ…2本（20g）
とうもろこし（ゆでた実）…大さじ2
ごはん…子ども茶わん八分目（80g）
豚赤身薄切り肉…15g
塩…少々
ごま油…小さじ1/4

作り方

1 オクラはへたの先端とがくを除いて薄切りにする。豚肉はこまかく刻む。
2 フライパンにごま油を中火で熱し、豚肉をいため、塩を振る。水1/4カップを加え、煮立ったらオクラを加え、弱火で3分ほど煮る。
3 ごはんにとうもろこしを加えてまぜ、器に盛り、2をかける。

エネルギー
タンパク質
ビタミン ミネラル

ミネラルたっぷりパスタ

ほうれんそうのおかかパスタ

材料

ほうれんそう…1株（30g）
スパゲティ…30g
削り節…1/2袋（2〜3g）
オリーブ油…適量

作り方

1 ほうれんそうはやわらかくゆで、2㎝長さに切る。
2 スパゲティは2〜3㎝長さに折り、表示より少し長めにやわらかくゆでる。
3 フライパンにオリーブ油を中火で熱し、1、2を入れてさっといため、削り節を加えてあえる。

カミカミ期 9〜11カ月

タンパク質
ビタミン ミネラル

かつお節の風味がきいた肉なしバーグ

豆腐ハンバーグ

材料

木綿豆腐…1/8丁（40g）
にんじん…2㎝角1個（10g）
かたくり粉…小さじ1/2
削り節…1/2袋（2〜3g）
油…少々

作り方

1 にんじんは皮をむいてやわらかくゆで、みじん切りにする。
2 豆腐は水けをきってボウルに入れ、1、かたくり粉、削り節を加え、よくまぜ合わせる。3等分し、小判形に成形する。
3 フライパンに油を中火で熱し、2を並べ、両面を色よく焼く。

エネルギー
タンパク質
ビタミン ミネラル

裏ごしコーンとチーズの塩けが合う!

コーンチーズトースト

材料

とうもろこし（ゆでた実）…大さじ2強
食パン…8枚切り食パン1/2枚（25g）
ピザ用チーズ…5g

作り方

1 とうもろこしの実はつぶして裏ごしする。
2 食パンに1を塗り、ピザ用チーズを散らし、オーブントースターでチーズがとろけるまで3分ほど焼く。食べやすく切る。

幼児食

エネルギー
タンパク質
ビタミン ミネラル

つるつる、とろ〜り、ネバネバ楽しい食感

もずく納豆そうめん

材料（大人1人＋幼児1人分）

そうめん…3束
青じそ…5〜6枚
納豆（小粒）…1〜2パック
オクラ…6本
味つけもずく…1パック
温泉卵（または半熟卵）…2個
めんつゆ…適量

作り方

1 オクラはラップに包んで電子レンジで1分30秒加熱し、水にさらしてこまかく刻む。青じそは縦3等分にしてせん切りにする。納豆は添付のたれを加えてよくまぜる。
2 そうめんは表示どおりにゆで、流水で洗って冷水につけ、水けをきって器に盛る。
3 2に1の青じそをまぜて器に盛り、残りの1と温泉卵、もずくをたれごとのせてめんつゆを回しかける。

エネルギー
タンパク質
ビタミン ミネラル

もちっとした食感が楽しいスープ

わかめの白玉だんごスープ

材料（大人2人＋幼児1人分）

塩蔵わかめ…35g
白玉粉…1/4カップ
牛切り落とし肉…100g
しょうゆ…大さじ1/2
にんにく（みじん切り）…小さじ1
ごま油…大さじ1
顆粒スープの素…小さじ2

作り方

1 牛肉はひと口大に切ってしょうゆをもみ込む。わかめはもどしてざく切りにする。
2 ごま油を熱して1をいため、水2.5カップ、スープの素、にんにく、わかめを加えて煮る。
3 ボウルに白玉粉を入れ、水を少しずつ加えながらまぜてこね、直径1cmに丸める。
4 2に3を加えて煮立て、だんごが浮いてきたら火を止め、しょうゆ少々（分量外）で味をととのえる。

エネルギー
タンパク質
ビタミン ミネラル

カルシウム、ミネラルもとれるまぜごはん

エリンギと桜えびのまぜごはん

材料（大人2人＋幼児1人分）

ごはん…400g
桜えび…1/4カップ
エリンギ…1パック
ごま油…大さじ1
A　しょうゆ、酒… 各大さじ1
いり白ごま…大さじ2
青のり…少々

作り方

1 エリンギは薄切りにして3cm長さに切り、ごま油を熱したフライパンでいためAを加える。
2 桜えびは耐熱皿にのせ、電子レンジで1〜2分加熱して手であらくつぶす。
3 あたたかいごはんに1と2とごまを加えてまぜ合わせる。味をみて塩少々（分量外）でととのえる。器に盛り、青のりを振る。

ビタミン ミネラル

鉄とカルシウムがたっぷりとれる

ひじきと油揚げの煮物

材料（作りやすい分量・4〜5人分）

ひじき（乾燥）…30g
油揚げ…1枚
にんじん…3cm
油…大さじ1
A　だし…1/2カップ、砂糖…大さじ1.5、酒…大さじ2
しょうゆ…大さじ2
みりん…大さじ2

作り方

1 ひじきは熱湯で2分ゆで、ざるに上げて水けをきる。油揚げは縦半分にして細切りに、にんじんはせん切りにする。
2 油を熱した鍋にひじきを入れていため、油が回ったら油揚げとAを加えてひと煮する。しょうゆの半量を加えて落としぶたをし、中火でゆっくり煮詰める。
3 煮汁がほとんどなくなったら、にんじんを加え、ふたをして蒸し煮にし、残りのしょうゆ、みりんで味をととのえる。

おすすめ食材一覧

マークの見方

ゴ…ゴックン期（5〜6カ月）からOK
カ…カミカミ期（9〜11カ月）からOK
モ…モグモグ期（7〜8カ月）からOK
パ…パクパク期（1才〜1才6カ月）からOK

炭水化物

ごはん

ゴ〜

ごはんに含まれる炭水化物（糖質）は、消化されやすい。ゆっくり消化吸収されるため、脳にブドウ糖を長時間安定して補給できる。

パン

ゴ〜

食パンは消化吸収がよく離乳食には最適。ただし、マーガリンを使用しているものが多いので、菓子パンなどの過剰摂取には注意。

めん類

モ〜

うどん、そうめん、スパゲティ、中華めん、そばなど。中華めんはやそばは、消化の面から1才以降が無難。

オートミール

モ〜

エン麦《ばく》が原料。食物繊維が多く含まれるため、便秘解消に効果的。血糖値上昇がゆるやかなため、脳にブドウ糖を安定して補給できる。

じゃがいも

ゴ〜

糖質のほか、加熱してもこわれにくいビタミンCが豊富。芽の部分は、ソラニンという有毒成分が含まれているのでえぐりとること。

さつまいも

ゴ〜

食物繊維はじゃがいもの2倍含まれるため、便秘解消に効果的。加熱してもこわれにくいビタミンCやポリフェノールが豊富。

タンパク質

鶏ささ身肉

モ〜

良質のタンパク質源で低脂肪なうえ、消化吸収がよい。脂肪分は100g中0.8gとわずかな優良食材。筋をとり除くこと。

鶏むね肉・もも肉

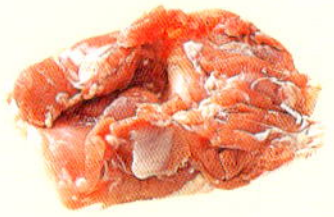

鶏むね肉 モ〜
もも肉 カ〜

鶏むね肉の脂肪分は100g中1.5gと低脂肪。鶏もも肉の脂肪分は100g中3.9g。むね肉より多いが、牛や豚の赤身肉より少なめ。皮はとる。

牛肉

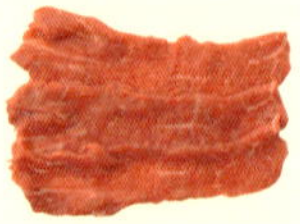

カ〜

牛肉のタンパク質は消化吸収がよく、必須アミノ酸、鉄分も豊富で、貧血予防に効果的。鉄分不足が気になるカミカミ期からOK。

豚肉

カ〜

良質なタンパク質とビタミンB_1が豊富。ビタミンB_1は牛肉の約10倍。ただし、脂肪分が多いので、赤身肉を選んで。

レバー

モ〜

鉄分、葉酸、ビタミンA、ビタミンB群などが豊富で貧血予防に効果的。鶏、牛、豚どれでもOK。新鮮で良質なものを選んで。

白身魚・赤身魚

白身魚 ゴ〜
赤身魚 モ〜

良質なタンパク質源。まだいやたらなどの白身魚は脂肪分が少なく消化吸収が◎。鮭やまぐろなどの赤身魚は鉄分、DHAが豊富。

卵

全卵 モ〜

良質なタンパク質とアミノ酸のバランスが良好。そのほか、カルシウムやビタミンB群なども豊富。しっかり加熱したかたゆでの卵黄から与えて。

乳製品

モ〜

良質のタンパク質やカルシウムを多く含む。なかでもヨーグルトなどの発酵食品は整腸作用があり、善玉菌を増加させる効果も。

豆・大豆製品

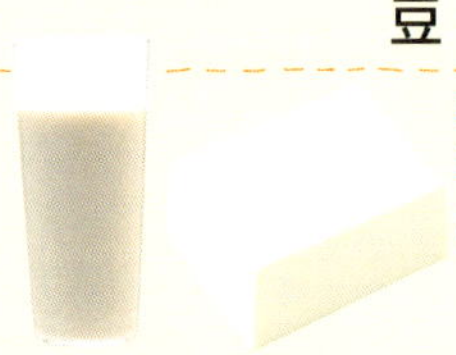

豆乳
豆腐 ゴ〜

納豆 モ〜
水煮大豆 カ〜

大豆は良質の植物性タンパク質、脂質などが豊富。豆腐、高野豆腐、納豆、きな粉、水煮大豆、豆乳、油揚げ、厚揚げ、枝豆、グリンピースなどさまざまな食品があり、それぞれ栄養価が高い。豆腐やきな粉はゴックン期から積極的に。

成長期にとりたい！

脳を育てる！

DHA

あじ

カ〜

DHAやEPAのほか、ビタミンB群、カルシウムが豊富。栄養バランスがよいので、成長期に食べさせたい魚。乳幼児は小骨に注意して。

さば

カ〜

DHAやEPAのほか、ビタミンB群、ビタミンDが豊富。魚の中でもアレルギーが出やすいので注意。カミカミ期後に1さじから。

さんま

カ〜

DHAやEPAのほか、貧血予防に効果的なビタミンB_{12}や鉄分、目の健康維持に効果的なビタミンAも含まれている。

ぶり

カ〜

DHAやEPAのほか、鉄分も豊富。脂肪分が多いので、ゆでる、網焼きにするなど脂肪分を落とした料理がおすすめ。

ビタミン・ミネラル

にんじん

ゴ〜

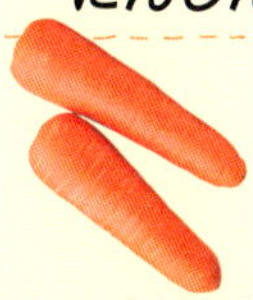

β-カロテンの含有量は野菜の中でもトップクラス。生食より、煮物や油を使用したいため物のほうが摂取量が多くなり、β-カロテンの含有率アップ。

かぼちゃ

ゴ〜

β-カロテンのほか、ビタミンEや食物繊維も豊富。中身より皮のほうが栄養価が高い。ただし、ゴックン期は皮をとり除いて飲み込みやすくして。

パプリカ

ゴ〜

ピーマンよりもビタミンCやβ-カロテンが多い。赤パプリカは抗酸化成分のカプサイシンも豊富。離乳食期には薄皮をむいて食べやすくして。

ほうれんそう・小松菜

ゴ〜

鉄分が多く、貧血予防に効果的。不足しがちなカミカミ期からしっかり利用して。鉄分のほかに、ビタミンC、葉酸、β-カロテンも豊富。

ブロッコリー

ゴ〜

β-カロテン、ビタミンCが豊富。ビタミンCがレモンの約2倍もあり、流出させないためには、さっとゆでてざるに上げ、水にさらさないで使うこと。

モロヘイヤ

ゴ〜

β-カロテン、カルシウムが豊富。強い粘りけがあるので離乳食期にはとろみづけ素材としても重宝。茎はかたいので葉をつんで使うこと。

キャベツ

ゴ〜

ビタミンCや発育に欠かせないアミノ酸も豊富。ビタミンCなどの栄養素を流出させないように、水に長時間浸さないこと。

きのこ類

カ〜

カルシウムの吸収を助けるビタミンDや食物繊維が豊富。しいたけ、えのきだけ、しめじ、まいたけなど種類によって栄養成分が異なる。

貝類

カ〜

ビタミン、ミネラルが豊富で脂肪が少ない。ほたて、カキ、あさり、しじみなどは、脳の発達に不可欠なタウリンが豊富。

海藻類

カ〜

ビタミン・ミネラルのほか、食物繊維も豊富で低カロリー食材。わかめ、ひじき、のりなど手軽に利用できるので便利。

果物

ゴ〜

ビタミンやカリウム、食物繊維が豊富。多くはゴックン期からOK。ただし、生の果汁を早期から過剰摂取するのはNG。

COLUMN

育脳栄養素No.1
効率よくたっぷりDHAをとろう！

脳の発達に重要な脂肪はオメガ3系脂肪酸

脳は脂質とタンパク質で構成されています。そのうち約60％が脂質、残りの約40％がタンパク質。そのため、脳をつくるためには、良質な脂質をとることが欠かせません。

脂質は、大きく分けて「飽和脂肪酸」と「不飽和脂肪酸」に分類されます。飽和脂肪酸は、バターやラード、肉などに含まれている動物性脂肪で、肉類ばかり食べる生活を続けていると、体内に蓄積し体脂肪になります。

一方、不飽和脂肪酸には、オリーブ油などに多く含まれる「オメガ9系脂肪酸」、サラダ油、加工食品、ジャンクフードなどに含まれる「オメガ6系脂肪酸」、青背魚やアマニ油などに含まれる「オメガ3系脂肪酸」の3つに分かれています。

オメガ9系脂肪酸は、酸化しにくく熱に強いので加熱調理に向いています。オメガ6系脂肪酸は、サラダ油、加工食品、ジャンクフード、お菓子などに多く使用されているため、日常的にとりすぎている傾向があります。ですから、いため物など加熱調理をするときは、サラダ油ではなく、オリーブ油などのオメガ9系の油を使うようにしましょう。そして、特に意識してとりたいのが、魚に含まれ、脳の発達を促すオメガ3系脂肪酸です。食生活の変化により魚を食べる習慣が減ったため、私たちはこの脂肪酸が不足しています。

脂質

飽和脂肪酸

バターやラード、肉類に多く、とりすぎると体内に蓄積され体脂肪になりやすいので注意。

とりすぎNG！

トランス脂肪酸に注意！

マーガリンやショートニング、それらを使ったパンや焼き菓子に多く使われています。とりすぎは、アレルギー症状や免疫力の低下などを引き起こす要因となるので注意。

不飽和脂肪酸

オメガ9系脂肪酸

オレイン酸

オリーブ油、なたね油（キャノーラ油）などに多く含まれ、不飽和脂肪酸の中でも酸化しにくく加熱調理向き。オメガ6系の油のとりすぎを防ぐため加熱料理には積極的にとりたい。

加熱調理に！

オメガ6系脂肪酸

リノール酸

サラダ油、紅花油、コーン油、大豆油、ごま油やお惣菜の揚げ物、お菓子などに多く含まれる。子どもの発達に必須の油だが、過剰摂取によりアトピー性皮膚炎など炎症を悪化させることが。

とりすぎ注意！

オメガ3系脂肪酸

DHA（ドコサヘキサエン酸）

青背魚やまぐろに含まれ、脳の活性化、記憶力向上などに効果があるといわれている。

EPA（エイコサペンタエン酸）

いわしなどの青背魚に多く含まれ、血栓を予防する作用があるといわれている。

α-リノレン酸

アマニ油やえごま油、チアシードなどに含まれ、体内でDHAやEPAに変換される。

生でたっぷりとりたい！

※分類の図表は編集部により簡略化しています。

効率よくたっぷりDHAをとろう！

不足しがちなオメガ3系脂肪酸は食事から摂取する

脳を活性化するオメガ3系脂肪酸は、体内でつくることができないため、食事から摂取する必要があります。しかし、魚の調理は思いのほか大変です。あじやいわしは、スーパーで三枚おろしにしてもらって新鮮なものを買いましょう。

また、缶詰を利用するのも手軽です。ただし、味の濃いものが多いので、特に離乳食期には塩分量に注意しましょう。さば缶などは、ほぐしてごはんといっしょに炊き、炊き込みごはんにするとおいしく手軽にＤＨＡが摂取できます。

毎日１食の魚料理が食べられないときは

厚生労働省は「日本人の食事摂取基準」（２０１５年版）で、オメガ3系脂肪酸の目安量を年齢別に公表しています（下記図表参照）。できるだけ、子どものうちから魚料理を食べる習慣をつけたいものですが、毎日魚料理を作るのは大変という場合は、α-リノレン酸を多く含むアマニ油やえごま油をドレッシングがわりにサラダにかける、煮野菜にあえる、汁物にたらすなどじょうずに使ってみましょう。α-リノレン酸は熱に弱く、加熱調理向きではありません。

また、α-リノレン酸は、くるみなどのナッツ類にも多く含まれますが、誤嚥のおそれがあるので、３才までは与えず、ナッツのペーストなどを使用しましょう。

魚を食べないときに

アマニ油をたらせば手軽です！

ゴックン期 ～小さじ1/4

モグモグ期 ～小さじ1/2

カミカミ期 ～小さじ3/4

パクパク期 ～小さじ1

1回の離乳食期の目安量は、ゴックン期（6カ月以降）なら小さじ1/4、モグモグ期なら小さじ1/2、カミカミ期なら小さじ3/4、パクパク期なら小さじ1程度です。ただし、これは調味料油脂として使う場合の総量。たとえば、バターを使ったらその分の油脂は減らしましょう。

サラダに！

煮物に！

汁物に！

納豆に！

豆腐に！

ヨーグルトに！

オメガ3系脂肪酸の食事摂取基準　目安量（g／日）

	0～5(月)	6～11(月)	1～2(才)	3～5(才)	6～7(才)
男	0.9	0.8	0.7	1.3	1.4
女	0.9	0.8	0.8	1.1	1.3

「日本人の食事摂取基準（2015年版）」より／厚生労働省

脳を育てる食事

Q&A

脳を育てる食事は、栄養バランスが整った食事だけではなく、食べさせ方にも気をつけなくてはいけません。ママたちが気になっていることをズバリ解決します!

Q 離乳食でも決まった時間に食事をすることは、脳にとっても大切?

A **大切です。**
赤ちゃんの生活は「眠る」「遊ぶ」「食べる」「飲む」のくり返し。ただし、睡眠リズムが整っていないことが多く、**食事時間を一定にすることで、睡眠リズムの調整にもつながります。**その結果、睡眠中に分泌される成長ホルモンが安定し、質のよい睡眠が得られ発育を促します。

Q 離乳食を丸飲みしてしまいます。

A 離乳食はかたすぎても、やわらかすぎても、赤ちゃんがかまずに丸飲みする原因になります。**かむ力は、発達に応じた離乳食で練習しないと身につきません。**赤ちゃんの口がしっかりと動いているか確認して、スプーンの与え方に注意してゆっくり食べさせましょう。

Q 野菜などの苦手食材を食べさせるにはどうすればいいですか?

A 苦手意識がある食材も、ママや家族、食卓を囲む人たちがおいしそうに食べる姿を見て食べることも。にんじんを型抜きしたり、好きなキャラクターのお皿に盛りつけたりなど、見た目から楽しさも演出してみて。**周囲環境とごはんを目にしたときの刺激が、食べてみたいという興味を引き出します。**

Q よくかむと頭の働きがよくなるって本当?

A よくかんでいるときの脳の画像を見ると、広い範囲で血流が促進され、神経細胞の働きが活発になっています。**かむことで脳が刺激されることは確かです。**ただし、かめばかむほど頭がよくなるといえるかは不明です。かたいもの、やわらかいもの、**いろいろなかたさや食感に合わせてかみ方を変える力を身につけることが大切です。**

Q 食べ終わっていないのに、立ち上がったりして困っています。

A 食事中、席を立ったり、そわそわ落ち着きがなくなってきたら、集中力が切れたサイン。**無理して残さず食べさそうとすると、食事が苦痛になってしまうことも。**ある程度の量を食べていたら、潔く「ごちそうさま」をしてもいいでしょう。

PART

5

体を使った親子遊びは最高の「育脳」です

運動が脳を育てる!

「頭のいい子に育てたい!」と文字や数字を
早いうちから教えることにはあまり意味がありません。
乳幼児期に大切なのは、しっかり体を動かすこと。
しかも、パパやママといっしょにリラックスして楽しめれば、
それは脳にもとてもいい影響が与えられるのです。

脳科学で証明されている!

じゃれつき遊びが脳を育てる!

脳を育てるために決して欠かせないのが運動です。なかでも自由にじゃれついて遊ぶことが、かしこい脳の土台づくりにも有効なのです。

毎日のじゃれつきタイムで自律神経の働きが整う

「体を動かすと、頭がスッキリする」「散歩すると、アイディアがひらめく」という経験のある人は多いと思います。それは、体の動きと脳の働きが非常に密接につながっているからです。

子どもの脳と運動は、切り離すことはできません。体を動かすことで脳に刺激が加えられ、働きのよい脳に成長していくのです。なかでも、じゃれついて遊んだり、リズムに合わせて自由に踊ったりすることは、「からだの脳」も「おりこうさん脳」も同時に育てることがわかっています。

そのことを証明する、こんな実験があります。保育園の保育活動中、1日1回、じゃれつき遊びやリズム遊びの時間をとり入れたところ、3カ月後には自律神経の活動量が上がった子がふえたのです。

自律神経の働きは、脳幹や大脳辺縁系といった「からだの脳」の育ちと深くかかわっています。自律神経が整うことは、「からだの脳」の働きがよくなっている(子どもの場合は、脳が育っている)ということの証明でもあるのです。

高い高〜い
ウキャキャ♪

「がまんする力」はよく遊ぶ子のほうが育つ

別の実験で、運動と「おりこうさん脳」の関係についても調べています。大脳皮質(おりこうさん脳)の中で、最も高度な機能を持つのが前頭前野(前頭葉の一部)で、「意思」「集中力」「がまん力」などをコントロールする、人間ならではの高度な機能を持つ部分です。なかでも「抑制機能」は、衝動的な行動を意思の力で抑えたり、周囲に惑わされずに集中したりする力。いわゆる「頭のよさ」につながる働きなのですが、そこがどん

親子のじゃれつきは五感も脳もフル稼動!

触覚
さわられてくすぐったい!
足をジタバタして逃げよう!
聴覚
ママの笑い声が聞こえる!
楽しい!おもしろいな!
視覚
ぎゃっ!つかまった!

じゃれつき遊びにルールはありません。親も子も自由に、くすぐったり、転がったり、高い高いしたりしましょう。ルールのない動きは、子どもの五感を活性化させる働きもあります。

たっぷり興奮するから ブレーキをかける力が育つのです

なときに活発に働くか調べた実験です。

「A：おとなしく座っている子」「B：じゃれついて遊んでいる子」「C：マット運動など決められた運動をしている子」に、色文字で書かれた言葉を見せ、それが「何色か」を答えるという課題（ストループテスト）を出しました。一見簡単そうですが、白い文字で「みどり」と書かれていると、「緑」と答えたくなってしまうものです。正しく答えるためには、前頭前野の「抑制機能」が働かなくてはいけません。

テストの結果、最も正解率が高かったのは「B」のじゃれついて遊んでいた子たちでした。次が「C」の子たち。おとなしく座っていた「A」の子たちの結果が最も悪かったのです。つまり、大人にじゃれついて遊んだり、興味を持って手足を動かしたりしていた子のほうが、脳の抑制機能が働いているということなのです。

一見、おとなしく座っていると、抑制機能が働いているように思えます。しかしそれは、強い興奮や衝動を味わっていないだけなのかもしれません。思いっきりアクセルを踏む（衝動・興奮）ことがなければ、ブレーキを強く踏む（抑制機能）必要もないわけなので、「見せかけの抑制機能」である可能性があるのです。

幼児期の自制心は見せかけの脳の発達!?

子ども時代は、興奮したり、ちょろちょろしたり、人にじゃれついたりするものです。それは、脳の発達上必要性があってのことなのです。

前頭前野のシナプスは9才くらいまでにどんどんふえていきますが、10才ごろに刈り込まれ、整理されます。その時期までにどれだけ多くのシナプスをふやすかで、刈り込まれたあとに残るものの質が違ってくるのです。いいかえれば、9〜10才までにどれだけ子どもを興奮して遊ばせたかで、将来の学力まで決まるともいえるのです。

ところが昨今の大人は、子どもたちの興奮や大はしゃぎを嫌う傾向があります。おとなしく座っていられる「いい子」を求めて、強い衝動や興奮を味わう機会を奪っているとすれば大問題です。興奮しやすく、よく話し、興味の対象には猪突猛進する「少し手のかかる子どもらしい子ども」のほうが、あとでぐんと伸びていくのです。幼いころは大変ですが、「将来が楽しみな子だ」と思うといいですね。

幼児期、子どもの脳をすくすく育てたいと思ったら、毎日の生活の中に親子のじゃれつき遊びをとり入れてください。最も信頼している親とじゃれつくとき、最も脳が活性化します。

じゃれつき遊び初心者さんなら、朝起こすときに抱っこしたり、おなかをくすぐったり、毛布にくるんでゴロゴロしたりするなど、お布団の上で遊ぶのがいいですね。ギャハギャハ大笑いできたら、もうそれで大成功。すっきり目も覚めるので、一石二鳥なのです。

一方通行な刺激のテレビとは大違い！

テレビやDVDを見せっぱなしにすると、脳はくつろぎモードになり受け身状態になります。興奮や衝動とはほど遠く、前頭前野が不活発な状態が続くことになります。

PART 5

0～3カ月

ねんねのころ

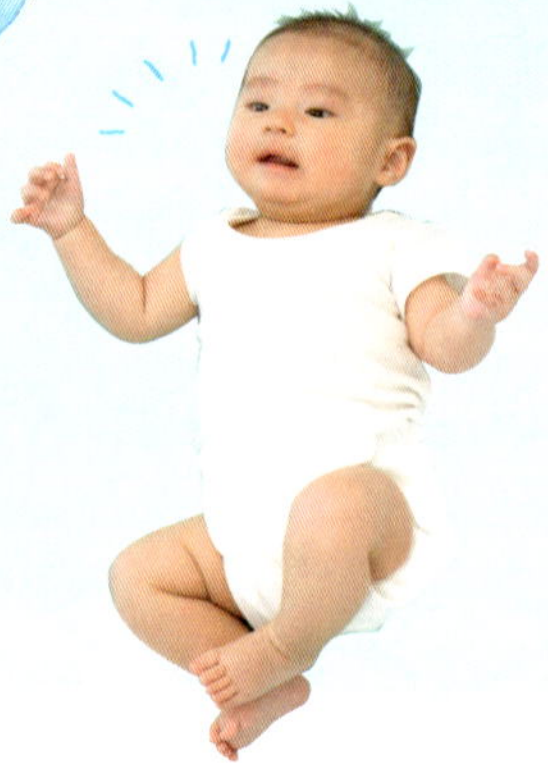

この時期の 遊び方アドバイス

- 原始反射を促す遊びを
- 五感からの刺激をとり入れる
- スキンシップこそが遊び

原始反射を利用して動きの土台をつくろう

生まれてすぐの赤ちゃんの脳は、配線工事の真っ最中。ものすごい勢いでシナプスがふえ、新しい神経回路がどんどんつくられています。この時期の赤ちゃんは無意識の動きを通して、運動にかかわる脳を発達させています。さまざまな動きを試しながら、動きを少しずつ洗練させていくのです。

特別「遊ぼう」と思わなくてもいい時期ですが、もし遊ぶなら「原始反射」を利用したものがおすすめです。反射による行動は、動物にとって動きの基礎になるものなので、何度もくり返すことで動きの土台がつくられ、次のステップへと進めるのです。ごきげんのいい午前中などに試してみて。

【「なんだろう」「気持ちいいなぁ」スキンシップ遊びで五感を刺激】

アタシの手で
ギュー

「把握反射」で遊ぼう

手をギューっとね

赤ちゃんの手のひらに指をふれると、ギュッと手を握ってきます。これは原始反射の一つ、「把握反射」によるもの。足の裏にも反射があるので、足の指もギュッ。そのあとはママの手でゆっくり開き、緊張を解いてあげましょう。

足でも
ギュー

ママの指で
スリスリ

育脳ポイント

五感を刺激することを意識しましょう

赤ちゃんにとって、五感で感じとる情報はとても新鮮。ママやパパの楽しそうな表情や言葉がけによる心地よい刺激は、赤ちゃんの心と体に働きかけ、脳を育てていきます。

0～3カ月

音の鳴るおもちゃを追視
ボールを見つめて

赤や黄色の音の鳴るおもちゃを赤ちゃんの視野に入れ、上下左右にゆっくりと動かして追視遊びをしてみましょう。赤ちゃんの視野はまだとても狭いうえ、はっきりとは見えませんが、「なんだろう」と不思議そうです。

じーっ

こっちだ

育脳ポイント
「これなんだ？」は視神経からの刺激

視力が未発達な赤ちゃんにとって、世界はうすぼんやりとしています。鮮やかな色のものを視界に入れることで、脳の視覚野が発達します。「〇〇ちゃん、ごきげんだね」と声をかけて。

赤ちゃんと
おしゃべり

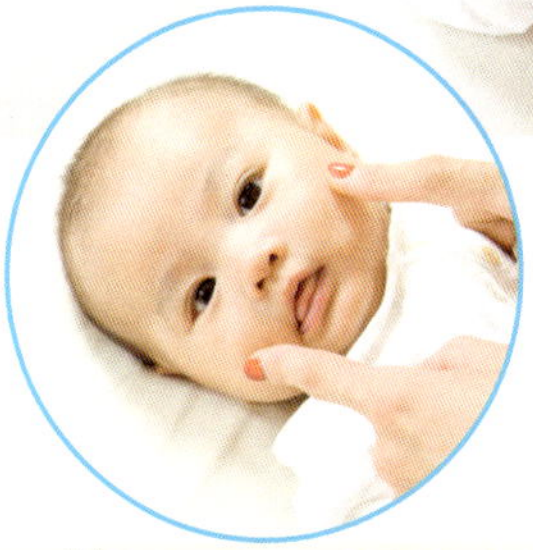
つん
つん

「口唇《こうしん》探索反応」と「吸啜《きゅうてつ》反射」で遊ぼう
ほっぺをつんつん

「〇〇ちゃんのほっぺ、ふわふわだね」などと声かけしながら、ほっぺや口の周りをつんつん。原始反射で、指先を吸おうとするので「ママの指おいしいかな？」などとおしゃべりを。

育脳ポイント
楽しく言葉をかけながら

声のトーンは高めにし、最初に赤ちゃんの名前を呼びかけるのがコツ。目はまだぼんやりとしか見えませんが、耳はしっかり聞こえるので、ママの声を感じて楽しい気持ちになります。

体を動かす経験が脳への刺激となります

十文字学園女子大学
人間生活学部幼児教育学科
鈴木康弘先生

人はなぜ動くのでしょう。それは「動きたい」と思うからです。ふと目に入った何かに興味を持ち（知的発達）「さわってみたい」と思います。首を動かし、手を伸ばして（運動能力の発達）ふれることができると「やった！」と喜んだり、「音が出た」と驚いたりします（知的発達）。すると今度は音が聞きたくて振ってみたり（運動能力の発達）。そんなふうに、知的発達と運動能力の発達は、車の両輪のようにともに発達するのです。

もう一つ重要なのは、ともに遊ぶ人、自分ができるようになると喜んでくれる人の存在です。コミュニケーションの楽しさがあるからこそ、「もっとやりたい」という意欲が生まれるのです。脳育てにつながる運動は、気楽に笑顔で、が大切です。

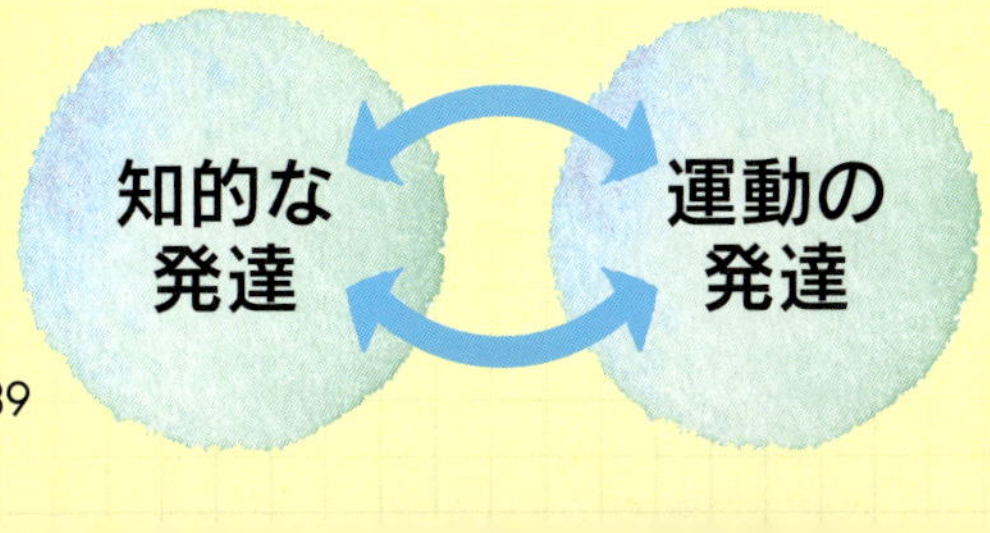
知的な
発達
運動の
発達

「歩行反射」でどんどん歩こう
おっちらこ

赤ちゃんの両脇を支えながら、足の裏が地面につくようにしてあげると、足を左右順番に前に出して歩くような動きをします。「おっちらこ～」と声をかけながら、あんよを楽しく体験。

あんよ
あんよ

育脳ポイント
首がガクンとしないよう注意

寝ているときとは見える風景も違い、体のバランスも変わるので、赤ちゃんにはとても新鮮。脳への刺激となります。首が不安定な時期なので、脇と首はしっかり支えてあげて。

4〜6カ月

寝返りのころ

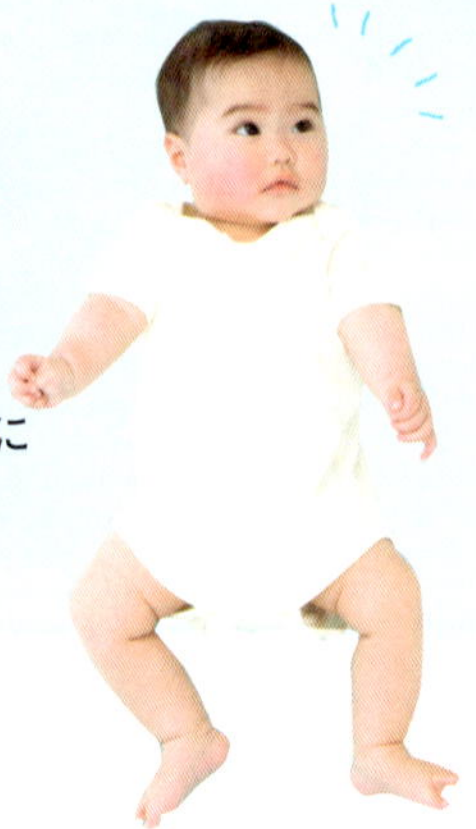

この時期の 遊び方アドバイス

- このページの遊びは首がすわってからに
- 体の発達を促す遊びをとり入れて
- なめてもいいよう、おもちゃは清潔に

赤ちゃんの表情を見ながら発達を促す遊びを

体つきもしっかりし、首もすわってくる時期。原始反射が消えていくかわりに、自分の意思で手や足を動かそうとする段階に入りました。そんな時期の遊びは、体の発達や心の発達を少しだけ手助けするものがいいですね。うつぶせにしたり、ママのおひざに座らせて視界を変化させてみたり、寝返りのように下半身をひねり始めたら、手を添えてコロンと回してあげたり。

「高い高い」などの、単純だけど少し緊張感があって、でもすぐ安心できるような遊びも大好きになります。「やりたい」「イヤ」という意思も芽生え始めているので、きげんが悪くなったらおしまいにしましょう。

【動ける・視点が変わる こわくて楽しいダイナミック遊び】

風景が動く！ なんだこれ？

ゆらゆら ハンモック

バスタオルや毛布などに赤ちゃんをあおむけに寝かせ、大人2人が両端をつかんでゆ〜らゆら。赤ちゃんの首がしっかりすわってからやることと、周囲を片づけて、広い場所でやることがルールです。

育脳ポイント

脳がバランスをとろうとする

体が浮遊する遊びは、脳が「バランスをとろう」とするので平衡感覚が鍛えられます。見える景色も変わってエキサイティング。

気持ち いいね〜！
ゆ〜ら ゆ〜ら
タオルの端は しっかり持とう

いろんなバリエーションで
いないいないばぁ

ママの顔を隠す方法もいいのですが、赤ちゃん自身の視界に変化をつけるとさらに楽しくなります。顔にガーゼをのせて「ばぁ」と開けたり、ママの手で赤ちゃんの顔を隠して「オープン！」などやり方を変えて。

育脳ポイント

記憶力が育つ！

「いないいないばぁ」遊びの育脳ポイントは145ページを参照。この時期はまだ短期記憶の発達途上なので、コミュニケーション遊びとして楽しみましょう。

ばぁ

いないいない

ごろーんして
ごらん

ママとゴロゴロ
寝返りごっこ

寝返りを促す遊びです。赤ちゃんの腰を持って左右にごろんごろんと転がしたり、赤ちゃんと抱き合って、ゴロゴロいっしょに転がったり。そのままじゃれあって、ママも赤ちゃんも大笑いして遊びましょう。

育脳ポイント

「転がる」感覚を体が覚える

何度も同じ姿勢や動きをくり返すことで、その動きを脳が理解し、動きを洗練させていきます。ママと転がる、手を添えてもらって転がる、などをくり返すなかで「寝返り」も完成に。

視界が揺れてスリル満点
ふんわり宇宙遊泳

大人が両手で赤ちゃんの太ももをしっかり持ち、リズムに合わせて前後左右に揺らします。慣れてきたら、ママがわざとバランスをくずしたりして、赤ちゃんの平衡感覚をさらに鍛えましょう。

育脳ポイント

**見える景色が一変して
ドキドキわくわく**

視点が変化するということは、世界が変化するということ。今まで見えていなかった世界が見えるようになり、赤ちゃんの脳にさまざまな刺激をもたらします。

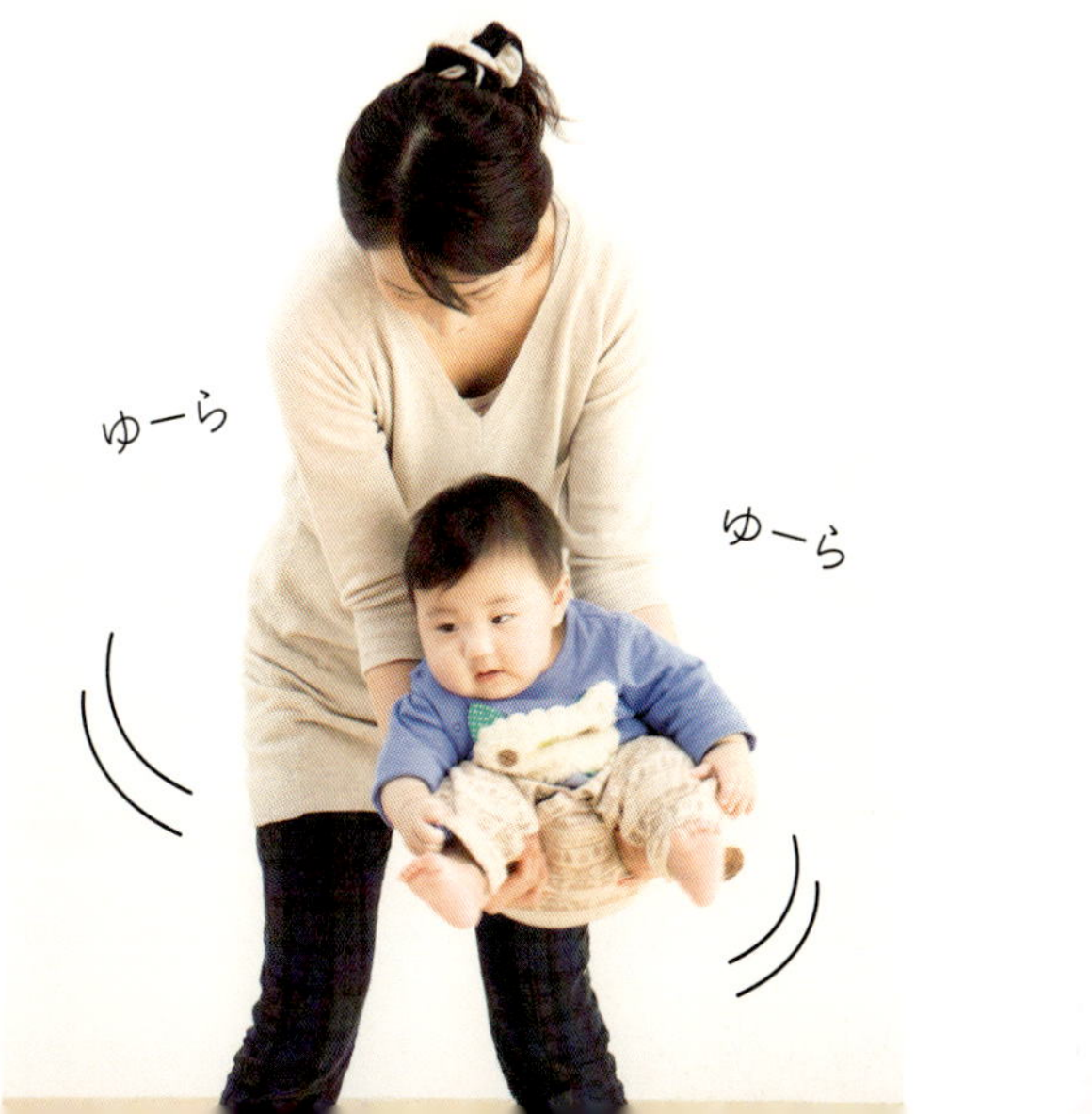
ゆーら
ゆーら

「高い高い」の入門編
風船ふわーん

ママが座った状態で赤ちゃんの両脇を持ち、「風船が……ふわ〜ん」と言って、ゆっくり持ち上げます。高い位置で止めて周囲を見せましょう。ダイナミックな遊びにはまだ少し早いかな？と思う子にぴったり。

育脳ポイント

**変化する視界に
ワクワクどきどき**

視界がゆっくり変化することに赤ちゃんはドキドキ。足が宙に浮き、再び地面に着地する感覚も、脳への刺激になるのです。

上がり
まーす
ふわーん

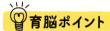

7〜11カ月

はいはい〜たっちのころ

この時期の 遊び方アドバイス

- 行動範囲が広がるので安全面に配慮を
- 赤ちゃんの発達に合わせて遊ぼう
- 「できた!」をいっしょに楽しもう

大人には「いたずら」に見える行動も赤ちゃんには大切な「学び」

両手が自由に使えて、はいはいができるようになると、「ティッシュを全部抜いちゃった」「何でもポイポイ投げちゃう」「動き回って危ない」など、困った行動もふえるかもしれません。でもそれは赤ちゃんにとって、覚えたばかりの「旬」の動きなのです。「旬」の動きは「旬」の時期に徹底的にやり込むことが、育脳にも運動能力の発達にも重要です。「ダメ」と止めるばかりではなく、環境を工夫し、遊びとしてどんどんやらせましょう。そのうえで、次のステップ(つかまり立ちや、あんよ)を促すような遊びも少しずつとり入れて、発達を手助けしてあげたいものです。

【ぐーんと広がる遊びの世界。体をどんどん動かそう】

追いかけながらはいはい ボールとり競争

鮮やかな色のボールを転がし、ママと赤ちゃんがいっしょに追いかけます。ママが楽しそうに追いかける姿を見て、赤ちゃんの「動きたい!」「いっしょに遊びたい!」という気持ちに火がつくのです。

育脳ポイント

距離や位置の感覚を身につける

はいはいしながらボールを追いかける遊びは、移動が伴います。自分の体を移動させて遊ぶ経験を通して、空間認知(方位、位置、距離)能力の発達が促されます。

7～11カ月

段差のある場所もはいはいで！

はいはい探検隊

出発だよ！

部屋の家具を寄せて広くし、「布団の山」や「マットレスの海」などを用意して、いざ探検の旅へ。赤ちゃんを追いかけたり、ふたりで転がったりしながら自由に遊びましょう。段差のある場所をはいはいで越えることで、手足の筋肉が鍛えられます。

育脳ポイント

はいはいは育脳に欠かせない運動

はいはいで移動した先で、赤ちゃんは新たな刺激を受けます。新奇な出会いの積み重ねが脳への刺激となって、ますます脳を発達させていくことにつながるのです。

ママのトンネルをくぐり

布団の山を越えて

ごろごろ海を渡ろう

まずは音を出す遊びから

積み木カチカチ

積み木を積めるのは1才ごろからなので、まずは両手に持って打ち鳴らすところからスタート。ママが両手に持ってカチカチすると、赤ちゃんも興味を持ってマネするかも。うまく音が出なかったら、手を添えて教えてあげて。

育脳ポイント

「まねして動く」は高度な脳の活動

ママのまねをして積み木を打ちつけるという動作は、視覚情報と身体運動という複数の感覚を調節・統合する複雑なものです。これは脳のネットワークに、より刺激を与えます。

カッチ
カッチ

つかまり立ちを応援！
あのおもちゃはなんだ？

低めの台やテーブルの上におもちゃを置いて、「これ何かな？」と興味をひいてみて。さわりたくて手を伸ばしているうちに、いつの間にか「つかまり立ち成功！」ということも。後ろに倒れるかもしれないので、背中に手を添えてあげましょう。

育脳ポイント
つかまり立ちで「目線の高さ」もGET！

二足歩行に向けた最初のステップは、自分の力で「目線の高さ」を獲得すること。急激な視野の変化に赤ちゃんは驚くかもしれませんが、「やったね」と喜んで。

投げる動作を覚えちゃおう
缶ぶた円盤投げ

お菓子などの丸い缶のふたは、床に放り投げると「カラーン」と音を立てるので、何度も何度も落としたくなります。これが「投げる」という動きにつながるのです。2枚あれば打ち鳴らして音を楽しむことも。最初はママがやり方を見せてあげて。

育脳ポイント
放すことで「抑制」を育てる

投げるという動作は、つかむよりずっとむずかしいのです。関節の屈曲を抑制してタイミングをはかり、指をじゅうぶんに伸ばさなくてはいけません。「活動」と「抑制」をコントロールする脳の機能が使われます。

見える世界が変わった！
それゆけ飛行機

ママは両手で赤ちゃんのおなかをしっかり支え、赤ちゃんの両足はママのおなかを挟むように。そのままゆっくり立ち上がると視界が開けてびっくり！　こわがるようなら、座ったままでも大丈夫。背中の筋肉も育ちます。

育脳ポイント
体勢を変えると視野が変化する

背中から下半身にかけてしっかりするので、こんなポーズもできるように。首をもち上げると視野はさらに広がるので「あれなんだろう」などの声かけを。

じつはすごい！ いないいないばぁの秘密

「いないいないばぁ」遊びが楽しめるということは、赤ちゃんの脳が高度になった証拠。なぜなら、「顔を隠しても、そこにいるのはママだ」と理解できていて、「ママがもうすぐ顔を出すぞ」と期待することもできて、さらに「ばぁ！」と顔が出た瞬間に「やっぱりママだ！」と確認できるからこそ、この遊びは楽しいのです。

何度もくり返すと、「『ばぁ』の顔はここに出てくる」と予測できるようになりますから、今度は「いないいない」の時間を長くしてみたり、顔が出てくる位置を手の上下左右と変えてみましょう。赤ちゃんは「同じパターンのくり返し」が大好きですが、くり返すうちに「ちょっとズレる」「意外性がある」ことのおもしろさもわかってくるのです。まさにハイレベル！

なかにはママが顔を隠すと不安になる子もいますので、その場合はすぐやめて抱っこで安心させましょう。

[バリエーションを楽しもう]

タオルやガーゼで

ママが顔を隠すのではなく、赤ちゃんをおおうようにタオルをのせて、自分でとって「ばぁ！」。

カーテンに隠れて

カーテンに隠れると、完全に周囲が見えなくなる。かくれんぼ的な感覚を楽しめるようになった証拠。

あんよに向けて足腰を鍛えて ポンポンジャンプ

向かい合って座り、赤ちゃんの両脇を持ち上げて「ポンポン」と軽く2回はずませます。次に「ジャーンプ！」と言って高く体を持ち上げ、足からしっかり着地させます。ダイナミックな遊びだから、パパと遊ぶのもおすすめです。

育脳ポイント

「そろそろ？」の予測でワクワク

何度かくり返すと、「ポンポン」の段階から「ジャーンプ」を予測&期待してキャッキャとはしゃぐように。そこで予測をはずして違う動きを入れるのも、脳の刺激に。

1才～1才6カ月

よちよち歩きのころ

この時期の 遊び方アドバイス

- 「歩く」「動く」を遊びのなかにたっぷり
- 言葉のやりとりをしながら遊ぼう
- バランス感覚を養うことを意識して

室内を安全に片づけて どんどん歩かせちゃおう

二足歩行と言葉の発達。人間らしい2つの能力が開花する時期です。運動能力と知的能力はリンクして発達していくので、言葉と動きを両方使うような遊びをたくさんすることが発達の応援になります。

この時期の「旬」の動きは歩くこと。意識的に歩く動作をとり入れたいものですが、まだ歩きが不安定なうちは、公園よりは児童センターなどの室内がおすすめです。「あっち行ってみよう」「これ持ってきて」など、言葉のやりとりと歩くことを組み合わせながら遊びましょう。音楽に合わせて体を動かすことも大好きになるので、リズム遊びはぜひ毎日の日課に。

体のバランスをとりながら あんよじょうずになっていこう

歩行のバリエーションをふやす

デコボコ歩き

座布団やマットレスなどで段差をつけ、その上を歩く練習。平坦な場所以外で歩くことで、バランス感覚が身につき、歩き方も安定してきます。ママが手をつないで、ゆっくり歩くことからスタート。

育脳ポイント

段差を認識して距離をはかる

転ばずに歩くためには、目で段差を確認して、足をどのくらいもち上げるか判断しなくてはいけません。ゆっくり考えながら足運びをする子なら、ママもじっくりつきあってあげて。

「役に立つ」喜びを遊びで実感

お買い物ごっこ

子どもが好きな野菜や果物を並べ、少し離れた場所から「バナナくださいな」とお願いします。子どもが持ってきてくれたら「バナナ、ありがとう」と感謝を。「物を持ってバランスよく歩く」ことと「役に立つ喜び」を同時にレッスン。

育脳ポイント

物を持って歩いて平衡感覚を鍛える

物を持って歩くというのは、大人が思う以上にバランス感覚を必要とするもの。それでも「ママのため」と思って運ぼうとするのも、脳のすばらしい発達なのです。

1才～1才6カ月

自由に動くことが大事

レッツ、ダンス♪

好きな音楽をかけて、好きなように体を動かしましょう。ママやパパが楽しそうに踊っている姿を見せれば、子どももノリノリに。「動くって楽しい。音楽大好き」と思えるはず。

育脳ポイント

リズム遊びは脳育てに最適

じゃれつき遊びと同じくらい、脳を活性化させるのがリズム遊び。決まった振付などなく、感じたままに体を動かすほうが脳の働きが高まるのです。

ママとふたりでどこまでも

いっしょに歩こう

子どもの足をママの足の甲にのせ、両手をつないでいっしょにあんよ。子どもにとっては未体験の「大股で歩く」感覚が味わえます。ママの足から落ちないようにがんばることで足の筋肉が刺激され、土踏まずの形成を促します。

育脳ポイント

わざとバランスをくずして「おっとっと」

イチニ、イチニ、のペースで歩きながら、いきなり「おっとっと～」とペースを乱し、再びリズミカルに。バランス感覚とリズム感が育ちます。

おっとっと～
足はしっかりのせてね

あれれ～
じゅうたんが動いたよ

床が動いた!?

魔法のじゅうたん

子どもをバスタオルに座らせたら、「魔法のじゅうたんが空を飛びますよ」と言って、そっと引っぱって。バランスをくずして転ばないよう様子を見ながらゆっくりと。慣れてきたらタオルの端をギュッと握らせ、スピードアップ。

育脳ポイント

揺れるシートで姿勢を保つ

自分が動くのと、動くものの上でバランスをとるのとでは、脳の働きも変わります。うつぶせになったりあおむけに寝たり、タオルの上での姿勢は自由に変えてOK。

1才半～2才

しっかり歩きのころ

この時期の 遊び方アドバイス

- どんどん外に出ていろんな場所で歩こう
- 公園などで非日常的な動きもとり入れて
- 家でも外でも五感を刺激する遊びを探そう

好奇心をフル稼動させていろんな歩き方にトライ

歩き方が安定してきたら、外に出てさまざまな場所を歩かせましょう。多彩な歩き方を豊かに経験することで、歩く動作が上達していくのです。歩くのがじょうずになってきたら、階段の上り下りや、低い台からのジャンプ、ボールを投げるなど、今後の運動の基礎になるような動きも遊びの中にとり入れたいものです。

公園の遊具でも楽しく遊べるようになります。すべり台のスピード感、ブランコの浮遊感、砂場でのどろんこの手ざわり、四季折々の花の香りなど、公園は日常とは違う五感の刺激にあふれています。脳育てのためにもどんどん外に出て行きましょう。

【どんどんお外に連れ出して全身&全力で遊んじゃおう】

自然は不思議でおもしろい！

落ち葉のシャワー

秋になったら、落ち葉と遊びましょう。落ち葉の山を踏み分け歩くのは、歩く練習にも最適。振ってくる落ち葉を受け止めたり、しゃがんで落ち葉を集めたり、両手でつかんで舞い上げたりと、全身運動にもなります。ついでにどんぐり探しも楽しいですよ。

うわ～♪

育脳ポイント

落ち葉は五感で堪能しよう

落ち葉のシャワーは、手ざわり、音、香り、色など、味覚以外のすべての感覚で楽しめます。「シャカシャカ音がするね」「土のにおいだね」などママの感じたことを言葉に。

落ち葉の中
ガサゴソ

芝生の上

斜めの場所

かに歩き

育脳ポイント

確認しながら足を踏み出す

足元の感触が変わると、脳に送られる刺激も変わります。子どもも「いつもの歩き方じゃダメだ」と工夫します。迷っているようなら「足はこっち」とアドバイスして。

歩きにくいからワクワクするね

いろんな場所を歩こう

いろんな場所を、いろんな姿勢で歩かせてみましょう。歩きにくそうなときには手を貸し、「かにさん、かにさん」「イチニ、イチニ」など、リズミカルな言葉をかけて。芝生や土の上で「よ～いドン」と声をかけて、小走りの練習に挑戦してみても。

1才半〜2才

視界がぐるりと1回転！

ママと前回り

ママの肩に子どもを担ぎ上げ、抱えながらママの体を前方に倒し、そのままぐるりと回転させて足の上に着地。背中、足、腰の力が鍛えられ、平衡感覚も養われます。このスリルがたまらない〜！

肩にのせて
ぐるん
やった！

育脳ポイント

この姿勢のまま じゃれついて

何度もくり返してやりたがったら、そのまま「じゃれつき遊び」にシフト。転がったり、でんぐり返りしたり、予想外の動きをしたほうが脳は活性化します。

「投げる」遊びは大事

ボールをエイヤ！

いくつものボールを部屋に転がして、拾っては投げ、拾っては投げ。ママもいっしょにやって見本を見せましょう。じょうずに投げるのはむずかしい年齢ですが、遊びの中にとり入れて楽しみながら。

育脳ポイント

投げたボールを色別に集めて

「赤いボール拾ってきて」「小さいボールを持ってきて」と色別、大きさ別に分けていっしょに片づけを。色や大きさを示す言葉のレッスンにも最適です。

えーい！

ふくろにシュート！も楽しい

入った！

投げるのがじょうずになったら、バスケットボールの要領で、袋やリングに入れる遊びを。お片づけの一環として挑戦するのもいいですね。

グラグラ〜

不安定でも背筋を伸ばして

おひざに立てる？

ママが足を伸ばして座り、ひざの部分に子どもが起立！ グラグラせずに立てたら、今度は少し曲げたひざの上に立ってみよう。不安定な足元でもバランスよく立とうとがんばることで、体幹の筋肉がしっかりしてきます。

育脳ポイント

興奮から集中へ気持ちの切りかえ

「ママと前回り」でさんざん興奮したあと、この遊びにシフトしましょう。落ち着いて姿勢を正さないといけないので、気持ちの切りかえに最適です。

2才 スタスタ歩きのころ

この時期の 遊び方アドバイス

- 走る、跳ぶ、しがみつくなど動きを多彩に
- 自分から「やりたい!」と思える遊びを探して
- 「がんばれ」「楽しいね」と言葉かけを

ひとそおりの動きを体験してる? 遊びの中で確認しよう

自己主張が強くなる2才児ですから、運動や遊びも「ママの言いなりはイヤ」というお年ごろ。子どもの興味を引き出すかたちで遊びに誘導しましょう。「じょうずにできたね」「ママ楽しいな」という言葉がけがあるだけで、がぜんやる気がわくのです。

運動面では、ひととおりの動きを経験させたい時期です。歩く、走る、ジャンプする、ける、投げる、しがみつく……。もちろんじょうずにできなくていいのですが、その動きをしてみることで脳に「動き」の回路ができて、その後の習得がラクになるのです。じょうずにできることより、やってみることに力点をおいて、楽しみながら挑戦!

走ったり跳んだりが大好き。やる気と自信を育てよう

どっちに飛ぶかわからない!?

シャボン玉を追いかけろ!

ママがシャボン玉を飛ばし、子どもはシャボン玉を追いかけます。風向きしだいでどう動くかわからないシャボン玉なので、子どもも走ったり止まったり。もし子どもが「シャボン玉やるー」と言ったら選手交代。ママもシャボン玉を追いかけよう。

育脳ポイント

ゆっくり動くものを目で追う

動くものを見つめながら追いかけるのは、動体視力を鍛える意味でも大切。シャボン玉はゆっくり動くので、2才の子でも見失わずに追いかけられるのがいいですね。

ママとポーンポン

風船バレー

外でも室内でもできる遊び。ふたりで向き合って、風船をやさしく打ち合いましょう。風船はボールより動きが遅いので、小さい子でも打ち返しやすいもの。室内でも楽しめます。お布団の上なら転んでもへっちゃら!

育脳ポイント

動きを予測してキャッチ

風船は軽いので、思わぬ方向に落ちることも多いもの。そこまで移動しながらキャッチしたり打ち返すことで、目と手と足の動きが連携されるのです。

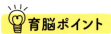

2才

体の筋肉フル稼動でしがみつけ!
くまの赤ちゃん

ママの体に、両手両足でしっかりしがみつこう。ママがはいはいしながら動くことで、子どもはよりがんばってしがみついてきます。力つきて落ちたときにケガしないよう、頭はママの手でカバーするか、落ちても痛くない毛布の上などで遊びましょう。

育脳ポイント

試行錯誤するから脳が鍛えられる

「足にはどれくらい力を入ればいい?」「体よりも首の周りのほうがしがみつきやすい?」など、遊びが楽しければ子どもはいろいろなことを試します。この試行錯誤が脳をはぐくむのです。

※足元が安定するまでは、そばで大人が見守りましょう。

足をそろえ、屈伸ではずみを
ジャンプでぴょーん

低い段差から、両足をそろえてジャンプします。最初はママが向かいに立ち、両手をつかんで手助けを。ひとりでジャンプするときは、足の指に体重をのせるようにして、はずみをつけることが大切です。

育脳ポイント

こわいけどやってみよう!

どんなに低い場所でも、飛び降りるのは勇気が必要。「こわいけれどやったらできた!」という体験が脳に刻み込まれると、次の挑戦につながります。ママもたくさんほめて!

脳と体の連携をリズミカルに
グーパージャンプ

向かい合って手をつなぎ、「グー」と言ったらママは足を広げ、子どもは足をそろえて着地。「パー」と言ったらママは足を閉じ、子どもは足を広げます。最初はゆっくりでOK。

育脳ポイント

予測→実行で認知力アップ

ママの足の動きを予測し、足の動きを調整することで、遊びながら脳の実行機能(思考や行動を制御する認知システム)を働かせます。グーとパーのパターンを変化させても。

3才

トコトコ走りのころ

この時期の 遊び方アドバイス

- 意外性のある動きをとり入れよう
- ハンディをつけつつ親も真剣勝負
- 楽しい！と思わせる応援言葉を使おう

運動が「得意」な子よりも運動が「好きな子」に

3才になると「運動はあまり好きじゃない」と思う子も出てきます。それでも幼児期にたくさんの動きを経験することは脳の発育にも健康にも大事なことなので、親子遊びはぜひ続けて。「ママ、〇〇ちゃんと遊ぶの大好き」「楽しかった。またやろう」など、じょうずへたではなく、楽しいからやるのだというメッセージを伝え続けましょう。

遊びは全身を使うものを意識的にふやしていきたいものです。この時期、ぴょんぴょん跳ぶことが好きな子も多いですが、脚力だけでなく、着地するときに姿勢を維持する力もつきます。ルールを理解する力もついてくるので、簡単なゲームもとり入れて。

ルールのある遊びにも挑戦できる！がんばれる！

ピョンピョン、ピョーーン！

カンガルージャンプ

ママと子どもが手をつなぎ、「ピョンピョン」と言いながらいっしょにジャンプ。そして3回目は、子どもだけを「ピョーン」と高く持ち上げる大ジャンプを。目を見て、息を合わせることがとても大事です。

育脳ポイント

相手の動きや呼吸に合わせる

ふたりそろって跳ぶのも、大ジャンプをするのも、息が合わなければじょうずにできません。目を見て動きを合わせることで相手との一体感が増し、社会性や協調性につながります。

ママには負けないぞ！

おすもうごっこ

ママは両ひざを立てて座り、子どもはふつうの姿勢で「はっけよーい！」。大人はおしりをつけたままなので力が入りにくく、案外いい勝負になります。「負けてあげる」ではなく真剣勝負でやってみるのも、子どもの意欲に火をつけます。

育脳ポイント

どうすれば勝つ？大人はヒントを

最初は勝てなくても、何回もやるうちに勝つ方法がわかってくるかも。「うまくいかない」といじけそうになったら、「胸の真ん中を押してみて」など、ヒントを出しましょう。

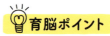

3才

育脳ポイント

ルールも自由に変えて遊ぼう

変則的な動きをとり入れることで、脳に多様な刺激が加わります。また、「こうすればもっと楽しい」というルールを子どもといっしょに考えてみることも大事。

変則的な動きも入れて ママと鬼ごっこ

ふつうに追いかけるのではなく、できるだけ子どもが変則的な走りになるよう考えて。後ろから捕まえるだけではなく子どもの前に回り込んでみたり、ママが逃げるときは途中で反対方向に走ったりと、動きに工夫を。

宝探しを公園で ケーキを探せ!

子どものお気に入りのおもちゃなど、「宝」を公園のわかりやすい場所に置いて、それを探し出す遊び。見つからないようなら「ブランコのそば」などヒントを。発見したら、次は子どもが隠す番です。

育脳ポイント

イメージ力を刺激しよう

「今、ケーキがゆれているなぁ」、「○○くんがいつも遊んでいるところにあるよ」など、子どもの想像力が豊かになるようなヒントを心がけることで、子どもの想像力や表現力の幅が広がっていきます。

4才～

集団遊びのころ

この時期の 遊び方アドバイス

- 集団遊びは大人がリードしてあげて
- ルールが簡単な遊びからスタート
- 動いたり、止まったりのある遊びを

入学前にいろんな動きを体と脳に覚えさせておきたい

4才以降になると、集団遊びを楽しめる年齢になります。幼稚園や保育園でも友だちと遊ぶようになっていますから、親子遊びにも友だちを加えて、集団ならではの遊びに発展させるのがおすすめです。でも、「子どもだけで遊ばせていいのね」と思うのは早計です。4才はまだ遊びの広がりが少なく、せっかく遊び始めても飽きてしまうことも。大人がリーダーになって、たっぷり体を動かして「ああ、楽しかった」と満足できる体験にしてあげてください。

入学までにいろいろな動きを覚えた子は、小学校の体育や運動会、スポーツクラブなどでも、ひるむことなくチャレンジできるはずです。

よその子もいっしょに！昔遊びで盛り上がっちゃおう

公園に行くたびに挑戦だ！

タオルとり

公園の手ごろな高さの木にタオルをかけ、ジャンプしてとる遊び。子どもが手を伸ばして立ったとき、指先より少し上にタオルの端がくるようにかけるのがコツ。簡単にとれたら、少しずつ高くしていこう。

育脳ポイント

目標物との距離をはかる

タオルの端に手が届くためにはどの程度ジャンプすればいいのか？を考えるので、空間認知能力も鍛えられるのです。

勝ち負けの判断は瞬時に

どーんじゃんけん

最初に「どーん」と手を合わせてから、じゃんけんポン。負けたら即座に逃げ、勝ったら追いかけます。事前に「ブランコの柵まで逃げたらセーフ」などルールを決め、そこを目ざして走り、捕まったら負けです。

育脳ポイント

高い集中力と判断力が必要

じゃんけんの結果が出たらすぐに「逃げる」か「追う」かの判断が必要。「静」から「動」へ、じゃんけんから全力ダッシュへ。脳も活性化！

手をぶつけて軽く押す。

すかさずじゃんけん。

負けたら追いかける。

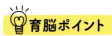

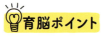

まさに「動」と「静」の切りかえ！

だるまさんがころんだ

鬼の背中をだれがいちばん先に先にタッチできたかを、鬼が当てる遊び。鬼は「だるまさんがころん」までは後ろを向き、「だ」と言った瞬間に振り向く。そのときに動いた子はアウトで、鬼に捕まります。

育脳ポイント

動かない＝抑制機能です

鬼は「だるまさんが」をゆっくり言ったり早く言ったりするので、「どこまで近づけるかな」と予測しなくてはいけません。ピタリと止まることで、脳の抑制機能も鍛えられます。

鬼と競争、勝てるかな？

缶けり

鬼以外の子が缶を遠くまでけり、鬼が拾いにいく間に隠れます。隠れている子を見つけたら、鬼はその子の名前を呼びながら缶を踏み、全員を見つける遊び。鬼が缶を踏む前にだれかが再び缶をけったら、最初からやり直し。

育脳ポイント

複雑なルールを理解する

鬼ごっこなどにくらべて、ルールが複雑な缶けり。しかも、状況を見ながら自分がどう動くかを決めるのでハイレベル。年上の子たちの遊びにまぜてもらえたらいいですね。

キャッチボールよりまずこっち

フリスビー

近年、小中学生の遠投の力は低下してきているので、幼児期から「投げる」経験を少しずつ積み重ねられるといいですね。写真は素材のやわらかいフリスビーなので、幼児でもキャッチしやすく、投げやすい。新聞紙や紙皿でも簡単に作れるので、子どもといっしょに作ってみても。

育脳ポイント

「できる」ことを大事に

予測しながら自分の動きをコントロールする「キャッチ」の動きはむずかしいもの。まずはフリスビーで「できた」を実感し、「もっとやってみたい」につなげましょう。

4才～ 集団遊びのころ

歌に合わせてジャンプ

あんたがたどこさ

「あんたがたどこさ、ひごさ、ひごどこさ」の歌に合わせて左、右、左と左右にジャンプ。「さ」のタイミングだけは前に跳び、再び右左に跳ぶのがルール。歌いながらどんどんジャンプで進もう。

育脳ポイント

ジャンプしながら脳はフル回転

リズム感と理解力、そして判断力が求められる遊び。「さ」の瞬間にどちらに跳ぶかを、歌いながら、跳びはねながら考えるから、脳はフル回転です。慣れてきたら「さ」で後ろや上に跳ぶのもアリ。

体幹で全身をコントロール

手押し消防車

子どもの両足をママが持ち、手だけで前に進んでいきます。腕の力はもちろん、腹筋、背筋など全身の筋肉を使います。

育脳ポイント

今日は何歩進めるかな？

「いち、にい、さん」と進んだ歩数をママが数えてあげましょう。「今日は5歩だったね」などと伝えることで、自然に数を認識します。

初めてのなわ跳びは「へび」から挑戦！

へびなわ

なわ跳びのなわを大人が持ち、上下ににょろにょろ動かします。それを踏まないように飛び越えるのです。なわの動きを見ながらジャンプするのは「なわ跳び」の予行練習にもなります。

育脳ポイント

なわの動きを読んでジャンプ

不規則に動くなわの高さを、目測ではかりながら飛び越えるので、予測する力やタイミングをはかる力がつきます。

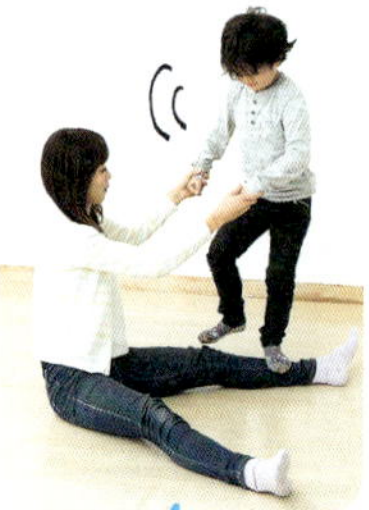

育脳ポイント

バランス感覚を育てよう

ママの足という不安定なところを、バランスをとりながら歩くのはむずかしいもの。どうすればうまくいくかを考えて工夫することで、さまざまな脳機能が働きます。

ママの足の上を歩ける？

橋歩き

ママの足を橋に見立てて、その上を歩く遊び。最初はママと両手をつないで歩き、慣れてきたら片手、手の補助なしに挑戦。到着したらママとギュー。スキンシップ遊びとしても楽しめそう。

PART

6

日々の生活を、楽しく「学び」につなげるコツ

家庭教育と習い事

入園前までの、一日の大半をおうちで過ごす乳幼児期。
毎日、どのように過ごすのがよいのでしょうか？
親子の楽しい笑顔の時間を「学び」につなげるための
ポイントをご紹介します。
習い事の人気ランキングも、ママたちに聞きました！

まずは
ここが大事！

親子おしゃべりで脳育て

乳幼児期、子どもの脳を育てる場所は、家庭が中心です。でも気負わないで。楽しいおしゃべりが「おりこうさん脳」を育てるのです。

生後すぐは実況中継的な言葉かけで脳に刺激を

乳幼児期は、何をおいても「からだの脳」を育てましょうとお伝えしてきました。でも実際には、その外側で「おりこうさん脳」も育ち始めています。思考や動作、知的活動をつかさどる「おりこうさん脳」が本格的に育つのは小学生になってからですが、幼児期からの刺激も大切なのです。

最も効果的なのは「言葉」による刺激です。言葉は、人間だけが持つとされる、とても高度な脳の働きです。誕生直後はまったく理解できなかった人間の言葉を、わずか数年で理解し、使いこなすようになるのです。それは生後すぐから「言葉を聞く」という刺激によって、「おりこうさん脳」の言語にかかわるシナプスが次々とつながった結果です。

家庭での脳育ては、まず赤ちゃんに話しかけることから始めましょう。特にまだ相づちやリアクションが返ってこない時期は、何を話せばいいか迷いますが、いちばん簡単な方法は、今していることの実況中継です。「タロウくん、おむつを替えますよ。おしりをきれいにふきましょうね」という感じです。

言葉がけの育脳ポイントは3つ。①最初に赤ちゃんの名前を呼んで意識させること、②少し高めの聞きとりやすい声で話しかけること、③なるべく文法的に正しい日本語で話すことです。文法にこだわるのは、大人の話す言葉によって、言語を操る基礎的な神経回路がつくられていくからです。つまり、ママやパパの話す言葉が、子どもの言語の土台になるということ。親の言葉づかいは、実はとても大切なのです。

「ママに話を聞いてもらった」という満足感が残る聞き方を

1才を過ぎると、意味のある単語を口にします。「ワンワン！」と指をさしたら、ママが「ワンワンが来たね、かわいいね」というように、会話をつなげてあげるといいですね。2語文、3語文が出てきたら、親も2語文、3語文を使いつつ、できるだけ正しい文法を

これはNG！

✕ 聞き流す

幼い子の話は脈絡がなく、話の切れ目もわかりにくいもの。ついいいかげんな返事をしたり、家事をしながら、スマホを見ながらの返事になってしまうことがあるかもしれません。でもそれは、「ママに話してもムダ」という思いを育て、子ども自身にも話を聞き流す習慣をつけさせる結果にもなります。

✕ 質問に対して「知らない」

1～2才になると、「これは何？」「どうして？」と大人を質問攻めにする時期がきます。「知らない」「何回も言ったじゃない」というそっけない受け答えは好奇心の目をつむことに。答えに困る質問には、「あなたはどう思う？」と逆質問して会話を楽しむのもステキです。

✕ 指示命令がいっぱい

子どもが少し大きくなると、「会話」ではなく「指示命令」ばかりになることも。「○○しなさい」「なんでそうなの」「ほら早く」……これでは「今私はこういうことをしたいので、あと10分待ってください」という交渉力は育ちません。何かをしてほしいときこそ、ちゃんと会話しましょう。

聞きじょうずは子育てじょうず！「もっとママに話したい」と思わせて

すごいんだよ！
そうなの～♪

意識しながら話していきましょう。

３才くらいになると、子どもの会話する力も高まってきます。とはいえ、言っている言葉はわかりにくく、説明能力も低く、しかもママが忙しいときに限ってしつこく疑問、質問を投げかけてくるものです。親はつい「あとでね」と言いたくなってしまうのですが、実はここが脳育ての重要なタイミングなのです。

話しかけてくるというのは、自発的な行動です。脳は自発的な活動のときにこそ発達するのです。可能な限り、手を止め、目線を合わせてしっかり話を聞いてあげましょう。

話を聞くからには「ママにちゃんと聞いてもらった」と、子どもが満足できるように聞く必要があります。「話すことで楽しい結果が得られた」「ママがいっしょに喜んでくれた」というプラスの結果は、「もっと話したい」という思いを育てます。

また、「うちの子、全然私の話を聞かない」と気になっている方は、まず、ご自身が家事をしながら、スマホを見ながら子どもの話を聞き流していないかどうかを思い返してください。子どもは親の態度をそのまままねします。きちんと「子どもの話を聞く態勢」をつくっているでしょうか。

子どもに話をするときに重要なのは、アイコンタクト。目と目を合わせて話すことで、子どもの心に話を聞こうという意識が芽生え、親の言葉を理解できるようになるのです。

親子おしゃべりのPoint

1 子どもの気持ちを言葉にする

親子会話の基本は、「聞く」ことです。つたない言葉の中のメッセージをしっかり聞きとり、「タロウくんは、こっちのお洋服がよかったのね」など、もう一度正しい言葉にして返してあげてください。子どもは安心します。

2 やりとりを楽しむ

「会話」は、言葉のやりとりを楽しむからおもしろいのです。「ハナちゃんはどう思う？ えー？ それは気づかなかった」など、子どもの言葉にリアクションを返しましょう。会話がはずむ体験の多い子は話しじょうずになりますよ。

3 子ども自身の言葉を引き出す

自分から話さない子もいると思います。そんなときには「ハンバーグとカレー、どっちが食べたい？　すぐできるのはハンバーグです」など、子どもに選択させて、理由を聞いてみて。簡単に答えられる質問からスタート。

どっちが好き？

絵本をいっしょに読もう

想像力を広げ、文字や絵への興味を促す絵本。部屋にいながら想像上のバーチャル体験ができる、脳を育てる玉手箱です！

ママ自身が「楽しい！」と思う。だから子どもも好きになる

美しい絵、リズミカルな言葉、ユーモラスな展開、そして深いメッセージ。語りつくせない魅力が絵本にはあります。しかもそれを、大好きなママやパパの声で聞けるのですから、読み聞かせは子どもにとってはこのうえない喜びです。「脳育ての必須アイテム」のようにいわれるのも、うなずける話です。

その一方で、「絵本を読まなくちゃ！」「絵本好きな子にしなくちゃ！」というプレッシャーを感じているママたちも少なくないのではないでしょうか。わが子が絵本に興味を持つか気にする人も多いようです。でも、乳幼児期の子の「おりこうさん脳」は未発達。「絵本だ！ わーい！」「このお話、どうなるの？」などと大人が期待するように喜ぶのはまだまだ先のことです。

乳幼児期は、絵本も遊びの道具の一つにすぎません。今は「ママとくっついて、ページをめくっているとなんだか楽しい」「絵本を読むときのママの読む声がおもしろいから、絵本が好き」と思えれば、それでじゅうぶんなのです。

Step 1 「からだ脳」を育てる読み聞かせ

読み聞かせしてもらっているとき、子どもの自律神経は副交感神経が優位になっています。つまり「この状態は安心で安全だ」と実感し、リラックス状態になっているということ。おだやかな気持ちで音と絵の刺激を受け止めているので、「からだの脳」が育っている場面といえるでしょう。ママもリラックスして絵本を楽しむよう心がけて。「早く読み終えて家事をしなくちゃ」とあせると体がかたくなり、子どももリラックスできません。

コツ

● 体をぴったりくっつけて

絵本を読むときには、ひざの上に子どもを座らせたり、布団の中で体を密着させたりしながら読むのが基本。安心して絵本の世界に入っていけます。

● おだやかな声でゆっくり

小さな子どもにも聞きとりやすい声で、ゆっくり読みましょう。演技派ママなら、女優のように演じ分けると、子どもも絵本に夢中になれるかもしれません。

● 寝てしまってもOK

リラックス状態で読んでいるので、子どもはそのまま寝てしまうこともあります。安眠へいざなうことも絵本のパワー。入眠儀式としても絵本はぜひ活用して。

よみ聞かせのコツ

Q どんどんページをめくって、お話が読めません。（10カ月）

A それも一つの楽しみ方です

1才未満の子は、絵本の内容に興味を示すことはまずありません。絵本の色、紙の手ざわり、なめた感触、ママの声、めくる楽しさなど、総合的に絵本を楽しんでいるのです。「今はそういう時期」と割り切りましょう。ページをめくるということは、興味を持っている証拠です。

Q 同じ絵本ばかり読みたがります。（2才）

A ママが楽しめる読み方にチェンジしても

子どもは同じ絵本をくり返し読むのが大好きですが、大人は飽きてくることも。だったら、読みながら話を勝手に変えてしまうとか、「この絵本の中にネズミがいます。どこでしょう」とクイズにしてしまうとか、楽しめる読み方に変えてもいいのです。ママが楽しむことがいちばん！

Q そろそろひとりで読んでほしいのですが……（5才）

A ママと読むと安心できるのです

文字が読める年齢になっても、「絵本はママに読んでほしい」とせがむ子は多いものです。体を密着させてママの声を耳にする安心感を求めているのかもしれませんね。小学生になって本を自分で読むようになっても、読み聞かせはまた別。親子のコミュニケーションの機会として続けるのもいいと思います。

Step 2 「おりこうさん脳」を育てる読み聞かせ

絵本で「おりこうさん脳」を育てようと思ったら、ひと工夫必要です。2～3才になったら、絵本の内容についていっしょに考えたり、思い出させたり、話をふくらませていったりしましょう。読み終わったあとに「そういえば、桃太郎はどこに行ったんだっけ？」「仲間は、サルとキジと……、パンダだっけ？」など、絵本の内容にかかわる質問をしましょう。読み終わった直後に聞くことで短期記憶が引き出されるので、前頭葉を活性化するのにとても効果があるのです。読みなれた絵本なら、突然ストーリーを変えてしまったり、ママのオリジナルストーリーに転換したりするのも、「何か違うぞ！」と脳を動かすスイッチになります。

コツ

● 絵本の内容について話す

読み終わった直後に「ハナちゃんは、どっちのお姫様が好き？」「ここおもしろかったね」など、絵本の内容をふり返る時間をつくりましょう。

● 突然ストーリーを変える

「川から大きなスイカがどんぶらこ～」「ママ違うよ、桃だよ！」という愉快な会話がはさまると、子どもの笑顔もふえますね。

読み終わったあとに、何か1つでもいいので自分の言葉で語らせてみましょう。

発達別 絵本の読み方は?

絵本選びにルールはありませんが、子どもの発達に合ったものを選ぶのも一つです。

最初の一冊

これが人気!

絵本への興味より ママの声を聞かせて

最初は絵本にまったく反応しないかもしれませんが、そんなものです。抱っこされた状態で、ママの声を聞かせることを楽しんで。『いろ』は絵本の中に、ふわふわ・ザラザラなど赤ちゃんがさわって遊べるしかけつき。

『いろ』
フィオナ・ランド／絵　主婦の友社
800円+税

小さいうちは
ママのおひざで至福の絵本タイム

0才代

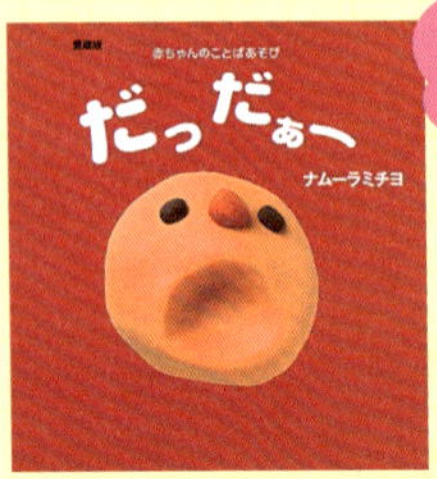

これが人気!

なめたりかじったりして 絵本と仲よし

絵本をなめたりかじったり、持ち歩いたりするのは、興味を持っている証拠です。自由にさわらせてあげましょう。内容的には、色のはっきりしたもの、簡単な言葉のくり返しがある絵本がおすすめ。『だったぁー』は不思議な表情とセリフに赤ちゃんが釘づけ。

『愛蔵版だっだぁー』
ナムーラミチヨ／作　主婦の友社
850円+税

1才代

これが人気!

1ページでも お気に入りが あればじゅうぶん

ページをめくって、次々に絵があらわれるのを楽しむ子も多いものです。絵本に集中できる時間は短いので、気に入ったページが1ページでもあればじゅうぶん。「きんぎょはどこかな?」といっしょに探すなど、目を引く工夫をしてみて。

『きんぎょが にげた』
五味太郎／作
福音館書店　900円+税

2才代

これが人気!

生活に結び ついた話に 興味津々

あいさつや着がえ、食事などへの興味が出てくる時期。生活に密着したテーマのものを選ぶのもいいですね。物語の展開も少しなら理解できるようになります。リズミカルなフレーズが耳に残るような絵本もおすすめです。

『わたしのワンピース』
にしまきかやこ／作　こぐま社
1100円+税

3才代

これが人気!

簡単なストーリーを 楽しめる年齢に

起承転結を理解できるようになってくるので、昔話、ファンタジー、科学絵本など、さまざまなジャンルを読んであげたいものです。電車など好きなジャンルのある子は、それに合わせた絵本を選んで「好き」を掘り下げて。

『ぐりとぐら』
中川李枝子／作　大村百合子／絵
福音館書店　900円+税

4才代

これが人気!

わくわくドキドキ、 物語の扉を開けて

ストーリー理解が進み、お気に入りの絵本をくり返すだけでなく、新しい絵本を次々読みたがる子もふえてきます。図書館なども利用して読書の世界を広げましょう。ママが幼いころ好きだった物語を楽しむのもいいですね。

『頭のいい子を育てる　おはなし366』
主婦の友社／編　主婦の友社　2300円+税

3～4才になると
だんだんひとりでもできるように

親子で楽しむ しつけ絵本

子どもに新しいことを教えるとき、絵本で親しんでからトライすると楽しく始められます。

あいさつ 絵本で出会うあいさつを日常にも

「あいさつの習慣は家庭から」といいますが、核家族の中では、どうしてもあいさつの回数は少なくなりがちです。絵本を使って多彩なあいさつ言葉を楽しみましょう。日常の「おはよう」「ばいばい」が絵本でつながり、あいさつがますます楽しくなるはず。

『おはよう・おやすみ』
シャーロット・ゾロトウ／文
パメラ・パパローン／絵
くどうなおこ／訳
のら書店　1200円＋税

『おでかけばいばい』
はせがわせつこ／文
やぎゅうげんいちろう／絵
福音館書店　800円＋税

寝かしつけ 寝かしつけに悩むママの味方！

脳を育てるうえで、何よりも大切な早寝早起き。生活を切りかえたい！と思うママにとって、頼りになるのがこの2冊。『いるよね〜！ねないこ』は、入眠前の「おやすみツアー」の提案など、今晩からすぐ使える具体的なアイディアが満載です。

『いるよね〜！ねないこ』
たかいよしかず／作・絵
主婦の友社　800円＋税

『ねないこだれだ』
せなけいこ／作・絵
福音館書店　700円＋税

歯みがき 楽しく歯みがきできるかな

「痛い」「こわい」「あおむけがイヤ」など、歯みがきをイヤがる子は少なくありません。でも歯みがきはとっても大事。そのことを絵本でも伝えましょう。「ノンタンもがんばってるよ」「かいじゅうさん、歯みがきじょうずだね」と話しながら、歯みがきを身近に。

『はみがきあそび』
きむらゆういち／作
偕成社
700円＋税

『ノンタン　はみがき　はーみー』
キヨノサチコ／作
偕成社　600円＋税

数 「数ってなんだろう」が自然に理解できる

幼児期は、数の順番を暗記するよりも、「数ってなんだ？」と興味を持ち、理解することが大切です。12枚のクッキーを、お友だちが来るびに分けていく『おまたせクッキー』は、知らず知らずのうちに数のおもしろさが身につく秀作です。

『1から100までのえほん』
たむらたいへい／作
戸田デザイン研究室
1600円＋税

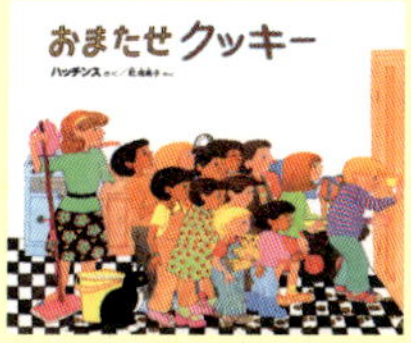

『おまたせクッキー』
パット・ハッチンス／作
乾侑美子／訳
偕成社　1200円＋税

言葉 絵本で赤ちゃんがしゃべりだす！

1才くらいになると意味のある言葉がふえてきますね。この2冊は、NTT研究所の言葉の調査データをもとに、赤ちゃんが早い段階で言えるようになる言葉を使って作られた絵本。「うちの子もこの言葉、よく使うわ」と、ママのほうでもさまざまな発見がありそうです。

『あかちゃんごおしゃべりえほん』
かしはらあきお／作・絵
主婦の友社　1200円＋税

『あかちゃんごおしゃべりずかん』
かしはらあきお／作・絵
主婦の友社　1000円＋税

お出かけしよう。楽しい刺激がいっぱいだ！

子どもの思わぬ表情やリアクションが見られるお出かけ体験は、ママにとっても楽しい息抜き。子どもの脳育てにも効果的なのでしょうか。

お出かけを「育脳」にするには余裕と笑顔が必須です

どんな場所に住んでいても、家を一歩出ればそこには自然があり、季節を感じる風景があり、家族以外の人がいます。幼い子どもにとって、その一つ一つが「なんだろう」「不思議だな」という発見や学びになるのです。お出かけをして、いろいろな発見や学びを体験させてください。

でも、少しだけ注意が必要です。原則として、子どもの生活リズムを乱すようなお出かけはしないこと。特に0～3才は「からだの脳」が育つ大切な時期ですから、日々の規則正しい生活が最重要。心身が安定しているからこそ、未知の場所での刺激的な体験を受け入れる余裕が生まれるのです。

お出かけ先では、できるだけ子どものペースに合わせることを意識したいものです。子どもは、自分の興味のままに同じ場所に何十分でも立ち止まっていますが、自分で区切りをつけて切り上げられるまで、できるだけせかさず待ってあげてください。

行き先は、ママやパパも楽しめるところがいいですね。親が心から楽しんでいることで、子どもも興味を持ち、ともに楽しむことができるのです。感動や喜びを共有できるお出かけにしましょう。

ご近所でも楽しみ方はいろいろ！

公園の池を泳ぐ魚や、舞い降りる水鳥。遠くのものに目をこらすことも大事。

しゃがみ込んで何かをじっと見ているときは、しばらく待ってあげて。

近所の公園にも自然の神秘はある！

子どもは五感から情報をとり込んで「これはなんだろう？」と思索を深めます。そんな神秘と発見に満ちているのが自然界。近所の公園の土にも草にも、自然の不思議は満ちています。

光を浴びて輝く水にも興味津々。手でふれて飛び散るさまに夢中です。

木のざらついた手ざわりにびっくり。虫が歩く様子を見て、またびっくり。

ママ友と集まってママもリフレッシュ

遠くまで出かけなくても、親しいママと集まって、持ち寄りランチ会はいかが？　子どもどうしも自由に遊べ、周囲に気がねもいりません。ママたちは思う存分おしゃべりできますね。

はいはいでトンネルくぐり！なんだか楽しいぞ。

同じくらいの子と遊んじゃおう。ママどうしも仲よしに。

児童館には出会いがいっぱい

各地にある児童館や子育て支援センターに行くと、自宅にはない遊具やおもちゃがあり、同世代の子と遊ぶこともできます。広いホールは、はいはいやよちよち歩きの練習にも最適。

お出かけしよう

動物園

迫力、大きさ、においをリアルに実感できる!

絵本やテレビなどでもさまざまな動物を見ることはできますが、リアルな姿はまた違うものです。大きさ、迫力、そしてにおい。パンダの毛が汚れていたとか、ゾウのうんちが巨大だったとか、リアルな実感が子どもの心に刻み込まれ、「これが生き物なんだ」と理解できるはず。ママも「大きいね」「目がかわいいね」などと言葉をかけて体験を共有しましょう。ふれあいコーナーで小動物を抱っこするのも、五感を刺激する貴重な体験です。

フラミンゴのような明るい色や、キリンなど大きなものは目に飛び込んできやすいので、赤ちゃん期からOK。

博物館

大好きなものにどっぷりひたろう!

日本中にはいろいろな博物館や美術館があります。たとえば、本物の電車が並んだ鉄道博物館や、恐竜の骨が見られる自然史博物館、バスや消防車などが見られる乗り物博物館なども。科学博物館では、体験型のイベントや工作コーナーを設けているところもあります。「うちの子が好きそう」な博物館もいいけれど、まずは、ママやパパが興味のある博物館を選んでみて。大人がワクワクしている姿は子どもの好奇心を刺激するものです。

本物の電車や模型が並ぶ鉄道博物館。気に入った展示の前から動かなくなる子も多いものです。

ちょっと遠出の「お出かけ人気スポット」

水族館

キラキラ輝く魚の群れを目に焼きつけよう

巨大なガラスの水槽の向こうに見える、色とりどりの魚たち。かたときも止まっていない魚の動きに、親子ともに目が離せなくなるかもしれません。最近の水族館はダイナミックな展示も多いので、水の中にいるような不思議な雰囲気も味わえます。海の生き物を至近距離で見られるので、まだ視力が発達していない赤ちゃん期から楽しめます。イルカショーやアシカショーなども、家族いっしょに楽しめる水族館のお楽しみです。

ガラス越しの展示が多い水族館でも、ペンギンなどはすぐ近くで見られることが。

自然公園

アクティブ体験で全身を使って思いきり遊ぼう!

少し遠出して、ダイナミックな遊具のある大きな公園に行くのもおすすめです。長いすべり台や、大きなトランポリン、ターザンみたいにすべり降りるロープや、アスレチック。体を使って一日中遊べるので、2～3才になったら無理のない範囲で挑戦してみましょう。もっと小さい子なら、公園の芝生で歩いたり走ったり、虫や鳥を見たりするのに最適です。夏は水遊びができる場所のある公園に、着がえをたくさん持って出かけるのも楽しいもの。

土管の中に動物が。自然豊かな公園ならではの出会いに、子ども心がときめく。

室内遊びで楽しみながら脳を動かそう

親子では「おりこうさん脳」に刺激を与える遊びをしたいもの。おもちゃを選ぶなら、「あと伸び」を意識した楽しいものを。

遊び方が固定化されるおもちゃはおすすめしません

室内遊びにはおもちゃがつきものです。「脳を育てるには、どんなおもちゃを用意すればいいですか？」と聞かれることがありますが、いわゆる「知育玩具」にこだわる必要はありません。

脳の発達に最適なのは、遊び方が決まっていないおもちゃ、組み合わせしだいでどうにでも遊べるおもちゃです。たとえば積み木、ブロック、布、箱、シンプルな人形。遊びの中で想像力や応用力を働かせることで、「小学生以降に育っていく、おりこうさん脳」の基礎部分をつくるのです。

最近多い、おせっかいなおもちゃはおすすめしません。たとえば、ボタンを押すとしゃべりだすおもちゃや、決まった形のものしか作れないブロックなどです。イメージが固定化されてしまい、遊び方を子ども自身が発展させる余地がありません。

家族で盛り上がる勝負は脳育てに最適な遊び

少し成長すると、遊びの中に「学習要素」をとり入れようとする人もふえてきます。子ども自身が「百人一首を覚えたい」「パズルが大好き」と自然に思っているならいいです

0才～ 手指を使う遊び

赤ちゃんボール

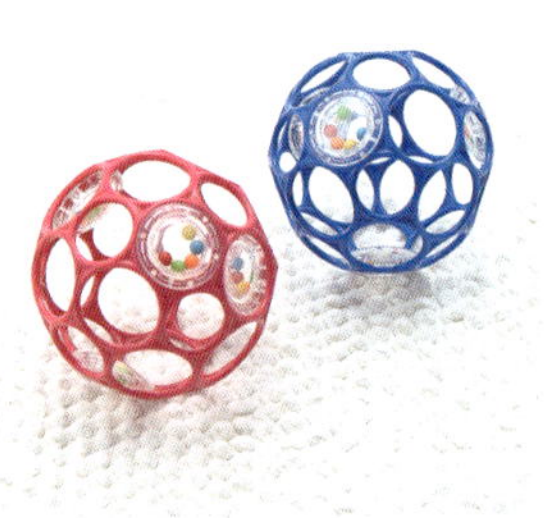

生後3 ～ 4カ月から握れ、手指の発達を応援

ボール全体が網目状になっているので、ねんねの赤ちゃんでもつかむことができます。指を動かすことに幼いうちから慣れることができます。

積み木

イメージする力を育て成長に応じて遊びこなせる

最初はカチカチぶつけたり、くずしたりして遊ぶだけでじゅうぶん。しだいに積んだり並べたりしながら「おうち」「電車」と想像力を広げるのです。変幻自在、使い方は自由です。

2才ごろ～ ごっこ遊び＆作る遊び

ままごと

他者になりきって演じる究極のコミュニケーション遊び

料理、洗濯、家族のお世話。ママのまねをしながら「他者」になりきる高度な遊びです。アレンジのきく小道具をいろいろ用意して。

戦いごっこ

あこがれのヒーローになり物語世界の中を生きる

「乱暴」と思うかもしれませんが、戦う場面も含めて、想像の世界で物語が広がっています。あこがれの人と自分を重ねる力が育った証拠。

人形遊び

小さなものへの愛情と強い仲間意識を持つように

人形を、愛情を注ぐ対象にし始めます。「いいこいいこ」と寝かしつけたり、洋服を着せたり。お気に入りは、小学生になってもずっと精神安定の役目を担うことでしょう。

折り紙

手指の器用さとイメージ力両方を伸ばす

2才ぐらいではまだ複雑なものは作れませんが、紙を折ることで、目と手先を連動させる力が育ちます。完成した作品で遊んだり、並べて絵にしたり、イメージする力も養います。

室内遊び

が、親がコントロールしてやらせては「遊び」でなくなります。乳幼児期に「遊び」が失われると、脳は決して健全に育たないことをお忘れなく。

3〜4才くらいになると、家族みんなでボードゲームやトランプもできるようになってきます。子どもに合わせてルールを変えたり、親が手伝ったりする必要があるかもしれませんが、ルールを覚え、相手の出方を予測し、家族みんな同じ土俵で勝負するこれらの遊びは、最高の脳育てです。ぜひ笑顔で楽しんでください。

3、4才ごろ〜 カードゲーム・けん玉

かるた

絵と言葉の連動で字が読めなくても遊べる

読み札と絵のイメージが合っていれば、字が読めなくても遊べます。絵が魅力的なものを選びましょう。文字への興味のきっかけにも。

トランプ

わかりやすいルールで枚数を減らして挑戦

最初は「ぶたのしっぽ」など、めくって色を合わせるだけの遊びからスタート。4〜5才になると、神経衰弱が得意になる子も。

けん玉

子どもの手に合うけん玉でできた!の感動を

目と手の連動と、バランス感覚を育てる遊び。小さい子でも使いやすいよう配慮されたけん玉を選び、「できた!」を体験させて。

道具がなくてもOK!

言葉遊び

外出先の待ち時間などでも楽しめるのが言葉遊び。とっさに言葉を探すので「おりこうさん脳」もフル回転。語彙《ごい》もふえます。

連想ゲーム

答えが「時計」なら、「ちくたく」「腕」「針」「時間」などヒントを出します。出題者になっても解答者になっても、物に対するイメージ力が必要。前頭葉もフル回転です。子どもはクイズ形式が大好き。

ほめごっこ

人や物（スプーンやいすなど）などテーマを決め、順番にほめる遊び。言葉の最初に「いいですねー」をつけてほめ、適したほめ言葉が見つからなくなったら負け。コミュニケーション力が育ちます。

しりとり

前頭葉の活性化にもってこいの遊び。「りんご…ご…ゴリラ!」と考えているときは活性化し、相手の順番のときには脳がリラックス。このメリハリが、働きのよい前頭葉を育てます。

手芸作家・寺西恵里子先生の

知育おもちゃは手作りが楽しい！

愛情たっぷり♥

手作りおもちゃの魅力は、子どもの成長に合わせて作り方を変えることができること。赤ちゃん期を過ぎたら、子どもといっしょに作るともっと楽しいですね!

運動力を育てる
レジ袋ボール

水に浮くのでお風呂やプールでも

投げる。転がす。キックする
大小バリエーションで楽しめる!

材料 レジ袋:適量
ビニールテープ:各色適量

作り方 レジ袋を丸めて、
ビニールテープを巻きます。

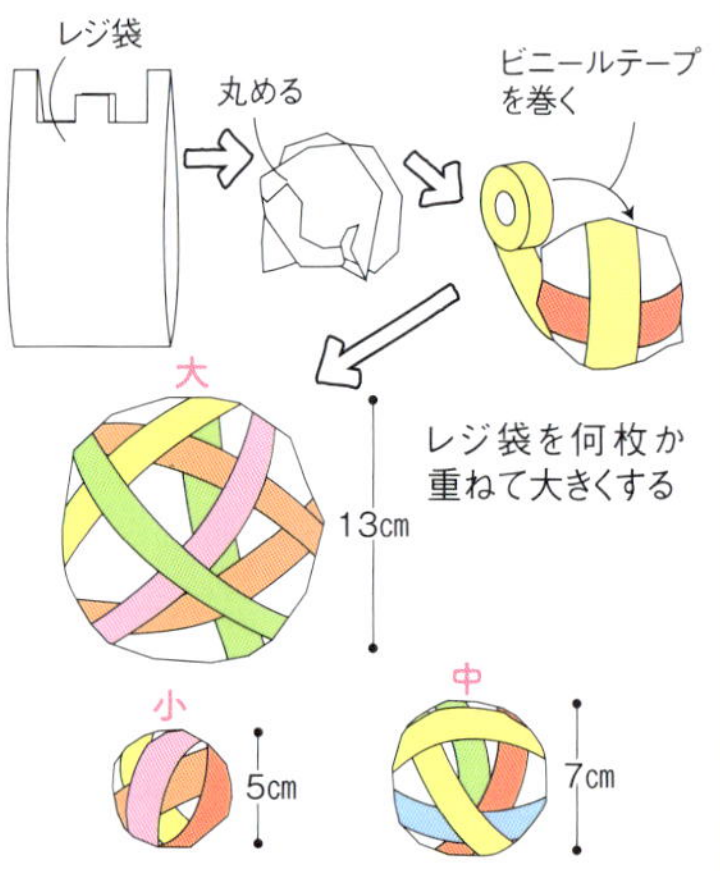

レジ袋
丸める
ビニールテープを巻く
大
レジ袋を何枚か重ねて大きくする
13cm
小
5cm
中
7cm

見た目もかわいく ぶつかっても痛くない

レジ袋1枚あれば、いろいろなおもちゃが作れます。袋の中に空気を入れて、口をギューっと縛れば、簡単風船のでき上がり。ポーンと投げて遊べます。そこにマジックペンで目鼻をつけたら、お人形に変身。

ここでは、レジ袋で簡単に作れるボールを紹介しましょう。小さいボールなら1枚、大きなボールなら2～3枚でできます。持ち手の部分が内側になるようにしてぐるぐる丸めて、外側をビニールテープで巻きます。カラフルな色を何色か使うと、見た目に鮮やか。まだ目がはっきり見えない赤ちゃんでも楽しめます。

はいはいする子なら、ボールを転がして追いかけっこ。歩ける子なら、的を目がけて「エイヤ」と投げてみて。2才くらいになったら、ミニキャッチボール。成長に合わせて、遊び方をステップアップさせましょう。

子どもと手作り

1才くらいなら、ビニール袋を丸めてもらってママがテープを貼りましょう。もう少し大きい子なら、テープを自分で巻きつけるのに挑戦。ママが最初の1本を貼ってあげるなど、少しだけ手助けしてあげればできますよ。多少形がくずれても気にしないで!

知育おもちゃを手作り
中に入れるもので音が変わっておもしろいね！
E ピック
C 紙
G ストロー
D ループエンド
F 砂
B ビーズ（丸小）
A クリップ

五感を育てる ペットボトルマラカス

何を入れたらいい音が出る？考えながらトライ

ペットボトルも、手作りおもちゃに最適な材料です。何本か並べたペットボトル目がけてボールを転がせば、あっという間にボーリング！　右ページのボールを利用するのもいいですね。

ここではもうひと手間かけて、ペットボトルでマラカスを作りましょう。赤ちゃんでも握って振れるよう、中身は軽いもので。中に入れるものによって、出る音を変えられるので、耳からの刺激にぴったりです。色もカラフルで、見ても楽しいですね。

少し大きい子なら、「いい音が出るものは何だと思う？」と、中に入れるものから相談しましょう。お米、小石、あずき、砂などを比べて、音がどう違うか予測しながら作るのも子どもの思考を育てます。

子どもと手作り

親指と人さし指で物がじょうずにつまめる子なら、ボトルの中に物を入れるのを手伝ってもらうことができます。ペットボトルの口は狭いので、ゆっくりあせらず入れるように励まして。食べてしまったり、ピックやストローを持ってウロウロしたりしないよう、じゅうぶん注意して。

材料　ペットボトル：A・B 112mℓ各1本、C・D 200mℓ各1本、E 280mℓ1本、F 320mℓ1本、G 500mℓ1本／ビニールテープ：各適量／シール：A・B・C・F各適量／Aクリップ：適量、Bビーズ：適量、C色画用紙：適量、Dループエンド：適量、Eピック：適量、F砂：適量、Gストロー：適量

作り方　❶ペットボトルに中身を入れ、ふたをしてビニールテープを巻きます。❷①に模様をつけます。

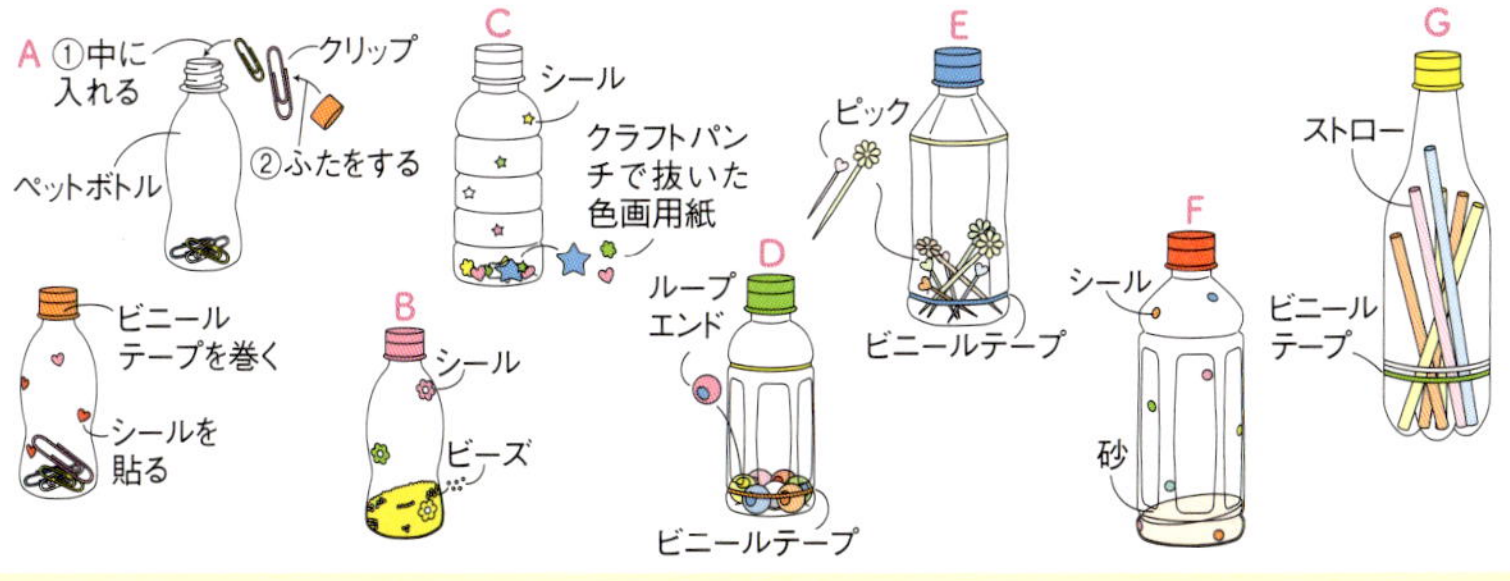
A ①中に入れる
クリップ
ペットボトル
②ふたをする
ビニールテープを巻く
シールを貼る
B
シール
ビーズ
C
シール
クラフトパンチで抜いた色画用紙
D
ループエンド
ビニールテープ
E
ピック
ビニールテープ
F
シール
砂
G
ストロー
ビニールテープ

※ 赤ちゃんがふたを開けて中身を誤飲しないよう、キャップはビニールテープでしっかりとめておきましょう。

わくわくするね!
何ができる?
何に見える?

想像力を育てる ○△□ブロック

色と形の組み合わせでいくとおりもの遊びが

丸、三角、長方形、正方形、半円。いろいろな形に切ったフェルトを組み合わせて「絵」を作りましょう。想像力を駆使することで、三角と四角の組み合わせが「家」に見えたり、「車」に見えたり「ロケット」に見えたり。最初のうちは、ママが作ったものをマネしているだけでも、しだいに自分なりの「絵」をイメージするようになります。

これらのパーツは、別の遊び方にも応用できます。たとえば画用紙に、フェルトのパーツと同じ大きさで○△□の形を描き、パズルの要領でその上に同じ形のフェルトを重ねていくのです。あるいは、「同じ色の仲間を集めよう」「同じ形の仲間を集めよう」といった遊びにも発展できますね。工夫しだいで遊び方はいろいろです。

こんな形にしました

材料 フェルト:5色各適量

作り方 フェルトをいろいろな形に切ります。

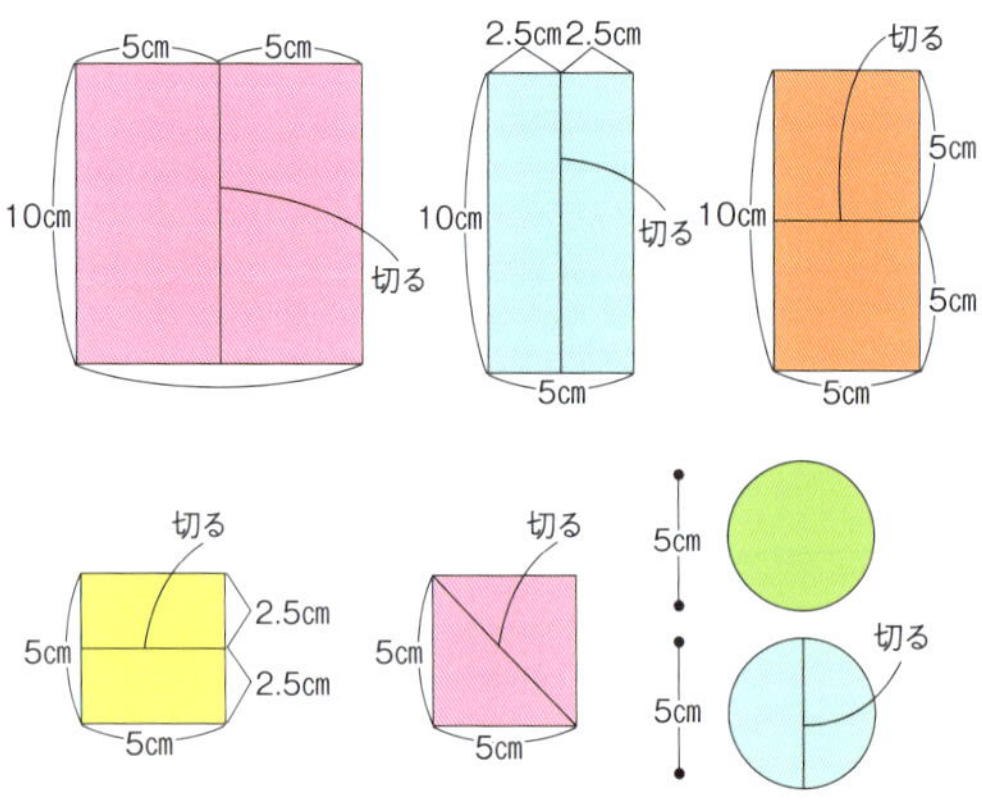
5cm
5cm
10cm
切る
2.5cm
2.5cm
10cm
切る
5cm
切る
10cm
5cm
5cm
5cm
切る
5cm
2.5cm
2.5cm
5cm
切る
5cm
5cm
5cm
5cm
切る

子どもと手作り

布を切るはさみは鋭利なので、幼い子どもに切らせるのは避けたいもの。それでも、フェルトの色を子どもに選ばせたり、「これは三角に切ろうか?」などとおしゃべりしながら作りましょう。同じパーツを画用紙や色紙で作るなら、子どもでも大丈夫。

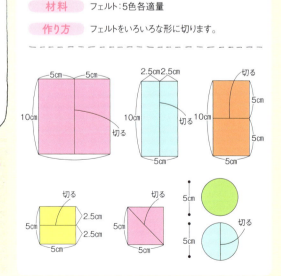

知育おもちゃを手作り

考える力を育てる 色集めボックス

材料　牛乳パック[1000mℓ]:3本、フェルト:3色各20cm×20cm、厚紙:適量、雑誌の切り抜き:適量

作り方

❶牛乳パックを切ります。

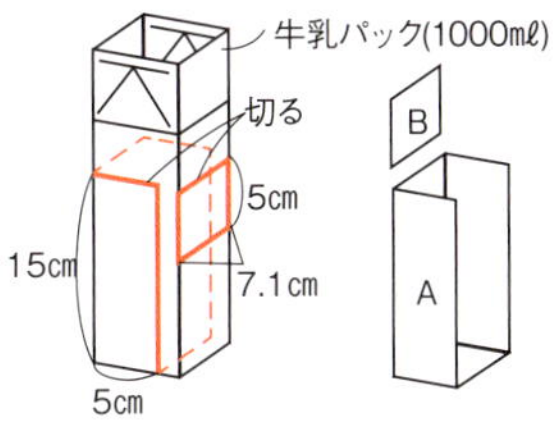

❷箱を作ります。

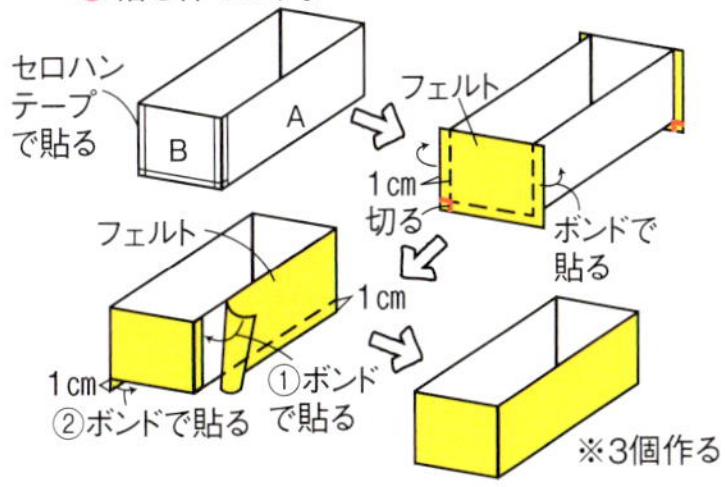

❸入れるものを作ります。

雑誌やチラシから おしゃれアイテムが!

同じ赤でもいろいろな赤があると気づく

雑誌やカタログ、折り込み広告に印刷されている洋服や靴などを切りとり、厚紙に貼りつけましょう。赤、青、黄色の3色のアイテムに限定して、同じ色の箱に切り抜いたアイテムを入れていく遊びです。色の名前を覚え始めるころにぴったり。「赤」「青」とひと口にいっても、いろいろな「赤」、いろいろな「青」があると、自然に理解できるようになっていきます。

はじめのうちは、色ごとに分けるだけですが、慣れてきたら大きさや仲間で分けたり、また、どのくらいのスピードで仕分けできるか、タイムを競うのもいいですね。また、緑やピンクなど、色の種類を少しずつふやしていくのもいいでしょう。

子どもと手作り

チラシを渡し、「赤いものある?」と、切り抜くアイテムを選ぶところから手伝ってもらいましょう。はさみが使える子であれば、切り抜く作業もまかせてみて。厚紙に貼りつけて形を整えるのはママの仕事。親子で夢中になること請け合いです。

作／寺西恵里子

※このコーナーでご紹介した手作りおもちゃは『脳を育てる手作りおもちゃ』(主婦の友社)より抜粋し、ご紹介しています。

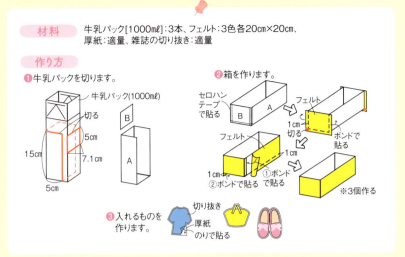

テレビ・スマホ・電子ゲームとのつきあい方

子どもの遊びの世界と電子メディアは、いまや切り離せないものになっています。それは脳の発達にどんな影響を与えるのでしょう。

「からだの脳」育ての時期には遠ざけたい

現代社会を生きるうえで、パソコンやスマホが必須アイテムであることは確かです。そのせいで「幼いうちからパソコンに慣れることは大事」と力説する人もいますが、それは6才以降の「おりこうさん脳」が育ち始めてからでもじゅうぶんではないでしょうか。

乳幼児期は、「からだの脳」をたくましく育てるべき時期です。ぐっすり眠り、空腹になったら食べ、好き勝手に自由に体を動かし、親子でふれあう……、そんな〝動物的〟な活動が最優先です。もしもそれをじゃまする〝人工物〟があるとすれば、できるだけ避けなくてはいけません。その一つが、電子メディアとの過剰な接触です。

ここでいう電子メディアとは、①テレビやDVDなどの映像、②ゲーム機やスマホなどの電子ゲームです。これらも映像作品の一つであり、子どもの好奇心を刺激する良質なものもたくさんあることはじゅうぶん承知しています。けれど、ソフトの価値を問う以前に「電子メディアに接する時間を6才まではセーブする」という気持ちが必要です。

理由の一つは、睡眠時間が奪われることです。6才ごろまでは夜8時に寝かせる必要があります。しかし、テレビやゲームがルー

テレビ・DVDの使い方ルール

1 見せる番組と時間を親がコントロール

電子メディアにふれる時間と内容は、子どもが思春期になっても親は把握しておく必要があります。幼い時期ならなおのこと。3才までは1日30分以内にしておき、どうしても見せたい質の高いものに限定しましょう。できれば親子でいっしょに見て、感想を言い合いながら視聴しましょう。

2 食事中はスイッチオフ

メディアをスイッチオフにしてほしいのは食事中です。大人はテレビ画面がついていても食事できますが、子どもは五感すべてを奪いとられます。「食欲がない」「食べるのが遅い」という場合、テレビがついていることが多いのです。食事中は、家族のおしゃべり以外、音も映像も不要です。

3 子どもの〝ボンヤリ時間〟をキープ

「子どもが暇そうだからテレビをつける」という人は多いと思います。でも子どもは、ボンヤリしている時間にこそ前頭葉を活性化させているのです。頭の中にさまざまな情報が飛び交い、空想したり、思考をつなぎ合わせたりして、次の行動に結びつけます。〝暇な時間〟を奪ってはいけません。

4 テレビとの距離は近すぎない？

電子メディアが目の発達に与える影響はまだはっきりわかっていませんが、眼精疲労や視力の低下に結びつく可能性はさまざまに指摘されています。テレビ画面からは2メートルほど離れ、長時間見続けないこと。これが子どもの目の健康と育ちに欠かせないルールです。

×NG

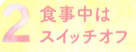

テレビやゲームで大切な【「リアル体験」の時間を奪わないで！】

ティーンの中に入り込むと、就寝時間は9時、10時になってしまいます。保育園に通っている子ならなおさらです。就寝前にブルーライトを浴びると、寝つきが悪くなるという問題もあります。

電子メディアとの距離感は現代社会を生きる親の課題

次に、刺激が強すぎることです。電子メディアは光と音の刺激が強いので、五感の一部（視覚と聴覚）が完全に支配され、ほかの感覚が鈍ってきます。五感で情報を受けとる力を育てるべきこの時期に、それは危険なことだと思います。また、人とのかかわりが減ることも問題です。電子メディアはひとりでも楽しめるものが多いので、体のふれあいも、他者とのコミュニケーションも不要。言語能力や社会性を獲得しにくくなるおそれもあり、体を動かす遊びも減少します。

読者である親世代も、電子メディアの中で育った人たちでしょう。これらの機器とのような距離をとって子育てしていくかは、自分たち世代の課題だということをぜひとも自覚してください。

電子ゲームの使い方ルール

1 ゲームデビューは遅いほうがいい

「スマホのゲームを使って、子どもをおとなしくさせます」という人は少なくないと思いますが、本当に特別な場面に限定し、ゲームのおもしろさに気づく年齢をできるだけ遅くしましょう。早く始めたほうが夢中になりやすく、自己コントロールもききにくくなるのです。

2 ゲーム内容は必ず親がチェック

ゲームソフトを購入する場合には、大人が必ず内容の確認を。CEROというレーティング機構がゲームの内容を審査し、残酷な戦いシーンや反社会的な表現を、年齢に合わせて制限しています。パッケージにマークがついていますから、それを参考にソフト選びをしましょう。

3 使う時間のルールは厳守

ゲームは「どんどん先に進みたい」という気持ちを喚起しますから、子どもが自分でコントロールするのはむずかしいのです。時間のルールを決め、守れることがわかったら、親の目が届く中でゲームをさせるのが原則でしょう。もちろん親自身がダラダラとゲームをしては意味がありません。

4 夜はやらせない

電子メディアの映像の刺激だけでなく、ゲームをすることで興奮しますので、目が冴えて眠りが浅くなってしまいます。夜のゲームは厳禁。テレビも、就寝の1時間前には消すようにしたいもの。電子メディアの刺激は、大人が思う以上に子どもの脳を興奮させるのです。

Attention

ママ・パパはスマホよりわが子を見て！

授乳中にスマホを見る、ぐずるとスマホのアプリで気をそらす、というのはもはやあたりまえかもしれません。でも、あえて苦言を呈します。子どもを見てください。親の手と体と表情であやしましょう。子どもは親の表情から感情を学び、親に自分の感情を伝えて応答を求めます。このやりとりがなければ、社会性もコミュニケーション力も育ちません。親だって、子どもの表情を観察する力がつかず、年齢とともにわが子がどんどんわからなくなるかもしれません。子育ては、子どもを見ることから始まるのです。

習い事は〝お楽しみ〟と考えて

「そろそろ習い事を」と考えているママも多いかもしれません。 習い事のよさと注意点は? 幼児期に習い事をスタートさせた先輩ママの声も参考に!

幼児期の習い事は脳育ての必須項目ではない

今、子どもの習い事の世界は花盛り。曜日ごとに、毎日、習い事に通う子も珍しくありません。でも「脳育て」という意味では、習い事は、あまりがんばりすぎないほうがいいのです。

乳幼児にとって最も大事なのは、たっぷり眠ること、自由に体を動かすこと、親子でじゃれあって遊ぶことです。その時間を確保したうえで、生活にメリハリをつける「お楽しみ」程度と考えてください。「毎週土曜日のお昼は、ピアノ教室に行ってから公園に行く」など、無理なく生活サイクルの中に組み込む程度がいいですね。

子ども自身が楽しいと思い、夢中で練習するのであれば脳の育ちにも有効ですが、「早くしないと遅れる」とせかされたり、「毎日練習しないと先生にしかられる」とプレッシャーを感じたりしながらやるのであれば、プラスにはなりません。子ども自身が「やりたい!」と言いだし、楽しくやれるまで待ってもいいと思います。

幼児期の習い事の心構え

1 目的は「楽しい」を見つけること

「おりこうさん脳」を育てるために必要な学びは、小学校に入学してからでじゅうぶん。幼児期の習い事は、家庭や園で得られない「楽しいこと」をプラスするイメージ。もしそれが一生の趣味につながれば最高ですが、そのとき、楽しいことが大事。

2 がんばらない、がんばらせない

「ほかの子より早く進級させたい」「センターで踊らせたい」などと親が思うようになったら、しだいに子どもは習い事をプレッシャーに感じてしまいます。習い事はあくまで「お楽しみ」。うまくてもへたでも、本人が楽しいことがいちばんなのです。

3 「やめたい」と言ったらやめていい

「簡単にやめさせたら、何事もすぐあきらめる子になる」と思うのはまちがいです。自分の意思でがんばれるのは10才以降。幼児期に「続けたい」と思うのは、大好きで楽しいから。楽しくないのに続けるのは、時間とお金のムダかもしれません。

幼児期の人気習い事ランキング

1位 スイミング

体力がつくし
運動不足も
解消できる

赤ちゃん時代から習えて入学後にも役に立つ

「丈夫な体に育ってほしいから」「心肺機能が高まりそうだから」「ベビーの時期から始められるから」などの理由で、男女ともにママたちの支持を得ているのがスイミング。小学校で水泳の授業が始まったときに、子どもの苦手意識や恐怖心を減らしてあげたいという意見も多くありました。「一つの泳ぎ方をマスターしたら、次のステップに進むので飽きない」「進級すると自信がつく」など、子どもの向上心の高まりを期待する声も。

赤ちゃん期からスタートする子もいれば、小学校に入学してから始める子もいて、どの年齢からでも大丈夫。でも、大きくなって始めた子のほうが進級スピードは早く、短期間で泳ぎをマスターするのは確かなようです。

先輩ママの声

よい ○
●喘息がよくなった！ 一時は薬づけで吸入器も手放せなかったのに今は症状も出ません。(MASA)●親の負担が少ない。水着の洗濯だけですむし、見学も室内なので快適。(ルルママ)

イマイチ △
●冬はかぜをひきやすい。中耳炎になることも。(H・Y)●水いぼを「うつされてきました。(だいち～のママ)●2才で始めたので、最初のころは毎回泣いて、休みがちに。慣れるまで半年かかった。(みっち)

2位 体操

体を動かすことが
好きな子になって

たくさん体を動かして！の思いが人気のもとに

オリンピックで大活躍する日本の体操選手たち。将来は金メダル!?と期待するママが多いのかと思いきや、「なかなか外遊びに連れ出せないので、せめて習い事では体を動かしてほしい」という声が目立ちました。習い始めたきっかけは「幼稚園で週1回の体操教室があった」という人が多いのも特徴です。

教室によっても、子どもの年齢によっても習うことは違いますが、球技、マット運動、鉄棒、なわ跳び、かけっこなど、さまざまな種目を習うことが多いようです。親としては「小学校の体育の予習になりそう」と期待しがちですが、多くの種目を少しずつやるため、スイミングのように「習えば確実にできるようになる」というほどの成果は期待できないという意見も。

先輩ママの声

よい ○
●幼稚園で習っているので送迎もいらず、ひととおり体の動かし方の基本が学べた。(たろちゃん)●入ったのは3才のとき。本人が気に入って思いがけず長く続き、今は新体操クラスに移動しました。(かのん)

イマイチ △
●体を動かすのが大好きな子だったのですが、集団指導が中心で、落ち着きのない息子はしかられてばかり。人数が多いので待つ時間が長くてつらいので、結局やめてしまいました。(S・T)

3位 英語

小学校の必修化に
合わせて
早めに開始

「将来、必要になる」から早めにスタートさせたい

2011年に小学5年生から英語が必修になり、2020年には小3からの必修化、小5からの教科化が進みます。その流れで「英語は幼児期からやらせておかなくちゃ」と思うママもふえたようです。

でも、実際に習わせているママたちの声を拾うと、「耳を慣らすため」「英語に慣れたらいいかな」という程度のゆるい感じが多いようです。最近では、英語そのものを学ぶだけでなく、公園や体育館などで先生と遊びながら英語を使うという教室もふえ、習い方は多様に。「英語を使いながら、コミュニケーション力もいっしょに育っていってほしい」と期待して、英語の習い事を選んでいるという声も多く見られました。

先輩ママの声

よい ○
●2才で英語を習い始めたら、息子に「ィレイスァーは？」と、めっちゃいい発音で聞かれて驚いた。(もんちっち)●ハワイに行ったとき、現地の方と英語でふれあえたのがいい経験になったみたい。(はるな)

イマイチ △
●ハロウィン、イースター、クリスマスなどのたびにプレゼントやお菓子持参。月謝も高いしお金がかかる。(MILK)●3才から3年間習わせたけど、やめたらすぐ忘れました。(ミンミン)

4位 楽器

音楽で人生を豊かに芸術的に

ピアノ、バイオリンが2大人気。自分が習っていたというママが多く、「楽譜が読めると将来の趣味が幅広くなる」「1曲を完成させる喜びを知ってほしい」などの声が。自宅練習が必須なので、ピアノを買ったり練習につきあったりと、親の負担が小さくない。

先輩ママの声

イマイチ △ ●習い始めのころは、家で教えるためにママも曲の弾き方を覚えなくてはならず、かなり大変でした。（3姉妹のママ）

よい ○ ●弾けなかった曲が練習して弾けるようになると、努力の成果を実感でき、達成感を味わえると思う。（mina）

5位 バレエ

華やかな世界はママにとってもあこがれ

子どもとママの両方がうっとりしちゃう世界がバレエ。姿勢やスタイルがよくなり、リズム感や体のしなやかさも身につくので「女の子ならバレエを！」との声も。発表会の費用や衣装の準備など負担は軽くないので親の覚悟が必要。

先輩ママの声

イマイチ △ ●幼児クラスはレッスン中に親がついていないくちゃいけないし、発表会の出番はほんの少しなのに拘束時間は長い。（ゆきママ）

よい ○ ●バレエに関連して、音楽や花などにも興味を持つようになり、豊かな感受性が育っているなぁと感じます。（Y・M）

6位 幼児教室

集団活動に慣れ能力開発も

入園前の2〜3才が中心の幼児教室。親子がいっしょに参加して、歌を歌ったり、簡単な工作などをしたり。目的は「入園準備のため」というものもあれば、「幼児期の能力開発」を目的にした教室もあります。

先輩ママの声

イマイチ △ ●先生の指導力がいまいちで、全体にダラダラした感じ。保育園の遊びレベルだった。教室選びがむずかしい。（なおちゃん）

よい ○ ●工作やお絵かきが楽しかったみたい。私にもママ友だちができ、同じ幼稚園に入園して、今でも仲よし。（さんち）

7位 サッカー

プロのサッカー選手にあこがれ！

男子の団体スポーツの入門編として人気なのがサッカー。道具も少なく、走ったりけったりする単純な動きは幼児期向き。地域のチームに入る子が多いが、なかにはプロ育成の少年チームに進む子も。

先輩ママの声

イマイチ △ ●週末には試合があるので、お出かけにも行けないし、お弁当を作ったり、お茶当番があったり、親も大変です。（かえちゃん）

よい ○ ●規律を守り、周囲への配慮ができるようになった。運動会の50メートル走でも、ビリだったのが1位に大躍進。（ゆなこ）

8位 ダンス

ヒップホップやチアが人気

人気急上昇なのが、バレエ以外のダンスです。バレエほどお金がかからず、コスプレ要素もあるところが魅力。芸能人の影響で、女の子だけでなく男の子で習う子もふえています。中学体育の必修科目。

先輩ママの声

イマイチ △ ●発表会では髪に細い編み込みやメッシュを入れたりが大変。私が不器用なので、娘の髪はかっこ悪い。（しーちゃん）

よい ○ ●私自身ダンスが大好き。最初は親子ヒップホップクラスに入り、今、娘は幼児クラス、私は大人クラスでがんばってます。（ひな）

9位 絵画造形

芸術性やセンスを養う

習う理由は「絵が好きだから」が多数。プロの指導を受けることで、さらに芸術性を高めたいという思いもあるようです。ただし、先生の指導力や専門性によっては、望むようなレッスンを受けられない可能性も。体験授業は必須。

先輩ママの声

イマイチ △ ●自由な表現を重視しているのか、あまり指導してくれない。作る作品も「？」というものが多い。（S・U）

よい ○ ●競争もなく、家での練習もなく、自由にかいたり作ったりできる。家では絶対作らせてあげられない作品がいっぱい。（ちー）

10位 武道

強く優しく礼儀正しく、が目標

武道そのものよりも、「礼儀正しさを学んでほしい」「あいさつや正座ができる子に」などの期待が大きいようです。基本は1対1の対戦型なので、おびえる子も。事前に見学や体験レッスンを受けて、向き不向きを確認してみて。

先輩ママの声

イマイチ △ ●近所に空手教室があったので入会させたところ、「痛くてこわい」とすぐにやめました。合気道のほうがよかったかも。（ゴンママ）

よい ○ ●少林寺拳法を習わせています。ご近所へのあいさつの声も大きくなり、前よりも優しくなった気がします。（母帯）

習い事はどうやって選ぶ？

習い事を選んだ理由で最も多かったのは「子どもの希望」で44%、親が「子どもの成長に必要だから」と始めさせたのは18%でした。習い始めるきっかけは「家の近くに教室があったから」が32%、「ママ友にすすめられた」が26%。習い始めた年齢で最も多かったのは幼稚園年齢の4〜6才（36%）、3才以下は25%で2番目に多い年齢でした。

習い事・英語

英語の早期教育は必要ですか？

2020年の東京オリンピック、小学校での英語の教科化、外国人旅行者の増加……。にわかに英語熱が高まる日本ですが、幼児期からの英語教育は本当に必要なのでしょうか？

「人間が好き」「自分が好き」それが真の国際人

昨今、英語の早期教育がとても盛んになってきました。乳幼児期に英語を学ばせることで、英語に親しみ、耳が鍛えられ、グローバル社会で生きやすくなるのではないか……そんなふうに考える方が多いのでしょう。

英語の早期教育で英語力が高まるかどうかは、専門家の間でも意見が分かれるところです。私は、早期の英語教育をしたとしても「グローバル社会で堂々と生きられる人」になるとは限らないと思っています。

私は、アメリカに4年間滞在して研究員の仕事をした経験があります。現地で働く〝国際人〟たちを見て思ったことは、「本当にグローバルな人かどうかは、語学力ではかれない」ということです。もちろん英語がペラペラな人はたくさんいますが、彼らの共通点は「人間が大好きであること」「論理的思考力があること」の2つです。

国際社会で生きるためには、さまざまな人種、さまざまな宗教を持つ人たちと対等に渡り合わなくてはいけません。思いを論理的に伝えるには、考えをまとめ、整理する力が必要です。また、狭い価値観を持たず、違いを認め合い、「人間が好き」と思えないとむずかしいでしょう。そしてさらに、「文化の違いがあっても、私の思いはきっと伝わる」という自己肯定感が必要なのです。

このような自己肯定感や論理性の源は、「こころの脳」にあります。「からだの脳」「おりこうさん脳」がすくすく育ったその先にあるものです。

本気で英語が必要と思えば必ず話せるようになる

私自身、本格的に英語を習ったのは中学生になってからです。中学時代は英語が得意とはいえませんでしたが、高校生になってアメリカのドラマが大好きになり、くり返し見ているうちに英語がどんどん得意になりました。その後、大学で医学を学ぶうえで英語は絶対に必要だと思い、短期留学して英語力を身につけ、不自由なく会話できるようになりました。

英語力というものは、「本当に英語を話したい」「必要だ」と思ったときに身につくものです。何才で始めても遅いということはありません。まずは「からだの脳」をしっかり育てて、そのうえで「私も英語が好きだし、子どもといっしょに勉強したい」と思うなら、英語を習うのもいいと思います。成果を期待しすぎず、楽しんで勉強してください。

（お話／成田奈緒子先生）

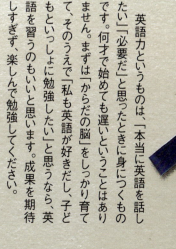

COLUMN

3才で幼稚園に入る場合

入園までに やっておきたいこと

あせって準備する必要はありません。ゆったり構えて大丈夫！

子どものなりのペースで「できた」を積み重ねます

どんなに甘えん坊さんでも、幼稚園に入れば「自分のことは自分でやるんだ」と思うものです。ママたちは「ウチの子にできるかな」と不安かもしれませんが、子どもはすぐに覚えるので安心してください。

幼稚園では、子どもが行動しやすいような一連の流れをつくっています。朝の準備はこれとこれ、帰るときにはこの流れ……が常に一定で、動きやすいような動線になっているので覚えやすいのです。苦手な子には先生が手伝いますし、少しずつ目標を持って「できるようになった」を積み重ねていきます。でも、お着がえや靴の着脱がスムーズにできると、すぐに遊び始めることができますから、おうちでも少しずつ練習するといいかもしれませんね。

「お友だちと遊べるかな?」という心配もあることと思います。でも、3才児(年少さん)は、まず「自分はこうしたい」という思いを育てる時期です。自分がやりたい遊びを見つけ、とことん熱中することが大切なのです。そのうち、興味の似た子が2～3人で遊ぶようになっていきます。最初はひとりぼっちに見えても、その「ひとり」には意味があるのです。

遊びの輪に入れない子もいますね。そういう子たちは遠巻きに見ながらも、仲間に入るチャンスをうかがっています。先生たちは参加したくなるしかけを作りながら、ゆっくり時間をかけて、自分から入ってくるのを待ちます。自分で仲間に入ることが力になるからです。「早く友だちつくって」とママがあせらないで。

入園してすぐは、「ママから離れたくない」と泣く子もいますが「必ずお迎えにくるよ」と伝え、笑顔でバイバイしましょう。時間はかかっても、必ず慣れるので安心してください。

幼稚園の一日
（年少さんクラス　白梅幼稚園の場合）

9:00 登園

自由な遊び

幼稚園の活動は午前中がメイン。白梅幼稚園では「自由遊び」を大切にしています。

ブランコで力いっぱい遊んだら、次は工作をしようかな？

11:45 お弁当

昼ごはんの準備も、自分たちでできるように練習します。

12:45 午後遊び

午後は時間が短いけれど、外に出て思いきり遊ぼう。

13:30 帰りの支度

14:00 降園

どんなに園が楽しくても、ママの顔を見ると大喜びなのです。

入園までにやっておきたいこと

おうちでの生活

こんなことを少しずつ意識しておこう

ことさらに入園準備は必要ないけれど、少しだけ準備するならこんなこと。でも子どもにプレッシャーをかけない程度に。

Advice

白梅幼稚園副園長
霜出博子先生

2006年より現職。「遊びの中から子どもは伸びる」という白梅学園大学附属白梅幼稚園（東京都小平市）の方針を実践。

1 着がえや靴の着脱、できるかな？

入園すると、「靴をしまって、リュックをしまって、体操服に着がえて」などの一連の流れがあります。必要に応じて先生が手伝いますが、自分ひとりでスムーズにできるようになれば、その分、早く遊び始めることができるし、うまくできず不安になることも少ないでしょう。子どもが園を楽しむためにも、おうちでも少しずつ練習を。

自分でしまえるよ

2 自分でトイレ、できるかな？

園のトイレは子ども専用

おむつがはずれていなくても心配いりません。担任の先生に相談すれば、「おしっこ、そろそろかな？」と声がけしてもらうこともできるはず。周囲の子がトイレに行く姿を見て、「自分も！」と奮起する子も多いものですから、あせらなくても大丈夫。ただ、ウンチのときにおしりを自分でふく練習はしておいてください。いちいち先生を呼ぶのは、子どもの負担になります。男の子は、立っておしっこをする練習もしておきましょう。

3 自分のものとほかの子のものが区別できる？

自分のマークがあるよ

名前の読み書きはできなくていいですが、「自分のもの」と「自分のものじゃないもの」を区別できるといいですね。私のカバンはこれで、私の棚はここで、だから私のカバンはこの棚に置く、という理解ができると物の管理がスムーズです。おうちでも「○○くんの引き出し」をつくって、自分のものを出し入れさせて。園に持っていくタオルやお弁当箱を買うときには、子ども自身が選ぶといいですね。

手を洗ったらタオルでふく

4 好きなことに集中できる？

「先生の話を集中して聞けるかな？」ということも、親御さんには気になるところだと思います。先生もプロなので、子どもの興味を引くような声の出し方やタイミングを工夫しています。小さな子は基本的に落ち着きがないものですが、本当に興味のあることや「おもしろい」と感じたことにはギュッと集中するものです。ご家庭でも、好きな遊びに集中できているならまずは安心してください。

集中してる！

5 早寝早起き、外遊びはできてる？

おはようございます！

入園の1カ月くらい前になったら、生活時間を幼稚園に合わせましょう。登園に間に合う時間に起こし、朝ごはんを食べさせ、身支度をして家を出て公園に遊びにいく……というような練習ができるといいですね。早起きに慣れていない子は最初グズグズすると思いますが、朝の光をしっかり浴びると生活リズムが整います。午前中に思いっきり遊ばせ、お昼寝はなるべくせず、夜は早く寝かせましょう。

取材・撮影協力／白梅学園大学附属白梅幼稚園（東京都小平市）

専門家からのメッセージ 1

手をかけ、心をかけた分だけ、幸せな子に育ちます

児童精神科医・佐々木正美先生

小さなお子さんを
育てている
ママ・パパへ

人生において乳幼児期ほど大事な時期はありません

このページを読まれているみなさんは、小さなお子さんを育てている真っ最中だと思います。お子さんが小さければ小さいほど、親の役割は重要です。この時期は、子どもの人生の中の「基礎工事」にあたるからです。

基礎工事を手抜きして作られた建物は、どんなに外見が立派だとしても、大きな災害がきたときにひとたまりもありません。しかも、外壁はいつでも塗りかえられますが、基礎工事をやり直すのは本当に手間も時間もかかる。人間も同じです。

早くから習い事をさせたり、勉強させたりするのは外壁工事の部分だと、私は思います。大人になってからでもできることです。でも、「基礎工事」は今しかできません。それは、人を信じ、自分を信じる力をつけてあげることです。

私は児童精神科医という仕事をしていますから、幸福な子よりも不幸な子と出会うことが多いわけです。自分を傷つけたり、親を傷つけたりした子です。親を殺した子にも会いました。

「とんでもない親に育てられたのだろう」と思うかもしれませんが、一生懸命に子育てしてきた親も多いものです。でも、彼らは親に愛されたと思っていません。子どもへの愛情が、親の「自己愛」にすりかわっていたからです。

子どもの言うことを可能な限り聞いてあげる

たとえば「勉強のできる子になってほしい」「しっかりした、いい子になってほしい」と思うとき、親は「わが子のため」「将来のため」と思っているのですが、「そうであれば〝私〟がうれしいし、誇らしい」という「自己愛」もまじっています。多かれ少なかれ、どの親にもあるものです。それが過剰になってしまうと、「これができない」「このままじゃダメだ」とあれこれ口うるさくなります。親は愛情のつもりなのに、子どもには伝わらない。重荷を背負わされていると感じるのです。

親は、子どもに届く形で愛情を示さなくてはいけません。それは「子どもの願いを聞く」ということです。

生まれたてのころ、泣いたらおっぱい、泣いたらおむつと、全面的に願いをかなえてあげましたね。だから子どもは親を信頼したのです。少し大きくなっても同じですよ。「抱っこ」と言ったら抱っこし、「これが食べたい」

佐々木正美先生

川崎医療福祉大学特任教授、ノースカロライナ大学非常勤教授、横浜市総合リハビリテーションセンター参与。児童精神科医として長きにわたり自閉症の人とその家族を支援しながら、臨床の現場でさまざまな親子に向き合う。また、保育者の指導などにも積極的にかかわる。著書に『子どもへのまなざし』（福音館書店）、『「育てにくい子」と感じたときに読む本』（主婦の友社）など

と言ったら食べさせるのです。ぜいたくをさせろというのではありません。ときには「ごめんね、今はできないよ」があっても、可能なことは聞いてあげるのです。

「ワガママになる」「努力しない子になる」と思うかもしれませんが、それは違います。絶対に違います。手をかけてあげるほどに、子どもは自立に近づくのです。

親を信じるからこそ自分を信じられる

たくさん手をかけてもらった子は、親の愛情を信じます。それが原点となって、親が信頼している人、たとえば祖父母や保育園の先生を信じます。人を信じる力は、自分を信じる力になります。

「自分は、親や身近な人に愛されている」と思えれば、子どもは自分の価値を実感できます。自信を持って生きることができるので、どんどん自立していくのです。

「甘やかしてはいけない」などと思わなくていいのです。たっぷり甘えさせてください。そんなことは親にしかできません。そして、親の「こうなってほしい」という思いはできるだけ控えてあげてください。

ときおり、「これは私の願望か、子ども自身の希望か」を考えるといいですね。それだけで、親の愛情が伝わりやすくなるはずです。

Q 感情をコントロールできない

友だちをたたいたり、かみついたり、感情をコントロールできない子です。親の愛情不足が原因でしょうか？（2才・男の子）

A 攻撃性は欲求不満のあらわれです

大人でも子どもでもそうですが、攻撃性は欲求不満のあらわれです。この子が「してほしい」と思っていることを見逃さずやってあげているうちに、おさまりますよ。子どもの願いは、たいがいはささいなことです。抱っこしてほしいとか、洋服を着せてほしいとか、ママこっちを見てとか。「今は忙しいからあとでね」があってもいいのですが、可能な限りかなえてあげましょう。「じゅうぶんにやっています」と思うかもしれませんが、要求の多い子と少ない子がいて、じゅうぶんかどうかは人によって違うのです。愛情不足などではありませんよ。愛情の届け方を、少し変える必要があるだけのことです。

Q 内向的な性格をどうにかしたい

小心者で内向的。お友だちが盛り上がっているところで「うちに帰る」と言いだします。新しい体験は、とにかく苦手です。（2才・男の子）

A 2才であれば集団活動ができなくて当然です

集団生活のスタートは、昔なら6才でした。多くの子が集団活動を楽しめる年齢になったから、入学は6才なのだと思いますよ。このお子さんはまだ2才。お母さんと遊ぶことができれば何の心配もいりません。もし遊びの輪に入りたいのに入れないでいるのであれば、お母さんがいっしょに入ってあげるといいのです。「おばちゃんも入れて」と言えば、子どもたちは必ず仲間に入れてくれますよ。慣れてきたら、お母さんだけそっと抜けるといい。

でも、本当にイヤがるなら帰ってもかまいかせん。無理じいしてしまうと、不安が強くなって集団にとけ込む時期が遅れるものです。

人を信じ、自分を信じることを教えましょう。それが揺るぎない土台になります

自分を思いやってくれる親の姿、祖父母を気づかう親の姿が「思いやりのある子」の原点です

思いやりの芽は生後すぐから育ちます

「わが子に、将来、どんな子に育ってほしいですか？」。育児雑誌ベビモ編集部がアンケートをとったところ、最も多かったのは「思いやりのある子」だったそうです。

　思いやりの感情はいつごろから芽生えるかというと、実は、生まれてすぐなのです。赤ちゃんは言葉で説明できませんから、親は泣き声で「おっぱいがほしいのかな」「よしよし、おむつを替えようね」などと推測します。これこそ、子どもが最初に出会う「思いやりの姿」です。

　子どもは、親がだれかを思いやる姿を見ながら「思いやりの芽」を育てます。子どもの悲しさやくやしさに共感したり、夫婦がお互いに「ありがとう」「ごめんなさい」と言葉をかけ合ったり、祖父母をいたわったり、その姿を見本にします。言葉でいくら「思いやりを持ちなさい」なんて言っても、たいした効果はないのです。

　思いやりの芽が育っても、それを表現できるようになるには時間がかかります。たとえば自分のおもちゃをお友だちに貸せない子がいます。そういうとき、しからないでください。相手の子には、親がかわりに謝ってあげればいいのです。「ごめんね、おもちゃ貸せないんだって」「かわりにこのスコップ使ってね」と。

　貸せない子には、貸せない思いがあります。親が一方的にしかるのは、それこそ思いやりがありません。わが子の気持ちをくみとり、言葉にすることも思いやりを育てる手助けになります。

祖父母から得る愛情にははかり知れない価値がある

　親と親戚やご近所さんとのつきあい方も、子どもはちゃんと見ています。最近は、両親や親戚と距離をおこうとする人も多いと聞きますが、それはとてももったいない話です。祖父母は孫を本当にかわいがりますね。「勝手におやつを食べさせる」など、子育ての方針が合わないこともあるでしょうが、それも祖父母が孫に示す愛情や思いやりの姿です。

　子どもはいろいろな人のいろいろな形の愛情を、それぞれに受けとります。親の愛情だけでは不足する部分を埋めるのが、祖父母や身近な人の愛情なのです。

　「プライバシーを守りたい」「教育方針が違う」という理由もあるかもしれません。あるいは、両親や義父母への複雑な感情もあるかもしれません。でも、祖父母を拒絶したり、つきあいを減らそうとする姿は、子どもには意地悪にしか見えないでしょう。それに、子ども時代にたくさんの人から愛情を注がれることには、はかり知れない価値があるということも理解してください。

人の間にいなければ私たちは生きられない

　50年近く、子どもの精神科医として臨床の現場にいて、思うことがあります。それは、現代の子どもたちに人間関係が圧倒的に不足しているということです。

　不登校や引きこもりの子の数は年々ふえていますね。彼らの中には、学校の勉強がよくできたという子も多いものです。勉強や習い事に時間をとられ、人間関係を築く時

Q 悲しみ、つらさを吐き出せない

興奮すると周りが見えなくなるほどテンションが上がる一方で、打たれ弱いのか、内にこもるとシクシクが続きます。くやしい、悲しいを外に出せないことが心配です。（3才・男の子）

A 繊細な感受性を優しく受け止めて

　感受性が強いお子さんです。うれしいときはうれしさに入り込み、悲しいときには悲しさに入ってしまう。打たれ弱いのは、傷つきやすいからです。とても繊細な性質ですから、育てる親は大変です。でも、手をかけただけ価値が出る子です。どんな親に育てられるかで差が出るのです。どうぞていねいに育ててください。

　泣いているときには、しかったり泣きやませるのではなく「ママにしてほしいこと、ある？」とだけ聞いて、追求しすぎないことです。少しほうっておき、泣きやんだらおやつにしましょう。話し始めたときには、たっぷり聞いてあげてください。

子どもを幸せにするなんて本当に簡単なことですよ。親が笑顔ならそれで幸せなんですから

間や機会を失ったまま成長したのではないかという子もいます。そうなると、人前でのびのびふるまえないのです。人とかかわることがストレスになる。小学校、中学校、高校と進む中で、ストレスはますますふくらんでいき、社会に出られなくなっていくのです。

「人間」という文字は、人間の真実をいいあらわしていると常々感じています。人の間にいてはじめて人間なのです。個人的な能力がどんなに高くても、人と交われなければ社会で生きることができません。

「交わり」とは何でしょう。私は、「喜びを分かち合うこと」だと思っています。うれしい、楽しい、おもしろい。そんなプラスの感情をたくさん共有することです。それができた相手とは、悲しみや怒りといったマイナスの感情も分かち合えるようになります。喜びを分かち合うことは「共感」です。悲しみを分かち合うことは「思いやり」です。この2つをじっくりと育てていかなければ、人は人として生きていくことがむずかしくなるのです。

親との関係に満足したら安心して社会に出ていく

子どもはまず、お母さんやお父さんと喜びを分かち合う体験をします。たくさんたくさんするのです。次に祖父母や身近な人、保育園や幼稚園の先生、そして友だち。でも、無理じいをしてはいけませんよ。親子関係にじゅうぶん満足してからでないと、社会的集団の中でのびのびふるまえないものです。親に対する安心感を持ち歩くようにして、外に出ていくのです。

小学生くらいになったら、どんな友だちとでも遊ばせてあげてください。マナー知らずな子、乱暴な子もいますが、親が選別してはいけません。ことの善悪は家で親が教えてあげればいいことです。「そういうことは、ママはイヤだな」と、それでじゅうぶんです。

3人の子どもを育てた経験から申し上げますと、子どもは必ず親の価値観に合う子と、最終的には親しくなるものです。

友だち家族と出かけたり、友だちだけをお預かりして映画などを見にいくのもいいですね。家を開放して自由に出入りさせるのもいいと思います。そうやって人間関係をゆっくり広げていってください。

幸せな人に育てられれば子どもは幸せになる

多くの人は、わが子に「幸せになってほしい」と願っていると思います。でも何をすれば子どもが幸せになれるかが見えにくい時代です。英語を習わせればいいのか、スポーツをさせればいいのか。

いいえ、そんなことではありませんよ。子どもを幸せにするのは本当に簡単なのです。お母さんとお父さんが笑っていれば、それでいいのです。幸せな人に育てられるから、幸せになるのです。

子どもは単純ですから、親が笑顔でもふきげんでも、全部「自分のせいだ」と思います。親が笑っていれば、「自分がいるから親は幸せなんだ」と思うし、つらそうだと「自分がいい子じゃないからだ」と思います。

お母さん、どうぞ笑っていてください。夫や子どもを笑顔にして、自分も笑顔になってください。その笑顔を身近な人にも分けてください。そうすればまちがいなく、子どもの人生の「土台」は揺るぎなく固まるはずですから。

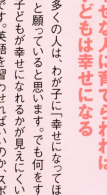

専門家からのメッセージ2

学習指導のエキスパート・高濱正伸先生

最終目標は、子どもの自立。「メシが食える大人」に育てること

学習の〝基礎力〟は幼児期の体験から

〝メシが食える大人にする〟、この言葉こそ「花まる学習会」の教育・指導理念かつ重要なキーワード。子どもが経済的、社会的、精神的な自立を果たしたときにはじめて〝メシが食える〟わけですが、そうした真の自立ができる子に育てるために、小学校までに〝言葉の力〟や〝自分で考える力〟など、つけておきたい基礎力があります。これらの基礎力の土台となるのが0～3才の原体験です。

長年、多くの小中高生を見ていると、小学校高学年になって伸びる子と伸び悩む子がいますが、その差は乳幼児期の体験から生じているのです。乳幼児期に最も大事なこと、それは「主体的に、やりたいことをやり抜く」ということです。

自分が熱中できる経験を気のすむまでするこ と。これは非常に重要。ドリルをイヤイヤやらされてきた子は、小学校高学年になると、別解を考えることをいやがります。でも小さいころから思う存分にやってきた子は、主体的にやらないとおもしろくない、という大事なことをつかんでいるから、「もっと別のやり方があるんじゃないかな?」と別解探しに意欲的です。

では何をするべきか、というと「自然にふれる」ということをいちばんにおすすめします。そのよさの一つは多様性。葉っぱ一枚一枚にすじや色、枯れ方など五感で感じるさまざまな違いがあります。小さな子を外に連れていけば葉っぱをいじったり、穴を掘ったり、たいていあきずに遊んでいて、それがとてもいい時間。子どもがすごく伸びているときなのに、「早く帰ってドリルをやらなきゃ」と思っては本末転倒ですよ!

「わぁ、きれいだね～」。感動は言葉で伝えよう

また、感性=感じる力を伸ばせるのも自

高濱正伸先生
（花まる学習会代表）

東京大学、同大学院修士課程修了。1993年に「数理的思考力」「国語力」「野外体験」を重視した「花まる学習会」を設立。引きこもりや不登校など実践的問題解決にもとり組む。親向けに年間100回以上行う講演会は、キャンセル待ちが出るほど大人気！

然から。子どもが中学生くらいになったときに夕焼けを見て「きれいだな」と思うかどうかは、幼児期の母親との関係が大きく影響します。夕焼けや紅葉など自然の美しさにふれたときは、お母さんが感動して言葉に出して子どもに伝えれば、子どもは感性を伸ばせるのです。何かを「ステキだな」と思える子は、いつも「これ、おもしろいな」と思っている感覚や視点が鋭い。いいものはいいと思える感性というのは、一生を考えると、とてつもなく大きなものですよ。

幼児期は、理科的な感覚も養える時期です。私自身も母親が表面張力のことを話してくれた場面をよく覚えています。コップに水をぎりぎりまで入れて、どこまで入れてもこぼれないか、なんてね。こうした小さいころの理科的な基礎体験がないと、実際に授業で実験をしてもおもしろくもなんともありません。とにかく親は、子どもに「わぁ、不思議」と思わせる、さまざまな体験をさせてください。

除菌主義の世の中に喝！たくましさこそ重要

あるデータによると、今20才の50％以上が異性と一度もつきあったことがないそうです。現代はそもそも人間関係が希薄になっていて、さかのぼってみれば小学校でケン

葉っぱをいじったり、穴を掘ったり外であきずに遊んでいる。それが「伸びているとき」です

0～3才にしておきたい5つのこと

1 自然を体感する

多様性や感性など自然から得られるものは、はかり知れません。0～3才なら近所の公園でじゅうぶん。葉っぱやだんご虫など、その子なりのフィールドでいろいろなことを感じているので、ぜひつきあってください。

2 気がすむまで、とことんやる

たとえば積み木を積んではくずしたり、溝にひたすら石を落としたり……成長したときに自分の頭で考えることを楽しめるようになるには、この小さいときにやりたいことをやりきった感が、とても重要です。

3 “感受性に響く言葉”を聞く

まだ言語化できない乳幼児期でも、いろいろなことを感じています。お母さんが「夕焼け、きれいだね」と言葉にすれば、子どもも「わぁ～」と思うわけです。子どもの感性を伸ばすものは、母親の感受性であり、言葉なのです。

4 “理科的な不思議”を感じる

ラーメンを食べると眼鏡がくもる、冬に洋服を脱ぐと静電気が起こる、そういった不思議体験を乳幼児期にしていると、いざ学校で習ったときに「あのことか！」と腑に落ちるわけです。意味を教えなくても、子どもが興味を持てばOK。

5 人間とのかかわりで学ぶ

人がこわくないし、人といるのが楽しい、イヤなことをお互いにしたりされたりしながらも、みんなでいたほうが絶対に楽しいな、と思う子にしておきたいもの。その、おおもととなるのは、母子のスキンシップです。

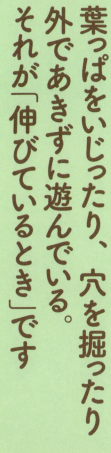

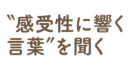

イライラや孤独を感じたら とっておきの〝カード〟で解消!

力もしないというような時代。人間というのはもっと大らかでいろいろなかかわりの中でバランスをとっていくものなのに、「ケンカはいけません」「いじめはありません」といった除菌主義の世の中になっています。でも、そんな中で育って社会に出ると本当に困ります。人間関係が苦手で恋人もつくれず、会社では注意されたらすぐ辞めてしまう……。そうではなく、社会に出たあと、恋人もつくれるし、仕事場にイヤな上司やクレームを言う客がいても、それでも平気という人間になること、つまりたくましさがいちばん大事。たくましい子に育てましょう、というのが私なりのメッセージです。その、おおもととなるのが、母親とのスキンシップでしょうね。

母親一人が子育てする現代は「孤母社会」

子どもが伸びるための要素をいくつかお話ししましたが、そもそもお母さんが安心・安定していないと話は進みません。お母さんがイライラしていると本当によくないのです。引きこもりや家庭内暴力、青年期になっても働けない事例を研究すればするほど、その家庭には孤独な母がいます。今は時代的にどうしても孤独な子育てになりがちです。これを「孤母社会」と呼んでいます。

昔は地域がありました。私が子どものころは、家に帰ると隣のおばちゃんがうちの居間に上がり込んでいて、せんべいを食べながら「お帰り」って(笑)。今そんなことをしたら通報されちゃいますよ。日本では長い間、地域ぐるみで子育てをしていたわけですが、敗戦を機に核家族化が進み、地域はバラバラになっていきました。そして、今のおばあちゃん世代がイライラしてがんばって子育てして、結果、何万人という引きこもりをつくってしまったのです。

優秀でまじめなお母さんほど危ない

おばあちゃんたちに悪気があったわけではありません。そもそも母親一人で子どもを育てるのは無理がある、という結論なのです。では夫をイクメンにすればよいかというと、それもちょっと違う。赤ちゃんにおっぱいをあげながら男性と対等に働くのは無理です。家の中にこもっているお母さんがこわれないようにするのが、夫の最大の仕事だと思います。私が見てきた虐待の起こった家は、まじめなお母さんばっかり。もともと仕事でバリバリ活躍してきた優秀な女性が専業主婦になったときが、いちばん危ないのです。家にこもって子育てだけをすると、いちいちこまかいことが気になってしまう。大人基準でどんどん上の子をとっちめていく。

いっぽう下の子は「ああなっちゃいけないな」とうまく立ち回ってほめられる……、だれか犠牲者をつくっているのが、今のごくふつうの家庭像なんです。女の子はパワーがあるので、多少はね返す力がありますが、男の子はつぶされてしまうと本当に立ち直れなくなってしまう。だから、やっぱりお母さんの孤独がいちばんいけないのです。

お母さんがとにかく安心して子育てするのに必要なのは、一にも二にも外のつながりなのです。ちょっとでもパートで働くとか、ママ友や実母としゃべる、芸能人にときめきを持つのもいい、とにかくどんなカードを使ってもいいから、自分がどうやったらニコニコしていられるかに焦点を当ててほしいですね。お母さんがホッとできれば、家の中の雰囲気もガラリと変わります。うちもずいぶん韓流スターに助けられましたから(笑)。

専門家からのメッセージ3

コーチングのプロ・菅原裕子先生

見守り、必要なときに手を貸すサポートこそ親の仕事

飢えている人がいたら、
A.魚を釣ってあげますか？
B.それとも魚の釣り方を教えますか？
or
釣り方
A
B

人を援助するときの援助者のスタンスをあらわした、有名なたとえ。魚を釣ってあげるのは「ヘルプ」。魚の釣り方を教え、釣れるようになるのを待てば、人はいずれ自立する。それは「サポート」。0～3才はヘルプし、3才からはサポートするのが重要！

0～3才はヘルプの時期。欲求を満たしてあげて

子育ての目標をひと言でいうと、子どもを自立させること。子どもが親元から離れ、自分の人生を幸せに導く力を養えるようサポートするのが、親の役目です。

とはいえ0～3才は自立というよりも、目の前の〝今日〟が重要な時期。子どもにはできないことがたくさんあるので、その「できない」をいかにうまくやってあげるかということが大切です。コーチングの考え方でいうと、いわゆる〝ヘルプ〟の時期ですね。

うまくやってあげるというのは、子どもの基本的な欲求を満たすということ。きげんよく遊んでいるとしたら、いかにじゃまをせずに遊ばせられるか、おむつが汚れたり、おなかがすいたりすれば不快感を訴えて泣きますが、そのときいかにすばやく満たしてあげられるか。それらをしてもらった子どもは、「求めれば満たされる」と肯定的な感情を持つのだと思います。だから、赤ちゃんのときは、なるべくそのニーズを満たしてあげることが大事ですね。

菅原裕子先生
（ハートフルコミュニケーション代表）

有限会社ワイズコミュニケーション代表取締役。NPO法人ハートフルコミュニケーション代表理事。仕事の現場で学んだ育成に関する考えを、子育てに応用し、全国の親たちの子育てや自己実現をサポートしている。

“子どもが好きに探求できる環境づくり”。それも親の仕事！

3才以降になると、いろいろなことができますから、その「できる」をどんどんサポートしていくことです。自立は目標ですが、0～3才のころはあまり自立ということを意識せずに、今このときをどうするか、大事にしていくのがいいでしょうね。年齢によって親も接し方を変えていくということです。

やりたがることはなるべくやらせましょう

そもそもコーチングとは、基本的に相手を「できる人」ととらえ、そのできる力が存分に伸びていく環境をつくること。子育ての現場だと、子どもに「こうしなさい」と言うより、「どうしたらいいと思う?」と質問しながら、子ども自身が自分の力を伸ばしていくのを助けます。

まだしゃべれない赤ちゃんでもはいはいしたり、歩いたりし始めたら、その活動を制限しないことです。好きに探求できて、好きに遊べる、ダメ!と言われなくてもいいような環境を家の中につくっておく。

歩くようになったら靴をはかせて、歩かないうちはベビーカーに乗せたり、抱っこしたりして外に出て、家の中にはない刺激を与えるのもいいですね。

2才ごろから、だんだんと自我が芽生え、「自分で!」「イヤイヤ」がふえてきます。話すこともじょうずになりますから、この時期は意識して会話をふやしましょう。話しかけるときも、ひと工夫したいもの。たとえば、歯ブラシ一本を買うときも、「赤と青、どっちがいい?」と聞いてあげる。そうすると、子どもは子どもなりに考えます。そのような選択は小さいころからさせてあげたほうがいいですね。2才にもなれば、自分の意思をはっきり伝えられるので、そういう会話もできるはずです。

それから、このぐらいの年齢になると、親のまねをしてお手伝いをしたがります。正直やってもらわないほうが親としてはラクですが(笑)、めんどうくさがらずに、いっしょにやることです。私も、娘が小さかったころは、いっしょにパンやクッキーを焼いたりしました。やっているうちに粉だらけになるので、下にシートを敷いてね。そのへんはママの工夫も必要です。

子どもにとって、そういう生活シーンにおける体験が多ければ多いほど、自分はこれが

菅原裕子先生の していいこと VS. ダメなこと ○×△

お出かけ ○

思いきり歩かせる

子どもは好奇心のかたまり。好きに探求できるように、思いきり歩かせてあげましょう。いろいろな外の刺激を与えることで、子どもの世界は広がります。親は危なくないように見守る程度で。

育て方 △

"自立"を意識して育てる

0～3才は手助けが必要なヘルプの時期。自立を意識するよりも、目の前の赤ちゃんの欲求にこたえることが何より大切。3才を過ぎ、子どもが何か目標を持つようになったら、自立を意識してサポートを。

習い事 ×

習い事をするには0～3才は早すぎる

子どもにとって、それが「遊び」で楽しんでいるならOK。イヤがっているのに、親が無理にやらせるならやめて。習い事を始めたら、親はそれを「遊び」の延長にしてあげる努力をすることが重要です。

問いかけ ○

「麦茶にする? 水にする?」子どもに選ばせる

意思表示ができるようになったら、日常会話にこんな問いかけを入れることも大切です。子どもは自分なりに考え、はっきりと自分の意思を伝えることができるようになります。

遊び ○

ときには強制終了もあり

3才ぐらいまでなら、いくらやりとりしても折り合いがつかない場合は、かかえて帰るといった強制終了もあり。ただし、あまり強制終了ばかりしていると、子どもに不信感が芽生えるので注意!

好きとか、これは好きじゃないということに自分で気づきます。体験がないと、それさえもわからないままです。やりたがることはできるだけやらせてあげてほしいと思います。

子どもに葛藤させれば気持ちを整理できる

ふだんはそんなふうに寛容に接することができても、魔の2才児の「イヤイヤ」には、さすがに音を上げるお母さんも多いはず。このとき、私が言いたいのは「子どもに葛藤させよう」ということ。

たとえば公園に行き、そろそろ帰ろうかと告げると、子どもは「イヤ」だと言いますよね。選択を与えない親だと「もう帰るよ！」と連れ帰りますが、選択を与える親の場合は「そうだね。イヤだね。もっと遊びたいよね」と子どもの気持ちを受け止めながら、「でも、どうしよう。ママ、おうちに帰ってから、ごはんの支度をしなきゃいけないしね。まだ遊ぶ？ もう帰る？」と言っていると、子どもの中で葛藤が起こります。帰りたくない、でもママはごはんの支度がある、でも帰りたくない……、と何回もくり返すうちに、こちらが「帰ろうか？」と言うと「帰る」となるのです。

子どもが「イヤ」と言ったときに「なに言ってるの!?」と怒るのではなくて、「もっと遊びたいよね」と気持ちを受け止めたうえで、ママがしなければならないことを伝えて、そこで葛藤させる。ただイヤイヤ言わせるのではなく、葛藤させることで、子どもは気持ちの整理の仕方を学ぶのです。何回か葛藤させて、それでもダメなら〝今日は強制終了〟というのも実はアリです。

ただ、強制終了もだんだんきかなくなってきます。やはり親は、なるべく小さなときから子どもと話をして、子どもの気持ちを聞いて受け止める。子どものほうは受け止めてもらって気持ちの整理がついて、それで前進できる。そういう習慣をつけていくのがいいと思います。強制終了ばかりしていると、結局は聞いてくれないし、わかってもらえないということになりますから。

大切なのは、生活を楽しむ親の姿

本当の問題を抱えるのは0〜3才ではありません！ このころにやらなかった結果が出てくるのは、もっと大きくなってからです。けれども0〜3才の時期に、こういった親子のやりとりが土台として築かれていれば、この先、大きな問題が起こったときの対処方も変わってきます。

先日、1才7カ月の子がいるお母さんからメールが届きました。「この子が生まれて4カ月のころから、頭がおかしくなりそう」とつらそうな文面です。読んでみると、そのお母さんは育児休業が明けて、仕事に復帰したけれど、会社に行っても仕事だけに没頭できない。時間になると、子どものために家に帰らなければならない。家に帰ると、子どもはかわいいけれど、職場にいる自分は何か中途半端で、子育ても楽しみきれない……。そういうふうに仕事と子育てとの間で葛藤するお母さんは多いですね。私がこの方にお伝えしたのは「あせらないで」ということ。「仕事はどんな仕事もあるけれど、その1才7カ月の子どもとの生活というのは、今日しかない。仕事をセーブすることは第一線の仕事をしたことのある人にとってはもの足りなさを感じるかもしれないけれど、それを楽しみながら、時間になったら保育園に迎えにいくという生活も、長い人生にあってもいいのでは」と、お返事しました。

仕事も子育ても、どちらも完璧にはできません。特に子育てに完璧というのは絶対にありえませんから、いかに両方を楽しめるかということが大切です。もちろん食事のことも睡眠のことも気をつけたいですが、いちばん大事なのは子どもとの生活が楽しめること。お父さんとお母さんが毎日を楽しんでいれば、それが子どもの環境なので、子どもにとっても生きることが楽しいことになります。0〜3才でいちばん大事なことは、それしかないと思うんです。

おわりに

ここまで読んでいただき、ありがとうございました。
この本は、最新の脳科学と発達心理学、そして子育て理論に基づいて
まとめられた信頼に足る一冊だと自負しています。
けれど、もし読者のみなさんが「この本に書かれていることと、うちの子の
様子は違う」と思うことがあれば、迷わず自分のお子さんを信じてください。
子育ての正解は、子どもの数だけ存在します。「私の子育てはこれでいいのかな」
と迷うことがあれば、子どもを見ましょう。ママやパパに向ける
うれしそうな笑顔や、深い眠りや、旺盛な食いっぷりに、その答えがあります。
遠い先のことはわかりませんが、今の「この子はこれでいい」を積み重ねていけば、
きっと「これでよかった」と思える未来がきます。
知識を得ることは大切です。でも、わが子を観察することはもっと大切です。
観察者の目を持ち、わが子の成長を味わってください。

私は幼いころ、毎日、古い家の庭で動物と虫と草だけを見ている子でした。
ほとんど話さず、ぼんやりしていたそうです。
今の私からは想像もつかないと、よく言われます。
そんな私を心配して、母は年少から幼稚園に入園させ
（当時は年少入園は珍しかったのです）、ピアノやバレエを習わせましたが、
私は庭の苔をいじるほうがずっと好きでした。
幼稚園にもなじめず、登園拒否児となった経験もあります。
でも、私は平気でした。自然や動物を見ていることが楽しくてたまらなかったし、
夜8時には必ず寝ていたので、心も体も元気でした。あの日々が、今の私の土台です。
小児科医になって、「早期教育」や「厳しいしつけ」を受けて育った子とその親に
出会うことがふえました。睡眠不足や遊びの不足で、子どもは笑顔を失っているのに、

親は「これから能力を発揮してもらわなくちゃ」とあきらめられません。
その結果、学校に行けない、人に会えない、夢が持てない子どもになってしまう……、
そんなケースはたくさんあります。
「乳幼児期はたっぷり寝かせて『からだの脳』を育てる。
『おりこうさん脳』はその子のペースに合わせる」。これは不動の真実だと思っています。

私も母になり、共働きで子育てを続けています。ですから、夜8時に子どもを
寝かせることがいかに大変かは痛感しています。でも、がんばるのが
「夜8時に寝かせる」ことだけなら、なんとかできそうではありませんか？
習い事も、塾も、テレビも、ゲームもやめて、ときにはお風呂もパスして、
とにかく「夜8時に寝かせる」ことを実行しました。
ベビーシッターさんにお迎えから寝かしつけまでをお願いしていた時期もあります。
朝は早起きなので、家族のコミュニケーションはたっぷりできます。
朝食はびっくりするほどたくさん食べます。
わが家の夕食は質素ですから、おなかがすくのです。休日は親子でたっぷり遊びます。
ベビーシッター代は安くありませんでしたが、娘は大学受験を控えた現在でも、
塾にも行っていませんし、習い事もしませんでした。
そこにお金がかかっていないのですから、脳がつくられる最も重要な
幼児期のベビーシッター代を「もったいない」と思う必要はないと私は思っていました。
みなさんはどう思われますか？

子育ての目標は、子どもの自立です。
大人になったときに、自分で考えて歩いていけることです。
幼児期や児童期に「小さな大人」をつくることではありません。
子ども時代にしっかり脳を育てていけば、親が行動で見本を見せていれば、
そして「あなたが大好き」と伝えていれば、子どもはちゃんと自立します。大丈夫。
本書がそんな子育てのヒントになれば、こんなにうれしいことはありません。

2017年4月 成田奈緒子

【 総監修 】

成田奈緒子

小児科医。発達脳科学者。文教大学教育学部特別支援教育専修教授。文部科学省「リズム遊びで早起き元気脳」実行委員長。子育てを応援する専門家による「子育て科学アクシス」を主宰。
1987年神戸大学医学部卒業。米国セントルイス大学医学部留学を経て、獨協医科大学越谷病院小児科助手、筑波大学基礎医学系講師を経て、現在に至る。小児科医として豊富な臨床経験を持つ。1児の母。

【 テーマ監修 】

PART4 食事 上田玲子

栄養学博士・管理栄養士。東洋英和女学院大学非常勤講師。小児栄養学の第一人者として活躍するかたわら、トランスコウプ総合研究所取締役として栄養コーチングの手法を開発。日本栄養改善学会評議委員や日本小児栄養研究会運営委員なども務める。『はじめてママ&パパの離乳食』(主婦の友社)など監修書多数。

PART5 運動 鈴木康弘

十文字学園女子大学准教授。子どもの運動遊びの援助方法や環境設定について、保育士、幼稚園教諭を目ざす学生を指導。理論と実技の両面からのアプローチにより、より実践的、効果的な運動指導を指南。新座市子ども・子育て会議委員、三鷹市スポーツ推進審議会委員。3児の父。

STAFF

カバーデザイン	川村哲司、平山みな美(atmosphere ltd.)
カバーイラスト	100%ORANGE
本文デザイン	アトム☆スタジオ(川崎綾子、足立菜央)
ママちゃんイラスト	仲川かな
マンガ(PART1)	原あいみ(京田クリエーション)
本文イラスト	aque、安藤尚美、きたもりちか、佐々木千絵、原あいみ(京田クリエーション)、やのひろこ
撮影	黒澤俊宏、佐山裕子、柴田和宣、土屋哲郎、松木 潤(以上主婦の友社写真課) 石川正勝、梅澤 仁、奥谷 仁、黒澤義教、近藤 誠、鈴木江実子、園田昭彦、千葉 充、松久幸太郎、柳田隆司、山田洋二
調理	上田淳子、落合貴子、スズキエミ、ダンノマリコ、中村陽子、ほりえさわこ

読者モデル
飯島優奈ちゃん、乾 慎作くん、上杉花憐ちゃん、江角昴泰くん、エリオット ウィリーくん、遠藤希衣ちゃん、大橋翔くん、小原直也くん、小原怜実ちゃん、河野珠季ちゃん、北村航太郎くん、國井奏志くん、古謝花恋ちゃん、鈴木櫻子ちゃん、武田惺哉くん、武田智哉くん、辰巳 司くん、坪井太槻くん、中里大空くん、蓮見礼旺くん、日高陽咲ちゃん、三島琥太朗くん、三島菜奈ちゃん、山田遥輝くん、吉田莉音来ちゃん、そのほかたくさんのお友だち

校正	小島克井
構成・文	神 素子、浦上藍子(PART3しつけP74～81、P84～100) 谷口由美子(PART4食事)
編集	山口香織(主婦の友社)

はじめてママ&パパの しつけと育脳《いくのう》

編者	主婦の友社
発行者	大宮敏靖
発行所	株式会社主婦の友社 〒141－0021 東京都品川区上大崎3－1－1 目黒セントラルスクエア 電話 03-5280-7537 (内容・不良品等のお問い合わせ) 049-259-1236(販売)
印刷所	大日本印刷株式会社

ISBN978-4-07-422296-4

■本のご注文は、お近くの書店または主婦の友社コールセンター(電話 0120-916-892)まで。
＊お問い合わせ受付時間 月～金(祝日を除く)
10:00 ～ 16:00
＊個人のお客さまからのよくある質問のご案内
https://shufunotomo.co.jp/faq/

※ 本書は2014～2016年の『育脳Baby-mo』、『イヤイヤ期Baby-mo』『GO!GO!トイレトレーニング』『育脳Comoキッズ』『運動Comoキッズ』『最新版0～6才しつけ百科』、育児雑誌『Baby-mo』などの内容から抜粋編集、大幅に新規取材を加えて構成したものです。ご協力いただいた先生方、モデルになってくださったお子さんとご家族のみなさまに心からお礼申し上げます。

参考文献

『早起きリズムで脳を育てる―脳・こころ・からだの正三角形』 成田奈緒子著(芽ばえ社)
『発達がわかれば子どもが見える―0歳から就学までの目からウロコの保育実践―』 田中真介監修(ぎょうせい)
『脳科学からみた 8歳までの子どもの脳にやっていいこと 悪いこと』 成田奈緒子著(PHP)
『よくわかる子どもの保健 第3版』 竹内義博・大矢紀昭編(ミネルヴァ書房)
『発達障害の子の脳を育てる運動遊び―柳沢運動プログラムを活用して』 柳澤弘樹監修(講談社)

ね－093018